浙江省哲学社会科学规划课题"苏雪林与清末浙地县署上房生活（1897—1911）"（编号：16NDJC219YB）

浙江工业大学人文社科预研基金项目"现代女作家苏雪林的浙省生活（1897—1911）"资助

何玲华 著

# 她被唤作"瑞奴"时
## 苏雪林清末浙地县署上房生活考探

1897—1911

中国社会科学出版社

## 图书在版编目（CIP）数据

她被唤作"瑞奴"时：苏雪林清末浙地县署上房生活考探：1897—1911 / 何玲华著 . — 北京：中国社会科学出版社，2019.3
ISBN 978-7-5203-4217-9

Ⅰ. ①她… Ⅱ. ①何… Ⅲ. ①苏雪林（1897-1999）—人物研究 Ⅳ. ①K825.6

中国版本图书馆 CIP 数据核字（2019）第 053407 号

| 出 版 人 | 赵剑英 |
|---|---|
| 责任编辑 | 史慕鸿 |
| 责任校对 | 季　静 |
| 责任印制 | 戴　宽 |
| 出　　版 | 中国社会科学出版社 |
| 社　　址 | 北京鼓楼西大街甲158号 |
| 邮　　编 | 100720 |
| 网　　址 | http://www.csspw.cn |
| 发 行 部 | 010-84083685 |
| 门 市 部 | 010-84029450 |
| 经　　销 | 新华书店及其他书店 |
| 印刷装订 | 北京君升印刷有限公司 |
| 版　　次 | 2019年3月第1版 |
| 印　　次 | 2019年3月第1次印刷 |
| 开　　本 | 710×1000　1/16 |
| 印　　张 | 14 |
| 插　　页 | 2 |
| 字　　数 | 201千字 |
| 定　　价 | 58.00元 |

凡购买中国社会科学出版社图书，如有质量问题请与本社营销中心联系调换
电话：010-84083683
版权所有　侵权必究

少女时代的苏雪林（左）　　安徽太平岭下村苏雪林雕像（作者摄）

旧时县衙门庭

# 目 录

引 言 ………………………………………………………………… 1

## 第一章 紧邻徽州的太平岭下与浙地 ……………………… 1
一 徽浙两地源远流长 ……………………………………… 1
　　1. 山水相连 ………………………………………… 1
　　2. 文脉相通 ………………………………………… 7
　　3. 相交相融 ………………………………………… 16
二 清咸丰以降太平岭下与浙地 …………………………… 20
　　1. 太平岭下村 ……………………………………… 20
　　2. 岭下苏氏与浙地 ………………………………… 28
三 苏锦霞浙地仕途生涯 …………………………………… 33
　　1. 苏锦霞的仕途出身 ……………………………… 33
　　2. 苏锦霞的仕途履历 ……………………………… 40

## 第二章 县署上房中的女眷命运 …………………………… 51
一 苏雪林浙地寓居情况 …………………………………… 51
　　1. 徙居线路 ………………………………………… 51
　　2. 最忆是兰溪 ……………………………………… 56
二 "苏杜氏"们 …………………………………………… 65
　　1. 祖母"苏杜氏" ………………………………… 65
　　2. 母亲"苏杜氏" ………………………………… 76
三 另类"女眷" …………………………………………… 86
　　1. 沾亲带故的乡里乡亲 …………………………… 86
　　2. 孤苦无告的他乡妇人 …………………………… 91

## 第三章　县署上房中的蒙学经历 …… 97
### 一　女孩获得了教育利权 …… 97
　　1. 传统社会的女子教育 …… 97
　　2. 提倡女孩读点书的"二叔" …… 107
### 二　从"女塾"到"庭训" …… 121
　　1. 上房女塾 …… 121
　　2. 庭训于父 …… 132

## 第四章　县署上房中的"崇祀"与"古听" …… 153
### 一　"崇祀"之种种 …… 153
　　1. 祭祖先 …… 153
　　2. 奉外神 …… 161
### 二　讲"古听" …… 189
　　1. "古听"材料二则 …… 189
　　2. 恢宏的"古听"世界 …… 196

## 后　记 …… 215

# 引 言

"最后的五四人"苏雪林，一方面以集作家、学者、教授于一身而饮誉；另一方面，因"守"与"叛"的双重性和"知"与"行"的矛盾性极其之显豁，而被目为"另类"，且曾饱受争议。"童年是生命的起点，是全部人性的最初展开。"① 既有的苏雪林研究，对其童年过往多有或深或浅的关注。显然，与之相关研究的专题化系统化成果的推出，将助益于苏雪林研究的展拓与深化。

徽州学者姚邦藻、方利山在《苏雪林与徽州文化》一文中指出："苏雪林的故乡安徽太平，历史上虽不隶属徽州，但苏先生故里岭下苏村，却紧傍徽州，坐落黄山脚下，里里外外、彻头彻尾是徽州的民居、徽州的风俗习惯、徽州文化的熏陶影响、徽州的特点，所以从小出生在浙江瑞安县衙的苏先生，一直是把自己作为徽州人看的。"② 苏雪林因其祖父苏锦霞清末长期徙任浙地知县的缘故，从1897年出生到1911年离开，竟在浙地生活了十五年之久，故而日后时常自称"半个浙江人"。也就是说，"浙地"与"徽州"皆为苏雪林童年成长的"实有"空间。徽浙两地，不仅山水相连，文脉相通，更在历史的演进中有多方面的文化融合。只是晚清以降，包括徽州在内的江南腹地，因"洪杨之变"由盛而衰；浙地则为紧邻的沪上突飞猛进式的发展所辐射，而生机勃勃。如果说清末的浙地，充满了时代风雷激荡的话，那么崇奉朱子之学的徽州，则显出几许的沉重与仓皇。为传统"女正位于内"观念所囿，置身于浙地的苏雪林，一方面不免为庭院深深的徽州文化所禁锢，另一方面也多多少少

---

① 钱谷融、鲁枢元主编：《文学心理学教程》，华东师范大学出版社1987年版，第7页。
② 姚邦藻、方利山：《苏雪林与徽州文化》，《黄山高等专科学校学报》1999年第5期。

### 她被唤作"瑞奴"时

沐得浙地近代之清风。

本撰述旨在通过对徽浙两地渊源深厚的地理人文现象的解读、对苏雪林因其祖父苏锦霞清末徙任浙地知县而寓居浙地处所的考订、对县署上房中"新安节烈最多，妒妇比屋可封"的徽州妇人复杂的文化境遇的揭示和对风流四溢江南才女文化余绪的寻踪，以及对苏氏人家信鬼崇祀日常生活的逡巡、对月上树梢县署上房天马行空花枝乱颤"古听"世界的问津，从而将苏雪林口口声声"半个浙江人"，实实在在"徽州女儿家"的成长语境，尽可能地加以了多层面多方位的呈现与还原。当然，毕竟正值数千年未有之大变局，"千年之冢不动一坯"的理学之乡，尚难安之若素，更遑论得领时代风气之先的浙地县署中的岭下苏。故此，对于浙地县署上房徽州女儿命运转圜所露端倪及其潜存影响，本撰述也加以关注并揭示。童年经验之于人的一生，影响至深。但凡关注苏雪林者，对其自诩"半个浙江人"的过往，皆应有所留意，本撰述的意义也缘此而生。

最后，说说本撰述拟名之相关考量。专用笔名不计，苏雪林平生日常曾用名先后有"瑞奴"、"小妹"、"苏小梅"、"苏梅"、"苏雪林"等。"瑞奴"，乃其出生伊始由刚升做浙地瑞安知县的祖父苏锦霞所拟。以"瑞奴"命名新生女孙，当有三义：一是纪念其出生之地浙江瑞安；二是显示尊长祝福之殷殷；三是传统性别文化之留痕。本撰述拟以《她被唤作"瑞奴"时——苏雪林清末浙地县署上房生活考探（1897—1911）》为名，旨在揭示苏雪林被"命名"背后的"被书写"、"被塑造"的历史境遇与现实遭际。某种意义而言，苏雪林的童年过往，又何尝不是其所代表的"浮出历史地表"一代知识女性，由传统而现代的成长背景及其相关经验的浓缩与映现。

# 第一章　紧邻徽州的太平岭下与浙地

一　徽浙两地源远流长

1. 山水相连

徽州，古称歙州，又名新安，位于安徽长江以南地区，亦即安徽南部安庆境内古称皖山的天柱山以南新安江流域，历史极其悠久。徽州的建置及境域，宋代以前变迁频繁，自宋以后，则相对稳定。徽州之命名肇始于宋徽宗宣和三年（1121），即改歙州为徽州，自此除元末曾改称兴安府（1357—1367）外，直到辛亥革命后废府留县的790年间，其名前后沿用长达780年之久，所辖6县不曾有变，范围包括今黄山市的歙县、黟县、休宁县、祁门县、屯溪区、徽州区及黄山区的一部分，以及现属于安徽省宣州地区的绩溪县、属于江西省的婺源县。向号"七山一水一分田，一分道路和庄园"的徽州境内，高山环抱，群峰参天，丘峦屏列，岭谷交错，盆地平原隐现，兼得波流清澈，溪水回环，故而分外清荣峻茂，水秀山灵，加之粉墙黛瓦相缀，逗引多少古今文士骚客流连，"一生痴绝处，无梦到徽州"，明汤显祖曾如此感叹。然而，宋王象之《舆地纪胜》中一句"吴头楚尾"，则将徽州地属边缘，开发较晚的古貌披露之余，更将其与吴越、荆楚交汇融合之事象，昭然若揭。

当然，近世以来，士子内迁，理学昌盛，儒商竞走，徽州一府六县已然成为全息包容中国后期封建社会民间经济、社会、生活与文化基本内容的典型标本，并流播于江南和淮扬等处的中华大地。现如今，徽州文化以其独树一帜的传承中华正统文化的姿态彰显于世，徽学亦成为一门相对独立的地方学，并被誉为与敦煌学和藏学并列的中国三大走向世界的地方显学之一。

■ 她被唤作"瑞奴"时

古徽州地图①

浙江，原为钱塘江之古称。发源于徽州休宁县境内的新安江，是钱塘江的上游与北源，其自东入浙江西部，经淳安至建德与兰江汇合后为钱塘江干流桐江段、富春江段，再东北向流入钱塘江。流经浙地的钱塘江，一水三折，状貌如"之"，故又被称以"曲江"、"之江"、"浙江"。省以江名，始于明朝"浙江承宣布政使司"，清改浙江省，省名至今未变。

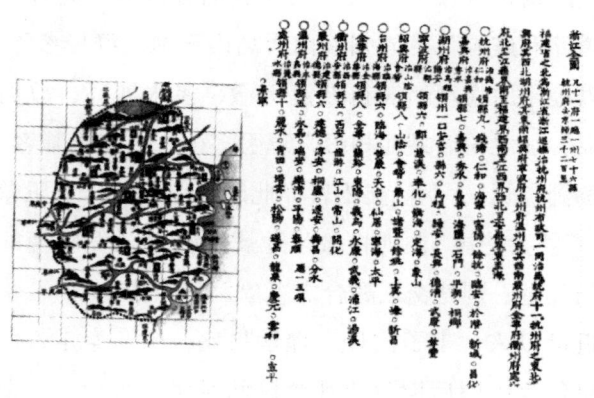

浙江全图②

---

① http://image.baidu.com/i?ct=503316480&z=0&tn=baiduimagedetail&ipn=d&word.
② http://blog.sina.com.cn/s/blog_574dff1c0102e9y8.html.

2

# 第一章　紧邻徽州的太平岭下与浙地

浙地有史以来,行政区划及其建制多有变动,直至浙江作为省名之后,其行政区域才开始稳定少变。钱塘江由南往北贯流浙地之际,亦将浙江一分为二,即:钱塘江以西的杭嘉湖平原区域为"浙西";而钱塘江以东的丘陵和沿海的一些小平原地区,包括绍兴、宁波、金华、衢州、丽水、温州、台州和舟山等地,则谓之"浙东",两者合称为"两浙"。浙东包括明清时期的绍兴、宁波、台州、温州、处州、金华、衢州、严州八府,浙西包括杭嘉湖三府。浙江地势由南往北倾斜,浙东八府地势相对杭嘉湖三府较高,且钱塘江由南往北走,因此,浙江当地人惯将浙东八府称为上八府,浙西三府称为下三府。上八府的人到下三府去叫"落去",从下三府回到上八府则称"上来"。不过,"浙东"、"浙西"多为文人雅士喜称;"上八府"、"下三府",则为大众惯用。[①]"十里不同风,百里不同俗",两浙的文化生态亦各有春秋。明代地理学家王士性《广志绎》中的相关议论颇为精辟:"浙西俗繁华,人性纤巧,雅文物,喜饰鞶帨,多居室大豪,若家僮千百者,鲜衣怒马,非市井小民之利。浙东俗敦朴,人性俭啬椎鲁,尚古淳风,重节概,鲜富商大贾。"又:"宁绍盛科名逢掖,其戚里善借外营,又佣书舞文,竞贾贩锥刀之利,人大半食于外;金、衢武健负气善讼,六郡材官所自出;台、温、处山海之民,猎山渔海,耕农自食,贾不出门,以视浙西迥乎上国矣。"[②]意即浙西人奢靡而雅致,浙东人淳朴且多慨,亦即宁绍两府盛科举、经商之风,从事胥吏的人较多,出门营生风气甚浓;金衢两府地区的民风善武好斗,当兵人多;台温处三府地区则是靠山吃山、靠海吃海,出外经营的人少。寥寥数言,两浙亦柔亦刚、重农重商、重举重仕、重土安迁的多元样态毕现。浙江是吴越文化、江南文化的发源地,同时也是中国古代文明的发祥地之一,历经世代变迁,几度南北融合,由此氤氲而成的文化传统,底蕴深厚,绵延悠久,传承不息。

---

[①] 朱海滨:《近世浙江文化地理研究》,复旦大学出版社2010年版,第10页。
[②] (明)王士性:《广志绎》卷四,周振鹤编校《王士性地理书三种》,上海古籍出版社1993年版,第323页。

## ■ 她被唤作"瑞奴"时

浙江境内，南起宁绍，北到杭嘉湖，并且及于苏南，由于春秋时期句吴和于越两国并起于此，故在地理上常被称为吴越之地。对于古籍中有关吴越分疆，界以"钱塘江"之诸多说法①，今人并不以之为然，直陈春秋时代吴越两国多次交战，胜负互见，国境屡有变迁，吴越作为一种地理区域的概念，并无严格的界限，进而直言"吴和越乃为语系相同的一族两国"②。对此，陈桥驿先生在《越族的发展与流散》中专此考释：宁绍平原从晚更新世以来自然环境的概貌，也就是古代越族赖以繁衍生息的地理基础。那是一片匡光的平原，具有背山面海的形势，距南面不远，就有山林之饶，而平原北缘濒海，又有鱼盐之利，平原上气候暖热，水土资源丰富，于越部族的祖先，是在如此得天独厚的自然环境中繁衍发展起来的。河姆渡文化是越族在宁绍平原繁衍生息的晚期文化，是越族从平原进入山区以前的最后聚落之一。1973年在余姚江以南，四明山以北发掘的河姆渡遗址，在四个文化层中，发掘出大量的石器、骨器、陶器、木器以及木构建筑等，从出土的大量农具、稻谷等进行判断，农业已经成为当时的主要生产方式。当然，采集和渔猎仍然具有重要意义。但是，由于卷转虫海侵的发生，宁绍平原的环境剧烈恶化，生活于其地的越族居民，实施了部族历史性的大规模迁移。距今1.2万年前后，第一阶段的迁移路线有三条，一是越过舟山丘陵内迁到今宁绍平原；二是外流，利用原始的独木舟飘向琉球、南日本、南洋群岛、中南半岛和经中国南部各省沿海等地；三是有一部分利用舟山丘陵的地形驻留下来。距今1万年以后，由于环境恶化，古越族进入了他们迁移中的第二个阶段，他们中的一部分人，越过钱塘江进入今浙西和苏南的丘陵地区；另一部分随着宁绍平原自然环境自北向南的恶化过程，逐渐向南部丘陵区转移；还有一部分利用平原上的许多孤丘特别是今三北半岛南

---

① 对于吴越分疆，古代文献说法不完全一样。《史记·货殖列传》说："浙江南则越。""浙江"，即今钱塘江，所以《史记》认为吴越以今钱塘江为界。从此说的古人不少，《论衡·书虚篇》说："余暨以南属越，钱塘以北属吴，钱塘之江，两国界也。"明徐渭在《半禅庵记》（《青藤书屋文集》卷二十四）中说："由吴达越必经钱塘，江心之际，吴越分矣。"

② 邹逸麟：《谭其骧论地名学》，《地名知识》1982年第2期。

缘和南沙半岛南缘连绵丘陵栖身。越过钱塘江进入浙西与苏南丘陵地区的越族居民,就是以后马家浜文化、崧泽文化和良渚文化等的创造者,即历史上所称的句吴。《越绝书》提及于越与句吴"为邻通俗"、"同气共俗"和《吕氏春秋·知化篇》所论及的"吴之与越也,接土邻境壤,交通属,习俗同,语言通",《吴越春秋》卷三"吴与越,同音共律,上合星宿,下共一理",以及当今学者谭其骧所持的吴越一族两国说,皆缘于此。①

于越部族是古代在浙江省境内活动最早的部族,也可以说是浙江省的土著②,他们也是当初海侵之后,留在宁绍平原的越族居民。经历播迁离散,进入会稽、四明山区之后,曾经习惯于《越绝书》卷八所说的"水行而山处,以船为车,以楫为马生活"的越族居民,过着"随陵陆而耕种,或逐禽鹿而给食"的生活,和部族在平原上的全盛时代相比,已经不可同日而语。随着生产力的提高和技术的进步,于越原始的迁徙农业逐渐向比较高级的定居农业过渡,即部族居民开始从会稽山地移向宁绍平原。越王句践率部众把都城从会稽山地的嶕岘大城移到山麓冲积扇地带的平原,则为这种发展的重要标志。除农业外,于越的手工业在越王句践时代也获得了空前的发展,其中包括开采与冶炼各种金属在内的手工冶金业,闻名于世的"越王剑"即铸造于此。

**越王剑**③

同时,于越此时的造船业、建筑业都颇为发达。于越领袖句践也正是借此卧薪尝胆,最终击败强吴,迁都琅琊,称霸一方,其后七代。终因穷兵黩武的东征西讨,及其内乱不已,于越大败于楚威王,被迫避

---

① 陈桥驿:《吴越文化论丛》,中华书局1999年版,第42—45页。
② 同上书,第27页。
③ 越王剑,http://news.163.com/09/0628/15/5CTI9SHD000120GR.html。

■ 她被唤作"瑞奴"时

"走南山"(《越绝书》卷八),从此离开与北部中国诸族相杂处的定居了二百多年的琅琊,回到了浙东的会稽山地,经此一蹶难以再振。

秦以强力统一中国后,因忌惮《秦会要》所说的"东南有天子气",秦始皇对于越部族采用了极其严酷的系列同化政策,即置郡县、徙越民、更越名,直至刻石颂德铭威。正如《越绝书》卷八所载,秦始皇"三十七年,东游至会稽……徙大越民,置余杭、伊攻□、故鄣,因徙天下有罪適吏民,置海南故大越处,以备东海外越,乃更名大越曰山阴"。秦始皇一方面把浙东的于越居民迁移到今浙西和皖南的乌程、余杭、黟、歙、芜湖、石城一带;另一方面又把"天下有罪適吏民"迁到浙东各地,由此来促进于越居民与其他各民族的杂处与同化,从而消磨其原部族的锐气与特点。为秦王朝用武力赶出宁绍地区而向南迁移至浙江南部和福建北部沿海一带的于越部族居民,即史籍中所谓的东越,经一度离散后重新聚集,并于秦末加入了风起云涌的反秦行列,这也就是《史记·东越列传》所载的:"闽越王无诸及东海王摇者,其先皆越王句践之后也,姓驺氏。秦已并天下,皆废为君长,以其地为闽中郡。及诸侯畔秦,无诸、摇率鄱阳令吴芮,所谓鄱君者也,从诸侯灭秦。……汉击项籍,无诸、摇率越人佐汉。汉五年,复立无诸为闽越王,王闽中故地,都东冶。孝惠三年,举高帝时越功,曰闽君摇功多,其民便附,乃立摇为东海王,都东瓯,世俗号为东瓯王。"这里所说的"东冶",在今福州一带;"东瓯",在今温州一带。他们都是于越部族从宁绍地区播迁流散的部族分支。经反秦战争和此后西汉所推行的民族政策〔即汉武帝时(公元前140—前87)又迁瓯越、闽越到江淮地区〕,其部族特点在与汉族融合过程之中,渐以消散。换言之,从楚威王"大败越"到汉武帝时期,经过二百多年的种族大换班,吴越地区由夷越文化变为汉族文化,这是史家所言的吴越文化的第一次转型。吴越文化由春秋战国时期的尚武型变为汉代以后的崇文型,政治色彩由浓转淡。

"徽之州在万山中,视他郡最高。昔人测之,谓与天目齐,浙江之源发焉。东涉浙江,其滩之险有三百六十;西通彭蠡,其滩之险有八十四,其岭之危有五；南界马金、白际之高，北倚黄山章岭之秀。"弘治《徽州府志》中的这番言辞，一方面将徽州之雄奇刻画得淋漓尽致，另一方面则揭示出徽州与浙江天然之联系。对一个以农业为发展基础的古代社会而言，自然环境的影响可以说是决定性的。浙江地势由西南向东北倾斜，大致可分为浙北平原、浙西丘陵、浙东丘陵、中部金衢盆地、浙南山地、东南沿海平原及滨海岛屿六个地形区。徽州的山地丘陵地形与紧邻着的浙江金衢盆地及杭嘉湖平原形成落差，此处的溪流大部分呈东去之势，由此无形中加深了徽州与浙地的联系。明清徽商鼎盛之时，婺源溪头乡一带的乡村，流传着这么一句："不慌不忙，三日到余杭。"古时徽州和杭州以及江浙一带的关系之紧密，由此可见一斑。

2. 文脉相通

徽州地区与浙江之地，山水相连之外，还同源古越。最为典型的例证莫过于徽州地区下冯塘遗址与屯溪西周墓地的发掘。下冯塘遗址位于安徽省歙县富堨冯唐村，1994 年和 2010 年曾两度发掘。考古学者对下冯塘遗址出土遗物从制作、形态到使用，及其所反映出的社会经济形态、社会组织结构等情况进行了研究与分析，认为下冯塘遗址年代大约在夏代时期，相当于马桥文化前期；下冯唐遗址处于皖南山区新安江上游流域，尽管四周群山环绕，有相对独立的地理环境和人文环境，但其与该流域其他已发现遗址在文化面貌上存在相似与联系。其中，下冯塘遗址出土的石镞、石锛、石刀等与马桥文化出土石器从种类到形态上都有很大的相似之处；从陶器上看，该流域出土的陶器从陶质、陶色，到种类、形态特征也与浙江省西南地区出土的陶器有较大的可比性。[①] 屯溪西周墓，位于安徽省屯溪市西郊奕棋村附近，乃西周中期贵族墓葬。1959 年和 1965 年共发掘 3 座，均无墓穴。平地铺垫鹅卵石为墓葬范围，其上放置随葬品，然后堆土成冢，与同时期中原地区的墓葬有明显区别，而和

---

① 方玲：《下冯塘遗址研究——兼论新安江上游地区先秦遗存》，安徽大学硕士学位论文，2011 年。

■ 她被唤作"瑞奴"时

东南地区土墩墓相同。其出土遗物有青铜器、原始瓷器等，被视为研究南方青铜文化和瓷器起源的珍贵文物。对于"屯溪西周墓族属为古越"之说，几无异议。1980年由文物出版社出版的安徽省博物馆编纂的《安徽考古工作三十年》中，就有此类推论。1986年刘玉堂的《论屯溪西周墓的族属》，则分别从古籍记载、遗址类比，以及屯溪西周墓葬本身所体现的古越族文化特征加以具体例证，并进一步借助史籍文献，对诸多因素的相关性进行研究与分析，认为屯溪西周墓地主人属于古越中之"干越"。①

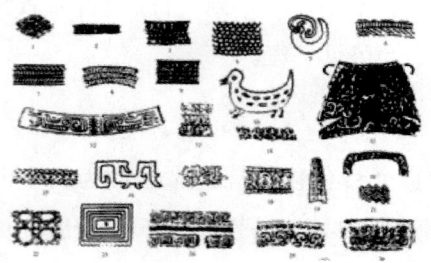 

吴国特色纹　　　　　　　　青瓷提梁盉（屯溪西周末出土）

王业友在发表于1991年的《安徽屯溪发现先秦刻划文字或符号》中指出，屯溪土墩墓出土了很多的原始瓷器及几何印纹硬陶，其所代表的族属，一般认为是古越族。②原始瓷器由印纹硬陶发展而来，江南各省出土也很普遍，也属越族创制。据此，屯溪土墩墓的族属，当是古代越族。③刘伯山在发表于2002年的《徽州文化的历史概念及其历史地位》一文中，就徽州先秦遗址的发掘立论道，从远古至春秋战国，徽州大地上的越人是属于哪一支越，目前还难考，但他们在徽州土地上生活并创造了文化这是肯定的。④浙地学者董楚平先生在其所著述的《广义吴越文

---

① 刘玉堂：《论屯溪西周墓的族属》，《江汉考古》1986年第6期。
② 转引彭适凡《江南地区印纹陶问题学术讨论会纪要》，《文物集刊》（三），文物出版社1981年版。
③ 王业友：《安徽屯溪发现先秦刻划文字或符号》，《东南文化》1991年第2期。
④ 刘伯山：《徽州文化的历史概念及其历史地位》《安徽大学学报》2002年第6期。

化通论》中，对于屯溪西周墓族属古越之干越说表认同之外，还强调指出长江中下游广大地区至中南半岛的古代居民，都是古越族，史称"百越"。扬越、干越、于越，都是中原人对这些越人的称呼，界线并不十分明确。"于越"与"干越"都是"越"。因此，太湖、钱塘江流域与皖南、赣东北文化面貌基本相同，故主张将皖南的徽州文化与太湖地区的吴文化、宁绍地区的越文化，以及浙南的瓯越文化，一并视同吴越文化的地方类型以考量。①

徽州山越民俗风情园表演

雒越人首纹青铜匕首越剑

如果说先秦时期出没于徽州地区的古越族支系尚存或然的话，那么从战国后期至三国期间，活跃其间的所谓"山越人"，乃多为于越一族，则毋庸置疑。所谓"山越"，是对江东地区未被政府控制的山野居民的泛称，其民族成分，越人居多，主要聚居于今皖、浙、赣三省交界的山区。② 徽州山越之众，自然要拜赐秦始皇惯用的"强干弱枝"一统天下之伎俩。秦王政二十五年（前222）后，王翦开始率师定江南，降百越，并于秦始皇三十年左右，在徽州设鄣郡，置黟歙二县。为加强对徽州本土的越人的统治，并瓦解其势力，秦始皇再次施展当初秦灭六国"徙天下豪富于咸阳十二万户"的手法，把会稽的越人大规模迁徙至皖南与钱塘

---

① 董楚平：《广义吴越文化通论》，中国社会科学出版社2012年版，第2页。
② 同上书，第201页。

9

■ 她被唤作"瑞奴"时

江以北各地。《越绝书·记吴地传》云："乌程、余杭、黟、歙、无湖、石城县以南，皆故大越徙也。秦始皇刻石徙之。"《越绝外传》："秦始皇至会稽，徙于越之人于乌程。"《吴越春秋》："秦徙大越鸟语之人置。"为外来强力所迫，遁入浙、皖、赣一带的山区于越后裔，"依阻山险，不纳王租"，遂为"山越"。秦汉之际，山越人"依山托险，筑石为屋"，利用自制金属武器和生产工具，刀耕火种，自给自足，史载"山谷万重，其幽邃民人，未尝入城邑，对长吏，皆仗兵野逸，白首于林莽"（《三国志》卷六十四《吴书·诸葛恪传》）。到了三国时代，浙东、西和皖南山区的山越活动越发频繁，以致对东吴汉人政权构成威胁，孙吴政权几经力讨方得以平定，随之设县管辖，并将山越余勇悉数编入军队，古徽州地区由此而走出封闭进入新的历史发展阶段。

　　由于特定的历史与地理因素，自秦汉以降，徽州与浙地渐成为北人南迁的高移民社会，并由此于南北高度融合中得以充分发展。不过，两汉之际迁入徽州的中原士族，据《新安名族志》统计，仅方、汪两族。[①]其中方氏南迁为避"王莽篡乱"。历史文献记载，徽州方氏始迁祖方纮，世望河南，为汉司马长史，西汉末年，"避莽乱，之丹阳，为东乡鼻祖。纮公孙曰诸公，封黟县侯，支分派衍，蔓延天下，江南盖半其苗裔矣"[②]。汪氏则"因中原大乱，南渡江"。历史文献记载，汪氏始迁祖汪文和，世望颍川、平阳。汉中平间"破黄巾贼，为龙骧将军。建安二年丁丑，中原大乱，文和南渡江，孙策表授会稽令……黟、歙尝羁属会稽西部……文和遂家于歙"（徽州《汪氏渊源录》）[③]。此后，即两晋、隋唐五代及宋元，随北方干戈一再，徽州才相继出现了大规模的北方移民。徽州方志称：新安大族"半皆由北南迁，略举其时，则晋宋两南渡及唐末避黄巢乱，此三朝为最盛"。对此，徽州学者周晓光在《徽州传统学术文化地理研究》一书中指出：中原士族迁徽时间集中在三个阶段，第一阶段，即

---

[①] 唐力行：《徽州宗族社会》，安徽人民出版社2005年版，第3页。
[②] （宋）方桂森纂修：《汉歙丹阳河南方氏衍庆统宗图谱》，明刻本。
[③] 转引自赵富华《徽州宗族论集》，人民出版社2011年版，第51页。

两晋之际。是时中原地区因永嘉之乱，造成人口南迁的高潮。中原士族跨江南下后，又因东晋小朝廷内部动乱连绵不断，江南残破，庐舍为墟，因此有9个家族便径直避入徽州，这些入徽的名族是程、鲍、余、黄、谢、詹、胡、郑等9姓。第二阶段，乃隋唐五代。安史之乱后，藩镇割据，黄巢起义，中原动荡，四海沸腾，因而迫使更多的士族南迁避难。这个阶段，定居徽州的有24族，这些迁居徽州大族分别有陆、程、叶、孙、洪、罗、舒、姚、赵、戴、康、施、冯、夏、李、朱、潘、刘、曹、毕、王、江、许、廖等，其中近20族迁自唐末。第三阶段，为两宋之际。靖康之乱，金兵南侵，大批士族涌入江南，形成第三次人口南迁的高潮。这一阶段来徽州定居的共有15族，有柯、宋、张、周、阮、杨、蒋、刘、饶、马、滕、孔、徐、吕、韩15姓，其中11族来自两宋之交。[1] 唐末五代，移居徽州的中原士族人数最多，占54%。其迁徙路线，则呈现为由交通最为方便、经济最易开发的歙县和休宁至深山更深处的婺源、祁门、绩溪和黟县。[2]

几度大规模的北方移民南迁，对于徽州影响极其重大。首先是宗族文化的发达。中原衣冠徙居徽州，聚族而居，子孙繁衍，逐渐形成众多的世家大族，因秉承与光大中原宗族文化而兴旺发达。诚如程尚宽《新安名族志》刊言："其故家遗俗，流风善政，宛然具在。以言乎派，则如江淮河汉，汪汪千顷，会于海而不乱；以言乎宗，则如泰华之松，枝叶繁茂，归一本无二；言乎世次，则尊卑有定，族居则间阎辐辏，商贾则云合通津；言乎才德，则或信义征于乡间，或友爱达于中外，或恬退著述，或忠孝赫烈。至于州里之镇定，六州之保障，诸儒之大成，宗庙血食，千载不磨，又名族之杰出者。"[3] 其次是随之而来的社会风尚的改变，即由"崇武"而"尚文"。因自然地理与人文地理的因素，曾经弥漫于徽州的山越"尚武"之风，并没有随着山越一族的湮灭而消失，有关徽州

---

[1] 周晓光：《徽州传统学术文化地理研究》，第39页。
[2] 唐力行：《徽州宗族社会》，第5—6页。
[3] （明）戴廷明、程尚宽编撰：《新安名族志》，明嘉靖二十九年刻本。

■ 她被唤作"瑞奴"时

地区的"崇武"事象，许承尧曾在《歙事闲谭》中道："武劲之风，盛于梁、陈、隋间，如程忠壮、汪越国，皆以捍卫乡里显。"① 以"武"扬名的徽州人物，自唐以后才不复载；而以"文"名世者，南宋之后方大增。始有所谓"自南迁后，人物之多，文学之盛，称于天下"②。换言之，唐宋以后，一方面由于迁入徽州的中原大族累世奉儒并重视文教，另一方面也因以讲学为己任者层出不穷，徽州向学业儒者大增，读书风气日盛，且一直延续到清代。赵汸《东山存稿》中道："当其时，自井邑田野，以至远山深谷，居民之处，莫不有学、有师、有书史之藏。"③ 缘此，史上开化一度晚迟的徽州，竟成为近古以来中华学术思想之担纲，从程朱理学到乾嘉朴学，硕儒鸿彦薪火相承；与此同时，科举及第，名臣辈出。最后是北方大族的大规模迁入也带来了经济历史性的发展。《唐会要》称："每岁县赋入倚办，止于浙西、浙东、宣歙、淮南、江西、鄂东、福建、湖南等道。"将宣歙列为中唐以后支撑唐王朝财政大厦的江南八镇之一。韩愈在《送陆歙州诗序》中说："当今赋出于天下，江南居十九。宣使之所察，歙州为富州。"徽人从商的历史，见诸文献记载可追溯至东晋。但作为一个以乡族关系为纽带的商帮，其崛起则在明中叶，繁盛于嘉靖、万历之际。由于徽商抓住明中叶海洋贸易带来的机遇，使海上贸易与布、盐、典、木、茶等行业相结合，并建立起商业网络，尤其是在长江中下游和运河沿岸极力推进商业化和城市化，在南京、芜湖、安庆、武汉、扬州、苏州、杭州、临清等城市建立商业中心，开辟了"无徽不成镇"的局面。如此风习濡染之下，南宋后的徽州社会俨然形成了以聚族而居的宗法制度、"贾而好儒"的行走徽商以及盛行不衰的节烈之风为基本特征的文化生活风貌。

---

① （清）许承尧：《歙事闲谭》卷十八，《歙风俗礼教考》，黄山书社2001年版，第602页。
② （清）康熙《休宁县志》卷一《风俗》。
③ （元）赵汸：《东山存稿》卷四《商山书院学田记》，《四库全书》本。

第一章　紧邻徽州的太平岭下与浙地

徽州大学士牌坊（歙县城内）

徽州贞节牌坊（歙县许村）

浙地北方移民的情况与徽州相较，有自身的特点。

其一，浙地的北方移民规模与影响形成较早。

虽然，司马迁在《史记·货殖列传》中说："楚越之地，地广人希，饭稻羹鱼，或火耕而水耨，果隋蠃蛤，不待贾而足，地埶饶食，无饥馑之患，以故呰窳偷生，无积聚而多贫。是故江淮以南，无冻饿之人，亦无千金之家。"班固亦在《汉书·地理志下》道："吴、粤之君皆好勇，故其民至今好用剑，轻死易发。"然而，因为秦始皇以及汉武帝为"强干弱枝"而"徙强宗大姓"，以及为官、封国等因素，一向被北方视为蛮荒化外之地的江南，早在秦汉之际，便有中原士人先后迁入。譬如，后来东吴四大姓之一的吴县陆氏，原为中原世族，西汉时陆烈被委任为吴县令，子孙发展成为"江东大族"；东汉山阴名人郑弘，其祖父本是齐国临淄望族，汉武帝徙强宗大姓，而率子移居山阴，后发展成会稽大姓；上虞王充，祖籍魏郡元城，西汉时祖上因军功封于山阴，后迁居上虞。汉末乱起，"中原人纷纷南下避祸，这也是中国历史上北方人民第一次较大规模的南迁，其中有不少士人"[1]。东汉崇儒，地方循吏重名节倡教化并优遇文士，加之势力壮大了的土著化江东大族的收恤养士[2]，北来士人，越陌度阡，纷来投奔，东汉江南士人群体由此而兴。对此，王卫平在《中古士人迁移与文化交流》中指出：其人数之众、群体之势、建树之

---

[1]　王卫平：《中古士人迁移与文化交流》，社会科学文献出版社2005年版，第21页。
[2]　同上书，第64页。

■ 她被唤作"瑞奴"时

炽，乃西汉不可同日而语。不仅如此，东汉士人群体在品德修养、学识积累、官阶业绩等方面，也一改西汉窘境，即：三公宰辅者有之，地方郡守、刺史官声隆者亦众之；同时，获中土饱学之士赞誉者亦不乏之，如王充、赵晔、包咸、吴君高、周长生、阚泽、虞翻等。① 对此，董楚平先生认为："东汉时期吴郡与会稽郡孙吴名人大姓，基本上是西汉时期或西汉以前已经住在吴越地区。《后汉书》列传所列23人，没有一个是西汉末年避难而来的。""太湖、钱塘江地区的种族大换班，到西汉中期才基本完成。东汉时期的户口增加，文化进步，基本上属于本地区的自然增长与自身发展，主要不是依靠外来人口与外来文化的大规模涌入，这一点与后来的六朝时期根本不同。"② 二者相关论说，虽有些许参差，但皆认为北土南迁，中原文化也因之开始流播江南，随着东汉进一步崇儒汉化，浙地的文化面貌为之大变，社会风习由尚武变为崇文。

其二，对浙地影响最大的北人南徙，与史上中原政治文化中心的两次南移相关。

第一次是，西晋建都建康建立东晋政权，汉民族的政治文化中心因此而迁移南方，在两晋南北朝近二百年间，我国历史上经历了第一次民族大迁移。其规模之大，人口之众，前所未有。此番南徙，不乏世家与高僧，如流寓会稽地区的就有北地泥阳傅氏、颍州鄢陵庾氏、高阳许氏、陈郡阳夏谢氏、陈留阮氏、太原晋阳王氏、太原中都孙氏、江夏李氏、琅琊王氏、高平金乡郗氏、谯国戴氏、乐安高氏，高僧支遁，此正所谓"中原衣冠之盛，咸萃于越"，因"高人文士，云合景从"，会稽亦成为"六朝文物之薮"（康熙《会稽县志》卷七《风俗志·习尚》）。随同而来的还伴有大批富有生产经验的农民及各色手工业者，他们的到来，无疑对推动江南浙地经济大发展发挥了积极作用。以至"区区吴越，经纬天下十分之九"（《晋书》卷八十《王羲之传》），"一岁或稔则数郡忘饥"（《宋书》卷五十四《孔季恭传》）。第二次是，北方政治中心因南宋定都

---

① 王卫平：《中古士人迁移与文化交流》，社会科学文献出版社2005年版，第12—25页。
② 董楚平：《广义吴越文化通论》第206—207页。

临安而再次发生南移，伴随而来的是中国历史上又一次大规模的北方文化的南移。此次由"靖康之难"所引发的移民潮，不仅规模空前，而且对中国近现代政治经济文化的影响更为直接与深远。一跃而为中国政治、经济、文化中心的浙地，借着中原文化数千年精华之荟萃，获得了空前繁荣与发展。① 吴越地区（长江下游）作为中国经济文化的中心，就此成为定局，自此不曾改变。②

其三，在秦汉以降北人南徙的进程中，浙地依次出现了会稽与金华两个侨居中心。

会稽之地，曾经的越国故地及治所，政治经济相对发达，辖属常被调整和压缩。秦王政二十五年（前222），秦将王翦"定荆江南地，降越君，置会稽郡"，治所为吴县（苏州市姑苏区），拥吴、越两国之地，领24县，辖境约当苏南太湖流域，浙江仙霞岭、牛头山、天台山以北和安徽水阳江流域以东及新安江、率水流域之地。③ 汉初会稽郡又称吴郡，"东接于海，南近诸越，北枕大江，间者阔焉"（《汉书·严助传》），领20余县。东汉顺帝永建四年（129），以"浙江"之北为吴郡，仍治吴县；以"浙江"之南为会稽郡，治所山阴，领有山阴、鄞、乌伤、诸暨、余暨、太末、上虞、剡、余姚、句章、鄮、章安、永宁等10余县。三国吴时，会稽郡仍治山阴但被进一步划小，所领10县，仅相当于后世的宁绍地区。会稽作为江南当时最为发达与知名之地，甚得南渡士人的青睐，纷纷落籍于此。据卢云的《汉晋文化地理学》统计，《汉书》载有扬州所辖6郡士人19人，其中会稽郡4人；《后汉书》达52人，其中会稽郡23人。④ 永嘉之乱后寓居会稽的北方士人，多为文化名流、高僧隐士，主要集中于远离政治中心的剡溪（上虞江流域）。而那些用世之心较切的北方士人，多居于建康一带，这使会稽东部形成特殊的文化气氛。当建康城里钩心斗角，江淮地区金戈铁马

---

① 佘德余：《浙江文化史》，人民出版社2006年版，第39—41页。
② 董楚平：《广义吴越文化通论》，第234页。
③ 同上书，第203页。
④ 卢云：《汉晋文化地理》续表2《〈汉书〉所载士人籍贯统计表》，续表6《〈后汉书〉所载士人籍贯统计表》，陕西人民教育出版社1991年版，第515、529页。

之际，这里却诗赋唱和，曲水流觞。这批会稽名士的生活，还有点竹林七贤的遗韵，这里孕育出书圣王羲之、王献之父子，山水诗人"二谢"，后来，江南第一大佛，佛教天台宗，都诞生于会稽东部。① 金华，地处金衢盆地东段，为浙中丘陵盆地地区，地势南北高、中部低。"三面环山夹一川，盆地错落涵三江"是金华地貌的基本特征。金华建制久远，春秋战国时期属越国，秦王政二十五年（前222）置会稽郡和属县乌伤（今义乌），金华属乌伤县。南朝陈天嘉三年（562）东阳郡改名金华郡，隋开皇十八年（598）改东阳为金华县隶婺州，直至元至正二十年（1360）朱元璋攻取婺州路，改宁越府为金华府。明成化八年（1472）析遂昌、金华、兰溪、龙游县部分地置汤溪县。金华府领金华、兰溪、东阳、义乌、永康、武义、浦江、汤溪八县，故有"八婺"之称。南宋初的移民，规模远比"永嘉之乱"大，时因会稽（绍兴）的良田美地多为先民所占，宁波、金华、温州等地遂成为北方移民的新方向，不少北方文化家族也因此迁到浙东，金华著名的文化家族吕氏、宁波著名的文化家族王氏等，就是此时从北方移来的。金华本是文化落后地区，北方大族巩氏与吕氏迁入后，办学授徒，风气始开，浙东学派，也因此而开启。吕祖谦则与朱熹、张栻齐名，时称"东南三杰"。至南宋中后期，金华遂成为理学的重要中心，金华也因此又有"小邹鲁"之称。

### 3. 相交相融

"人口在空间的流动，实质上也就是他们所负载的文化在空间的流动。所以说，移民运动在本质上是一种文化的迁移。"② 徽州与浙地一并成为北人南徙之高度移民社会本身，就意味着自古以来南北文化的激荡与融合，之于徽州与浙地发展意义重大，影响深远。从尚武到崇文的社会风尚的转变，到徽文化与越文化纯正、成熟、鼎盛状态的呈现，并为中国经济文化重心及其中国最发达的区域文化，鸦片战争后发展成为文

---

① 董楚平：《广义吴越文化通论》，第222页。
② 葛剑雄等：《简明中国移民史》，福建人民出版社1993年版，第589页。

第一章　紧邻徽州的太平岭下与浙地

化转型的最先进地区，并率先与世界接轨，从古代型变为近代型。① 于此期间，徽州与浙地之间文化联系更为紧密与深刻。

"一般来说，不论文化如何定义，学术都是其有机的组成部分。由此可见，学术的'文化色彩'最为浓厚。人们说一地文化发达，其主要意思是指该地的学术文化较为发达。在传统中国，儒学被视为官方正统的思想，因此所谓的学术，基本上是以儒学为中心的。"② 自汉武帝"罢黜百家，独尊儒术"以来，儒学成为中华文化的主流。中原士族大都是"经学传家"，随着他们的入主徽州，中原文化亦在徽州迅速、广泛传播，并于唐代末期一统徽州天下，罗愿曰："黄巢之乱，中原衣冠避地保于此，后或去或留，俗益向文雅，宋兴则名臣辈出。"（《新安志》卷一《风俗》）新安理学是朱子学的重要分支之一，该学派由徽州籍理学家为主干组成，奉祖籍徽州婺源籍宋代理学的集大成者朱熹为开山宗师，以维护继承、发扬光大朱子学为基本宗旨。该学派自南宋崛起一直延续至于清中叶，历时600余年，对12世纪以后中国哲学史和学术思想史的发展演变，产生了巨大的影响。③ 宋元时期朱熹学说与事功学派乃浙地学术主流，金华著名的"北山四先生"之首，何基直接受学于朱熹高徒黄幹。《宋元学案》更是将南宋至明初包括"北山四先生"在内的一干金华著名的学人，即何基、王柏、金履祥、许谦、胡长孺、柳贯、黄溍、吴莱、胡肋、吴师道、张枢、宋濂、王祎、胡翰等，视为朱学在金华的分支。不少学者指出，朱熹学说在明代能成为官学，与身为朱元璋身边重臣的金华朱学宋濂、王祎有很大的关系。

汉民族的文化内涵主要可以分成两大体系，即官方主宰下的大传统文化与民间自行发展的小传统文化。官方的大传统文化或称为高次元文化，是建立在政权的统治权威上，有其繁杂的典章制度与知识传统，也将文字化与经典化的宗教神权纳入文化体系之中，承认儒释道三教的信

---

① 董楚平：《广义吴越文化通论》，第3—4页。
② 朱海滨：《近世浙江文化地理研究院》，复旦大学出版社2010年版，第34页。
③ 周晓光：《徽州理学》"序言"，安徽人民出版社2005年版，第1页。

### 她被唤作"瑞奴"时

仰地位。民间的小传统文化或称为低次元文化，意即逸出高次元的范畴，仍采取原始性的文化运作形态，不被官方所认可，但又不能否定其存在的事象，诸如地方风俗与民间信仰等。① 同系古越并共融于中原文化的浙地与徽州，其民间仍存有许多秉承久远的相同相通的文化事象。诸如，形形色色的民间信仰和禁忌，故素有"信鬼神，好淫祀"之风。

如果说相似的历史演进，促进了徽浙文化深度融合的话，那么"无徽不成镇"的商业传奇，无疑进一步深化了两地之间的联系。"无徽不成镇"，说的是徽商的足迹遍及全国，正如万历《歙志货殖》所言："今之所谓都会者，则大之而为两京，江、浙、闽、广诸省；次之而苏、松、淮、扬诸府，临清、济宁诸州……故邑（歙县）之贾，岂惟如上所称大都会皆有之，即山陬海隩、孤村僻壤，亦不无吾邑之人。"徽商足迹之广泛，以至有"无徽不成镇"之称。徽商如此发达，不外乎三。一是为土地资源的匮乏与人口增长的矛盾压力所迫而积极向外发展使然。奉行程朱理学，坚持"官本位"徽州社会，打破传统的"荣宦游而耻工贾"的价值观，提倡的"四民异业而同道"、"百姓日用即道"，以及民谣"前世不修，生在徽州，十二三岁，往外一丢"，就是这一方面的写照。二是为徽州丰富的地方物产拥有境域之外的市场需求所决定。三是为徽商的"贾而好儒"、"官商互济"的独特文化所推动与促进。故而，徽商得以雄踞天下数百年，成为中国十大商帮中的翘楚。

徽商遍布的湖州街市

民初北平徽商合影

---

① 郑志明：《关于"民间信仰"、"民间宗教"与"新兴宗教"之我见》，《文史哲》2006年第1期。

# 第一章　紧邻徽州的太平岭下与浙地

徽州文化也因徽商之行走四方而得以广泛流布,"伸展于中华大地,尤其伸展于以江南(苏州、松江、常州、镇江、江宁、杭州、嘉州、湖州、太仓)和淮扬地区,以及芜湖、安庆、武汉、临清等城市为基地的所谓'大徽州'"①。明清时期,随着江南商品经济的繁荣与发展,越来越多的徽商前往发展,名列全国重要都会之一的杭州,成为徽商聚集的经商据点,因此而迁居杭州的更大有人在,如列入杭州四大富室之一的徽州黟县宏村汪氏,便是由原先客居转而入籍杭州的。② 其时,徽商广泛活跃于杭嘉湖市镇,具有徽商团体与组织性的会馆公所比比皆是。徽商的社会影响是多方面的,不仅在促进杭嘉湖市镇的经济繁荣和社会发展方面起了很大作用,而且对提升市镇品味,提高市镇的知名度,也产生了积极的影响。③ 此外,曾经"徽行要津,商旅踵接"(《嘉靖昌化县志》)的"徽杭古道",其起于徽州新安(今黄山市境),终至浙江昌化(古属杭州府辖,今临安市境),不仅见证了两地的社会发展状况,而且在近代抗日战争中担当起沿海敌占区与大后方的物流枢纽。如今虽已荒芜,但这充满沧桑的历史遗存,确可称为徽浙两地古来联系密切的历史印证。

徽杭古道

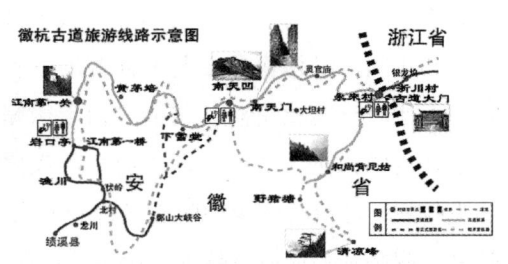

徽杭古道旅游示意图

---

① 叶显恩:《徽州文化丛书·徽州民俗》"总序",安徽人民出版社2005版,第3页。
② 张育滋:《明清时期的杭州徽商——以黟县宏村迁杭汪氏为例》,《史耘》2012年第14期(2012年6月)。
③ 陈剑锋等:《明清时期浙北杭嘉湖市镇的徽商》,《安徽师范大学学报》2003年第3期。

总而言之，徽州与浙地文化层面的殊异与相通，近年来学者多有揭橥。浙地和徽州，历史渊源久远，地缘、族缘非同一般，许多文化事象相通、相近、相交融，越文化和徽州文化在某些方面有惊人的相似融通之处。徽浙由于曾经政治文化中心的南移而获得前所未有的发展，尤其是明清商品经济的发达，更促其发展为近代率先睁眼看世界的时代弄潮儿。苏雪林虽然籍贯安徽太平但却生长于浙，在其成长的过程中，徽浙文化元素所生发的影响不容小觑。

## 二 清咸丰以降太平岭下与浙地

### 1. 太平岭下村

太平县岭下村，亦称岭下苏村，是苏雪林祖上世居之所在。岭下村，地处黄山区北部，位于风景秀丽的太平湖北岸，东与泾县厚岸乡交界，西与青阳相邻，南与太平湖镇接壤，素有"鸡啼狗叫听三州"之称。其所属太平县，建置于唐天宝四年（745），史载："割泾县西、南十四乡置太平县。"（《安徽省志》）自此，除唐永泰中（765—766）曾一度废置外，其行政建置经古而今，即至1983年12月才撤除，而与当时歙县的黄山公社、石台县的广阳公社合并成立黄山市（县级），由省直辖。古老的徽州大地，到处都有着中原士人的后裔。紧邻徽州太平县地界也不例外，据史载，早在东晋太和年间，汉相曹参十九世孙曹沛辞官归隐于殿头里，其十九世孙曹镐杰在五代时筑寨曹王阮。与诸多祖籍徽州的宗族一样，岭下苏氏，其始迁祖也来自中原士人之家，即为眉山苏氏之苏辙曾孙苏继芳。据史载：南宋建炎年间，苏继芳解组归隐于必吉岭（太平湖北岸大山岭名），其后裔苏显荣则于明初迁居到必吉岭下，岭下苏村自此兴建并绵延至今。

长久以来，对生活在紧邻徽州太平县地界的这一支苏姓宗族乃眉山苏辙之后的说法，虽无甚异词，但在相关"始迁祖"及其"始迁时间"等问题的具体说辞上，似有不同。

一是，眉山苏辙后人明朝末年为避张献忠之乱而始迁安徽太平说。此说，详见于苏雪林《浮生九四》：

## 第一章 紧邻徽州的太平岭下与浙地

相传我们这一支姓苏的是眉山苏辙之后，明末张献忠之乱，有一支人逃出来，辗转到了皖省太平县乡下一处地方名为"岭下"者便定居下来。①

石楠的《另类才女苏雪林》，乃内地首部苏雪林传记类著作，亦采此说：

苏家祖籍是安徽太平县一个叫岭下的乡村，世称岭下苏。相传他们这一支苏姓是眉山苏辙之后，明末张献忠占据四川的时候，逃难来到皖南岭下，就定居在那里了，算起来，她系苏辙第33代后裔。②

二是，眉山苏辙后人南宋时期为避金人之乱而始迁徽州太平县说。此说，据岭下村《苏氏族谱》和嘉庆《太平县志》，多为后来相关著述者所采信。

方维保的《苏雪林：荆棘花冠》，就该问题撰述道：

清末的岭下村以苏姓为主，所以又称"岭下苏"，据《苏氏族谱》记载：苏姓家族的祖居地远在四川眉山，"三苏"（即苏洵及其子苏轼、苏辙）是苏氏可详述的始祖。苏轼等人曾罹党禁，"宋建元改元悼念旧臣恩授文定公（苏辙，字子由，谥文定公——笔者注）曾孙继芳铜陵邑县令，值金寇横行，水陆并阻，携二子仆从数人，由池清至太平岭头冲，见山川幽雅，以为必吉，而爱处嫣然，顾瞻眉阳逸远，置行将逾楚入蜀，而寇氛弥猖"，于是定居于此，已经历了数百年。③

---

① 苏雪林：《浮生九四——雪林回忆录》，台北：三民书局1992年版，第1—2页。
② 石楠：《另类才女苏雪林》，东方出版社2004年版，第5页。
③ 方维保：《苏雪林：荆棘花冠》，广西师范大学出版社2006年版，第2—3页。

### ■ 她被唤作"瑞奴"时

左志英在其所著的《美丽与哀愁：一个真实的苏雪林》一书中，也采此说：

> 苏雪林，祖籍安徽太平岭下苏村，即现在的黄山市岭下苏村。据《太平苏氏宗谱》，苏氏家族发脉于四川眉山，为宋代文学家苏辙的第 34 代后裔。五百多年前，苏家世祖苏继芳做铜陵县令时，看中岭下这块三面环山流水向南的风水宝地，便定居下来。①

陈朝曙在《苏雪林与她的徽商家族》一书中，不仅同采此说，而且依据《苏氏族谱》之外，更是结合嘉庆时期所修的《太平县志》人物栏《隐逸篇》中有关苏辙之曾孙苏继芳弃官隐逸岭下的历史记载，对该问题加以更为深入细致的研究，指出：徽州太平岭下苏氏一族，始迁祖苏辙曾孙苏继芳，南宋时期为避金之乱而定居徽州太平县必吉岭；明初苏继芳的后代苏显荣分蘖而出至"必吉岭之下"另建宗兴族，"岭下村"之名，由此而来。②

就有关个人传记的撰述问题，苏雪林曾在《浮生九四》的开篇中发声："关于我的传记资料在我自己著作提过亦不少，只须连缀起来即可成为一部相当详细的传记。但请别人连缀，试过几次，总不如意，无可奈何，只有自己来执笔了。年老才尽，写得很重复琐碎，不成东西，不过字字真实，无一虚构之词，想研究我者以此为根据，当无大失。"③ 与此同时，该书编辑出版人也就此于其封三作有相应说明，如下所示：

> 此书乃作者今日所写之回忆录。虽衰年所作，质朴无华，而字字真实，无一虚构之词，足称信史。作者过去虽已应各种报刊编辑要求，写有自传式文字多篇，检视之下，每有舛误。盖即记忆力甚强者，岂能记忆七八十年之生命史，况作者自言自己记性自幼欠佳

---

① 左志英：《美丽与哀愁：一个真实的苏雪林》，东方出版社 2008 年版，第 3 页。
② 陈朝曙：《苏雪林与她的徽商家族》，安徽教育出版社 2008 年版，第 6—7 页。
③ 苏雪林：《浮生九四——雪林回忆录》，第 1 页。

## 第一章　紧邻徽州的太平岭下与浙地

者耶！现作者写此书，则先以大半年日力，遍览自己全部著作，检查所保存之日记，更参考当时世局之沧桑，有关人事之迁变，自己文学创作之抒写，所研究学术问题之解决，及其所有著作出版之年月，一一记录，故条理分明，事迹翔实，以后若有人思研究作者之生平，以此书为根据，庶无大失。

由此看来，有关其"始迁祖"问题的两种考叙意见，从理据而论，第二种说法更为充分，尤其是陈朝曙在《苏雪林与她的徽商家族》中的相关考察，对这一问题加以更进一步的厘清。

此外，颇有说道的便是必吉岭头的五福庙，该庙建于元末，民国十四年（1925）本村苏建芳重修。据乾隆《太平县志》记载："元末遭兵乱，神有奇验，苏氏托庇焉。固建庙奉为土主。"因此，每逢节日，当地和周围的善男信女来此烧香敬神。据《岭下村古村落保护与发展项目建议书》介绍："五福神"有正神六尊，分别为平浪王（当地俗称娘舅，又称宴公）、和合五郎、了角四郎、草野三郎、灌口二郎、得胜一郎。旧时每年农历八月十三、十四、十五日是五福神会的会期。挑选青壮年头戴面具扮神出巡，祭祀程序分"出橱、降神"，"出巡"和"退神跑橱"。五福神会起源于元末明初，是黄山区永丰乡苏姓一族为祭祀"五福神"而举办的活动。当时五福神会影响很大，毗邻的青阳、泾县等地老百姓都前来观看，祈求福佑。"五福神会"集民间舞蹈、戏曲、美术、风俗民俗于一体，祭神娱人，"傩文化"、民俗文化、民间信仰等文化特征丰富。

"五福神会"

五福庙

23

■ 她被唤作"瑞奴"时

  至于"苏氏托庇"一说，陈朝曙在他的《苏雪林与她的徽州家族》一书中，解读得极富传奇色彩：传说是苏继芳在逃难中，一次船行至芜湖江心，见到江面漂浮着一尊雕像，捞起来一看，是一尊五猖菩萨。民间传说中的五猖菩萨，是指黄帝、炎帝时期的中华民族五位始祖，也称五福菩萨。苏继芳就将菩萨放在箱子之内，后行至必吉岭上，挑这一箱子的扁担断裂，他因此选中了这个地方作为栖居之地。后来就在扁担断裂的地方修建了五福庙，供上五福菩萨，常年祭祀。其实，这里被称作"五福神"或"五猖菩萨"的，亦是流行于我国东南地区最为重要的民间信仰之一——五通神，亦称五显神，其中徽州婺源的五通庙在宋代还被朝廷列入祀典，敕封甚厚，《舆地纪胜》载："五通庙……宣和五年（1123）封通贶、通佑、通泽、通惠、通济侯、乾道、淳熙累封各八字，其告命云：江东之地，父老相传，谓兄弟之五人，振光灵于千载。"[①] 可见五通神信仰由来已久。从史料上看，五通神信仰在安徽、江西、江苏苏南、浙江、福建都有广泛分布。其中浙江是五通神最为普及的地区之一，从地方志的祀庙资料中可以看出，浙江境内的五通庙大多数是宋代时出现的，比如那时五通神在绍兴等地便已受民众崇祀："会稽城内有五通祠，极宽大，虽不预春秋祭典，而民俗甚敬畏。"[②] 其信仰可能多由徽州传播而来，如明成化《宁波郡志》卷六："五显灵顺庙……神旧在徽州，宋开禧（1205—1207）间乡人徐侍郎守徽，神尝效灵，遂迎神归庙侍。"五通神信仰遍及全浙，杭嘉湖三府与苏南、上海，则是中国五通神信仰最重要的核心地带，明清时尤盛。明人田汝成说："杭人最信五通神，亦曰五圣……凡委巷若空园及大树下，多建祀之，而西泠桥尤盛。"[③] 古人云："非其所祭而祭之，名曰淫祀，淫祀无福。"（《礼记·曲礼》）然田锡《太平令贾昭伟考词》说"江南岁多不稔，农鲜服勤，信卜筮而佞鬼神，弃耕桑而从网罟。"洪迈《夷坚志·支志庚》卷六："吴楚之地，俗尚巫

---

[①] （宋）王象之：《舆地纪胜》卷二十《江南东路·徽州》，中华书局1992年版，第939页。
[②] （宋）洪迈：《夷坚志·三志己》卷八《五通祠醉人》，中华书局1981年版，第1364页。
[③] 转引朱海滨《近世浙江文化地理研究》，第87—88页。

师，事无吉凶，必虑禁忌。然亦有时而效验者，如居舍修营，或于比近改作，必尽室迁避，谓之出宫。"由此可见，奉"五福庙"，实乃中原士大夫所斥的"巫风淫祀"。岭下苏村奉之，至少说明，古越遗风不仅遗响徽州，深入江浙，甚至浸润中原。

太平岭下，四面三山一水，林木覆盖率为80%，绿意森然，古宅傍溪，"由西北的高地向东南的低地依次而座，连绵披拂，错落有秩，远远望去似一幅水墨山水画"①。村外有石板路桥，通流达溪，盘山缠岭，山间是奇峰叠翠，响瀑静潭，长亭更短亭，胜境处处。古貌清幽的岭下苏村，经年儒风浸润，古风更为沛然。与岭下苏村相距五里之地的杜氏族人，乃晚唐诗人杜荀鹤后裔，明朝洪武年间迁居殿头庄，因凿石为道而更地名为凿村，后改成卓村。杜氏族人重教化，尚礼义，崇儒学。举人杜质是阳明学派的大儒王龙溪的弟子，明朝理学家，曾建堂设会，研经习儒，并曾数邀王龙溪讲学，风习之盛影响之大，至今保存完好的当年为村民所修建的"集贤桥"和"希贤桥"不失为例证。"山川新气象，诗礼旧家风"，杜氏家学因之历久而不衰。岭下苏村与卓村杜氏，不仅是近邻，而且世代姻亲，勾连非常紧密，譬如晚清抗击外来侵略的民族英雄杜冠英是苏门女婿，苏雪林的祖母与母亲都是杜氏女子。2008年4月岭下村与卓村合并组建成为永丰乡永丰村，直辖于黄山区政府，因所拥有的物质形态和非物质形态文化遗产，皆具有较高的历史、文化、科学、艺术、社会、经济价值，而于2012年被列入了首批中国传统村落名录。故此，凡涉论岭下苏村，对卓村杜氏自然会有所并及。换言之，"敦孝友"、"笃人伦"、"睦宗族"、"勤生业"、"节财用"、"重家学"、"守法度"之宗法文化，亦为岭下苏氏族人所标举并传承。

对此，生长于浙地老大始返乡的苏雪林，即便是有着初来乍到者的诸多不适，仍不禁为故乡岭下唱诵不断。其诗文中，不乏所谓"岭下"情怀。诸如：岭下贫瘠，鲜有鱼肉，返身故里的祖父"一天一天瘦下去，

---

① 《岭下村古村落保护与发展项目建议书》，http://3y.uu456.com/bp－e53e4b14a216147917112803－2.html。

### 她被唤作"瑞奴"时

后来又患了眼疾,乡下无名医,一只眼睛就瞎了,民国三年夏便郁郁而死了"①。还有:"岭下虽是我的故乡,我还是第一次来到,我们的家宅位置于万山之中,林木丛密瘴气甚重,久居其间者可以习惯,新来乍到者,适应为难,我便患起乡间常有的一种疟疾来……病了数月,头发大把大把地随梳而下,几成秃顶。"②再是:"由省城赴我的故乡虽然止有三四百里的路,却很辛苦。……一路大轮、小轮、轿儿、舟儿要换几次;要歇息于臭虫牛虻集聚的饭店;要忍受夫役一路无理的需索,老实说回我故乡一趟,比到欧洲旅行一回还困难。"③然而,当"开窗一望,一座几十丈高的青山,几乎伸手可以摸到,松影绿压屋檐,潺湲的清泉似乎在枕畔流过,这清绝的影与声,往往把她携带到一个不可知的梦与诗的世界里去了"。更有"那夜的景色,真教她永远难于忘却。天粘在四周山峰上似一张剪圆的暗云蓝纸,没有月光,但星光分外明朗,更有许多流萤,飘忽来去,像山的精灵们乘着炬火跳舞,满山熠熠烁烁,碎光流动。夜已三更,空间非常寂静,也没有一丝风,而耳中却听见四山幽籁、萧萧、瑟瑟、寥寥、飕飕,如万箔春蚕之食叶,如风水相激越,如落叶相擦磨。泉声忽高忽低,忽缓忽急,做弄玲珑曲调,与夏夜虫声,齐鸣竞奏。这些声响都像是有生命和感情似的,白昼潜伏着,一到夜间便像被什么神秘的金刚钻解放了它们的灵魂,在黑暗中一齐活动起来了。"④

**太平岭下苏村远景图(苏雪林绘)**

---

① 苏雪林:《浮生九四——雪林回忆录》,第21页。
② 同上书,第26页。
③ 苏雪林:《棘心》,《苏雪林文集》第一集,安徽文艺出版社1996年版,第205页。
④ 同上书,第9页。

俯瞰太平岭下苏村（作者摄）

这里有岭下村的闭塞、穷陋、僻远，更有皖南独有的撼人心魄的清幽、静美与奇绝。当然，尤令苏雪林欢呼与牵绊的还是岭下那心系游子的慈母情怀："每年我们回家，那欢乐的情味，我永远也不能忘记。……从斜岭顶上到我家大门还有两三里路，但我们已经望见母亲了，我们再也不能在轿子里安身了，我们便跳出轿子，一对小獐子似的连蹿带跳下山。下山本来快，我们身不由主的向下跑，不是跑，简直是飞，是地心吸引力的缘故么？不止，磁石似吸着我们的，还有慈母的爱！"① 尽管岭下苏村对于苏雪林而言，充满了各种况味，但眷恋怀思之情不绝如缕，礼赞不已：

### 游松川口占

灵境少人赏，兴来时独游。
穿林飞瀑急，残照远山秋。
松鼠缘枝捷，鸣蝉送韵幽。
无言坐磐石，倒影入清流。

### 复游松川

苍苍老桧碧云横，夹岸蝉声送晚晴。
绝似西湖灵隐寺，万重树里听泉鸣。
一支藤杖只随身，来往常携洞口云。

---

① 苏雪林：《棘心》，《苏雪林文集》第一集，第206页。

### 她被唤作"瑞奴"时

久坐不知斜照没，满身黄叶落纷纷。

**除夕大雪至松川探梅**

瘦筇蜡屐冷风斜，池上清吟逸兴赊；
除夕山人不火食，自敲冰雪嚼梅花。

## 2. 岭下苏氏与浙地

岭下村民作为一个文化名人的后代，他们在有明一朝，接近三百年的时间里，通过考试而登上科第的微乎其微，仅仅只出了两个举人。在清朝，岭下村在道光时期出了两个举人，后来的三个举人苏文贯、苏文选、苏锡第，都是在光绪年间登科，在其他时间里，几乎空白。[①]

《苏雪林与她的徽商家族》一书，曾就岭下苏氏科举及第的寥寥而感叹。

其实，若从"时势造英雄"这句中国古话来看，历史进入清咸丰年间之后，太平岭下苏氏，在与浙地相关联的政商事务中，皆身手不凡，风生水起，影响非常，这便是官至盐运使的苏式敬和富甲一方的"苏百万"苏成美。自此之后，岭下风气大开，其后来子孙亦政亦学亦商，无不有所成就，即以"腾蛟起凤"、"人杰地灵"形容也不为过。其中，为政者有陕西三水县、河南巩县知县加同知衔苏文卿；浙江兰溪、瑞安县知县，海宁知州苏文开（苏雪林祖父）；民国安徽省民政厅长、代省长苏宗辙；曾任孙传芳秘书长，山东菏泽县、安徽宁国县县长的苏锡衡和任北洋政府财政部常务次长的苏锡第。经商者有被誉为第二代"苏百万"的苏文卿，浙江盐业协会会长苏文选和连任十余年南京商会会长的苏锡岱。为文者更是不乏其人，有曾任商务印书馆编辑、编审、编审部长，

---

① 陈朝曙：《苏雪林与她的徽商家族》，第11页。

## 第一章　紧邻徽州的太平岭下与浙地

《东方杂志》主编 30 余年，并参加《辞海》修订工作的学者苏锡昌；厦门大学教授苏绍箕；上海中国公学教授、太平中学创始人苏绍章；知名的美国遥感、遥测、遥控、航天专家苏经国，以及本书主人公女作家、女学者苏雪林，等等。现分布海内外 45 个国家的苏氏后人，皆多有建树。

苏式敬，自必吉岭分蘖而岭下建村的苏氏宗族第四代，因清咸丰三年（1853），洪秀全统领的太平军在安徽太平、青阳、泾县、石埭一带与清军所展开的拉锯战，而与周边地方士绅共同组建地方武装"泾太二十七姓团练"，以保卫家乡百姓的安宁，并协助官兵，迎击太平军。对于这一场战乱，苏雪林年幼时分，家中一个亲历过洪杨事件的被唤作"老妈"的潘姓女仆的口述，给苏雪林留下很深的记忆：

> 老妈年轻时曾经过洪杨之乱，被洪杨军掳去当了女火头军。她常常和我们谈洪杨军即民间所谓"长毛"的到处烧杀淫掠的惨况，不过她对官兵也没有好评。贼去官兵来，官兵去贼又到，双方交绥数次很少，借此抢劫倒是真的。老百姓的身家性命，便在官贼双方拉锯战中，给拉得七零八落。……老妈所谈长毛掌故最使我们孩童骇怖的是炒人心肝的事。[①]

由于皖浙两地是清军与太平军拉锯战地带，在与太平军交战的 10 年中，苏式敬的队伍主要转战于皖浙之间，而主战场则更多在浙地。苏式敬因能征善战并屡在浙地与太平军的激烈鏖战中建立战功，故而屡获朝廷的褒奖与晋升，如下所示：

咸丰五年（1855）苏式敬由"果毅亲军"副帅接任统帅；
咸丰六年（1856）皇上降旨苏式敬为浙江县丞，并赏蓝翎加知

---

[①] 苏雪林：《童年琐忆》，《苏雪林文集》第二集，第 25 页。

### 她被唤作"瑞奴"时

州，到再次晋升免补县丞，以布政司理问用；

咸丰七年（1857）苏式敬被保奏同知换花翎；

咸丰八年（1858）苏式敬被保奏免补同知以知府留浙江记名；

咸丰九年（1859）皇上降旨以道员升用；

咸丰十年（1860），朝廷降旨，以道员留浙江记名；

咸丰十一年（1861）再次升任，奉旨加按察使衔；

同治元年（1862），任命苏式敬为布政使，不久受命杭嘉湖道；同年任命苏式敬兼任浙江盐运使，主管浙江盐政。①

十年之久的太平天国战争结束后，苏式敬立即投身到浙地战后恢复事务中，为安抚浙民治理海塘，终日奔波劳苦，不辞艰辛，以致重病不治，英壮而逝。时任浙抚的马新贻痛惜不已，将其生平事迹奏报朝廷，"奏请按照军营立功优待抚恤，奉旨赠四品太常寺卿衔，保送一子入国子监读书，期满以知县用。浙江地方绅士感念苏式敬在浙江的政绩，联名请奏入名宦祠，永志祭祀"②。两军搏杀阵中的苏式敬忠勇可嘉，身为浙地显要的苏式敬官声亦是显荣，然始终寒素，以致后人生活困顿，而不得不将其生前所修造的"耕礼堂"转卖了大半。

苏成美，即富甲一方"苏百万"，苏式敬的堂弟，苏雪林堂叔祖。从经营"苏记豆腐坊"糊口，到开"苏茂源"盐行发家，再到经营典当业兴旺，某种意义上可以说，苏成美的成功，成就了岭下苏村的辉煌。其发迹史上，盐行是其发达之起点，也是其与浙地联系之关节。盐是传统社会里由国家控制的专卖商品，因它系日食所需，销量巨大，最能从中获利而积成巨资。旧时，盐商运销食盐，必须向盐运司衙门缴纳盐课银，领取盐引（运销食盐凭证），然后才可以到指定的产盐区向灶户买盐，贩往指定的行盐地区销售。但领取盐引则须凭引窝（又称窝根、根窝），即证明拥有运销食盐特权的凭据。盐商为得到这种特权，须向政府主管部门认窝。认窝时，

---

① 陈朝曙：《苏雪林与她的徽商家族》，第18—22页。
② 同上书，第31页。

## 第一章 紧邻徽州的太平岭下与浙地

要交纳巨额银两。握有引窝的盐商就有了世袭的运销食盐的特权。明弘治五年（1492），政府实行开中折色制度：盐商向盐运司交纳现银即可办引销盐。这种办法使行盐商人可免去赴边纳粮之苦，为经营盐业者带来方便。盐业成为徽商经营的第一大行业始于明代，徽商中的"大贾"、"上贾"通常就是盐商。徽州人常说："吾乡贾者，首鱼盐，次布帛。"实际上，明末以降，徽州盐商已形成集团，控制了淮盐产、供、销的特权，在两浙的盐业活动也十分活跃。①徽州盐商取得了控制权，由此暴富，给徽州社会的发展带来了巨大的影响，从宗族到教育到科举等，亦儒亦商崇儒重教，徽州文化由此远播，随着"无徽不成镇"，小小徽州由此而流衍为"大徽州"。

当苏式敬兼任浙江盐运使，主管浙江盐政之际，原在家乡艰难经营"苏记豆腐坊"的堂弟苏成美，为一家的生计，于兵荒马乱盗匪横行之时，顺新安江而下至浙江沿海运盐而归。虽然运盐船上写有"岭下苏"三字的旗子迎风招展，沿途关卡一路通行无阻，但月黑风高之险四下隐伏。最终，借着堂兄苏式敬的影响，徽州的盐业界一度为苏成美所垄断。如果"富贵险中求"，可解读为善于发现商机，勇于把握商机的话，那么被称为岭下村第一代"苏百万"的苏成美，就是一例证。自此，其后世子孙遂兴旺发达，父子举人，叔侄同科中举，乃至第二代"苏百万"接踵而至，民初其四子苏文选被浙江、安徽、江西三省盐商联合成立的"浙赣皖"三省盐业公会，推举为会长，当有对岭下苏门不可多得家世背景与资历才干的推重的成分。

先后发达了的苏式敬与苏成美，这对衣锦还乡的岭下苏门堂兄弟，联袂出资将苏氏祠堂修建一新。规模之宏大，建筑之精美，不仅其被苏氏族人视为宝贵遗产，同时还被后人目为保护完好的文化遗产而列入"省级文物保护单位"。对此，《岭下村古村落保护与发展项目建议书》如此介绍：

---

① 高敬编著：《徽州文化》，时事出版社2012年版，第81页。

### ■ 她被唤作"瑞奴"时

苏氏宗祠又名六甲祠、继序堂、显荣公祠,据苏氏宗谱记载,该祠建于明万历年间,乾隆二十八年重修,咸丰年毁于兵火,同治年间重建,有三进,进深38米,宽15.3米。前进大门口原竖立石狮一对,高约2米,为五凤式门楼,飞檐翘角,檐下木雕刻画人物山水、亭台楼阁等图案,精美华丽。二进明堂两边墙上嵌有山水壁画两幅和朱熹写的忠、孝、节、义四个黑漆大字,对径约1.5米,正堂上曾悬挂"敬教兴学"匾,这是当时最高当局为表彰苏氏创办私立学校所挂的。三进寝殿为二层,有青石浮雕四块及五只石狮望柱。2004年10月,安徽省人民政府公布苏氏宗祠为省级重点文物保护单位。[1]

祠堂,又称祠庙、祠室,也有称作家庙、宗祠的,是旧时祭祀祖宗的所在。宋代理学盛行,认为"孝为百行之首","生民之德莫大于孝","报本返始之心,尊宗敬祖之意,实有家名分之守,所以开业传世之本";故而,祠堂被视为高于一切,关乎家族命运之所系,具有神圣不可侵犯的地位。因此,名宦巨贾、强姓望族,均建祠堂,以显其本,以祭其祖。

明清时代乃宗族制度处于成熟的发展阶段,修建祠堂风气更甚,在族规家训中,"立祠堂"、"重祭祀"一类的说教占有突出位置。祠堂是血脉的圣殿,祖先的象征,祭祖则是全族的大事。同时,祠堂又是正俗教化、族人会聚的场所,甚至是家族中的司法"公堂"。徽州乃朱子故里,"尊祖敬宗,崇尚孝道"早已衍化为徽州人的重要习俗,岭下苏氏将宗族祠堂修建一新的热情与期望莫不如是。[2]

苏雪林之于岭下村,恰是匆匆来去的游子;然而,苏氏宗祠在苏雪林的生命中已然留下深刻的印象:

> 在我故乡那个地名"岭下"的乡村,苏姓族人聚族而居,已历数

---

[1] 《岭下村古村落保护与发展项目建议书》,http://3y.uu456.com/bp-e53e4b14a216147917112803-2.html。

[2] 刘黎明:《祠堂·灵牌·家谱》,四川人民出版社2003年版,第18—19页。

百年。村中有一座祖宗祠堂，建筑之壮丽为全村之冠，祠中供奉着苏氏历代祖宗的牌位，每年冬至前夕为阖族祭祖之日，牲醴极其丰盛，直到元宵过后，祭礼始告完毕。宗祠不惟是宗教中心，也算是政治中心，族中人若犯了罪须送官惩治者，为省事起见，开祠堂裁判，治以家法。由族中长老当主席，阖族长幼参加，加以诫责，甚或痛鞭一顿，受之者均不得有怨言。在岭下那个乡村里，祖宗的威灵有时似乎还在"天老爷"、"佛菩萨"之上，生灾患病，祈祷祖宗赐以安宁，求财谋禄，恳求祖宗保祐顺利，祖宗的神灵永远在子孙头顶上回翔着，看顾着，保护着。①

苏氏宗祠内景

苏氏宗祠外观

## 三 苏锦霞浙地仕途生涯

### 1. 苏锦霞的仕途出身

有关苏锦霞的仕途出身，似有不同说辞，若加以澄清，首先得直面事关苏雪林曾祖父和祖父的一些不同说法。

一是，有关其曾祖苏至玮生前境遇的两种说辞。

苏雪林曾祖苏至玮，与岭下第一代"苏百万"苏成美是同祖的堂兄弟。既有的与苏雪林曾祖相关的字幅不多，而对其生前境遇，却存两种说辞。

之一，"家贫"说。主要源于苏雪林回忆录中的相关叙述，如下所示：

---

① 苏雪林：《我幼小时的宗教环境》，《苏雪林文集》第二集，第35页。

### 她被唤作"瑞奴"时

> 我家并非名门望族,实甚寒微,曾祖父自幼失明,只好学习算命卜卦,流走四方谋生。生有男孩三人,即伯祖父、我的祖父并叔祖父。兄弟三人年龄差距甚大,洪杨之乱,太平军曾来我乡,那时我祖父只有四、五岁,伯祖父则已有二十岁。曾祖父母双双饿死,大乱中哪里去张罗衾衣棺椁,只用一张养蚕的大竹簟将尸体盖住,伯祖用两个箩筐,一头盛着稚龄两兄弟,一头盛着旧衣服铺盖,随众往江西方面逃难,伯祖到了江西帮人做些杂工糊口,并哺两弟。乱定后回乡,三弟夭折,我祖父则已十一、二岁。家贫无力读书,送到徽州某当铺当学徒,后渐升为伙计。①

之二,"为官"说。主要见于方维保所撰述的《苏雪林:荆棘花冠》:

> 苏雪林回忆说,她祖父苏锦霞的官衙中曾供奉着一位"于灰烬之余,一顶斗笠,一条扁担,重新创立家业"的祖先,并说这就是她的曾祖父苏至玮,说他遭动乱而双目失明,"无以为生,帮人舂米以糊一家之口"。其实,苏雪林关于其曾祖创业神话的回忆并非全是事实。据《苏氏族谱》记载:苏至玮,是苏洵的第二十七代孙,字汉珍,国学生,生于清嘉庆癸亥十月二日,卒于辛酉九月十七日,花翎同知,衔浙江瑞安知县调署顺县知县。也就是说,苏氏在太平岭下的祖居被焚烧,但苏至玮那时在浙江为官,并未受到重创。而苏雪林的创业神话只不过是她的有意穿凿附会,并不可信。②

从已公开出版发行的苏雪林传记采信情况来看,持苏雪林"贫寒"说居多,其中包括由东方出版社 2004 年出版的石楠所著的《另类才女苏雪林》、河北教育出版社 2006 年出版的范震威所著的《世纪才女苏雪林传》、安徽教

---

① 苏雪林:《浮生九四——雪林回忆录》,第 1—2 页。
② 方维保:《苏雪林:荆棘花冠》,第 3 页。

## 第一章 紧邻徽州的太平岭下与浙地

育出版社2008年出版的陈朝曙所著的《苏雪林与她的徽商家族》与东方出版社同年出版的左志英所著的《美丽与哀愁：一个真实的苏雪林》。对此提出不同看法的，方维保的《苏雪林：荆棘花冠》，由广西师范大学出版社2006年出版，其质疑苏雪林《浮生九四》中的相关说法，主要依据于《苏氏家谱》；或者说，在相关苏雪林家族近史的材料采信问题上，当其家族子孙的追述与相关家族谱牒发生抵牾时，评传者们在这里更多地倾向于采信前者之说。

史迹真相，只能是一种。在事关祖上门楣的史迹问题上，是苏雪林追忆有误，拟或为凸显祖上"创业神话"而"有意穿凿附会"？还是《苏氏族谱》在此关节上有某些"含糊"？

族谱，也称宗谱、家谱、家乘、家典等，是由宗族内部编纂的以血缘谱系为中心的族史记录。其发轫于三代时期，鼎盛于魏晋南北朝，承启于隋唐；自宋代转向，即由宋以前的"奉敕修定"转向"家自为说"；明清时期，私家之谱更是卷帙浩繁。族谱在中国传统社会的宗族制度体系中，具有多方面的社会功能，占有重要的地位，理学家张载说："管摄天下人心，收宗族，厚风俗，使人不忘本，须是明谱系、世族与立宗子法。"（《张载集·经学理窟·宗法》）有意思的是，宋代新族谱的形成与发展同欧阳修，以及被徽州太平岭下苏氏奉为先祖的苏洵关系密切。当年苏洵感于宗族"喜不庆，忧不吊"，"相视如涂人"的状况，通过咨考其先人，"由今而上得五世，由五世而得上一世"（《嘉祐集》卷十三），而编成的《欧阳氏族谱》与《苏氏族谱》共同开创宋代编修家谱的先河。正是由于欧、苏先后相继的积极倡导与身体力行，为私家族谱纂修树立样板，其后许多士大夫纷纷为自己的家族编修家谱，从而形成了"私谱盛行"的局面。[①]

由于世家大族的昌盛，宗族组织与宗法制度的高度发达，仕宦等宗族精英分子的参与，宗族商人丰厚商业利润的反哺，明清时期，朱子故

---

[①] 刘黎明：《祠堂·灵牌·家谱》，四川人民出版社2003年版，第182页。

### 她被唤作"瑞奴"时

乡之徽州宗族族谱编纂活动空前活跃,为当时全国范围内族谱编纂最发达的地区之一。① 在明清徽州宗族及族人看来,作为一族之史的族谱,其地位和正史之于国家一样重要:"立族之本,端在修谱。族之有谱,犹国之有史。国无史不立,族无谱不传;谱者,家之大典,姓氏之统于是乎出宗祖之绩于是乎章,子姓之绪于是乎传,宗法于是乎立,礼义于是乎兴,胡可缓也。"② 因此,徽州宗族把修纂族谱视为盛典,许多宗族每每在族谱修纂启动之际的祭祖仪式上,都会有类似誓言。《祁门善和程氏仁山门支修宗谱·经修谱述》记载,修谱伊始"沐浴斋戒,祭告于我们祖祠神前,祝之曰:'凡首事者无保其力,与事者共诚其心,纂校参考,誓襄厥成。为我祖神,正直聪明,锡福无疆,邦族之光。'"族谱修纂完成之后,许多宗族仍要举行祭典礼。因此,后续的修谱活动对于每个宗族来说,亦是一种神圣的事业。朱熹有言:"三世不修谱,当以不孝论。"徽州族谱的基本内容主要包括:全族的世系和血缘关系图表;本族有史以来制定的各种家法族规、家训家范、祖宗训诫子孙的言论;祠堂、祖茔、族产公田的坐落方位、形胜地图,以及义田记、墓志铭、买地契;家族的历史等四个部分的内容。③ 修纂宗谱活动,大多由家族中取得科举功名者主持,抑或推举有德行和文化修养的人主持。族谱"收藏贵密,保守贵久,每岁春正三日祭祖时,各带所编发字号原本到统宗祠,会看一遍。祭毕,各带回收藏"。若有闪失,将受到严厉的处罚,甚至从族谱除名,生不得入先祠,死不得葬先墓。明清徽州宗族积极从事族谱编纂的重要目的,除了翔实记载、保存宗族历史之外,还有的就是利用族谱实施族内控制。④ 明清以降,修谱风盛,且动辄将家族远祖或始祖上溯到远古时期,历代世系,数十上百,代代不紊,如此风习南方尤是,所到之处,田夫野老张口即是"吾宋祖某,

---

① 赵华富:《徽州宗族研究》,安徽大学出版社2004年版,第227页。
② (明)程一枝:《程典自序》,万历《(休宁)程典》。
③ 徐扬杰:《中国家族制度史》,人民出版社1992年版,第324—326页。
④ 常建华:《宗族志》,上海人民出版社1998年版,第297—303页。

唐祖某，周秦汉祖某"（《朱文端文集》卷一《高代家谱序》），以致不免时诉："平居尝叹南人好虚大，家谱追溯瓜瓞，牵曼昔贤，虽伪冒不计也。"（《恕谷后集》卷一《刘氏家谱序》）。尽管朱熹对此早有说教："夫家乘者，一家之史也，失实不可，厚诬亦不可。以从义之去取精严，奚患于是？余固可以无言，然余究有不能已于言焉。大抵传之盛者，必其有世德也……夫矜其世家而鸣于人者，惑也；念之世德而以之修之己者，孝也。"（绩溪《枢密葛氏宗谱·庆元续谱序》）然而，后世的谱牒中，诸如此类流弊，无独有偶。家谱研究者认为，家谱中流弊的存在，是明清以来是一个普遍现象。"造成这种情况的原因是多方面的。当然，主观方面为了家族利益、家族荣誉是最主要的，但也不免有因资料不全、撰写者史学和文学素养不高、视野有限、不辨真伪、承袭了以前所修之谱的错误，或无法辨别和考证先祖和世系而出现错误。无论是有意而为还是无意而为，家谱中资料的不准确，从史料学的角度来评价是不可取的，但如从文化价值的角度看，又有自身的积极意义。"①此外，若《苏氏族谱》这段记载无误的话，即苏至玮，是苏洵的第二十七代孙，字汉珍，国学生……花翎同知，衔浙江瑞安知县调署顺县知县②，那么，浙地相关方志中当有所记载；然而，在浙省的《瑞安县志》"清朝瑞安县知县、县丞名录"中，经详查，尚无任何与该"记载"相印证的材料。综上，在苏雪林曾祖苏至玮生平史迹的考叙问题上，本撰述更倾向采信苏雪林的相关说法。

二是，有关其祖父苏锦霞早年史迹的考叙意见，不尽一致。

"苏文开（字锦霞），后来，他在浙江当了知县以后，对外正式使用的名字叫苏锦霞。他是苏至玮的儿子，也是岭下苏村人。苏至玮的父亲苏殿华与苏成美的父亲苏殿英是亲兄弟，按辈分苏文开叫苏德源的老板苏成美为堂叔，从血缘关系上来讲是很亲近的。"③陈朝曙在《苏雪林与

---

① 徐建华：《中国的家谱》，百花文艺出版社2010年版，第103—111页。
② 方维保：《苏雪林：荆棘花冠》，第3页。
③ 陈朝曙：《苏雪林与她的徽商家族》，第49页。

■ 她被唤作"瑞奴"时

她的徽商家庭》中,将颇为复杂的宗族血亲支系,以十分简练的笔触加以介绍。相关研究者虽对此不抱异议,但对其祖父出仕以前境况,亦存两种说辞。

之一,"店员"说。分见于苏雪林的回忆录和相关家族史与传记类著述中。

苏雪林在《浮生九四——雪林回忆录》中道:

> 祖父虽未读书,在当铺里辛苦自修,遂认得字,又打得一手好算盘,对铺中事务,颇多规化,营业大有起色,铺主倚为左右手。他为人正直而富有权谋机智,曾侦破了铺中一件窃案,使当铺免受重大损失,大家说他有吏才,若入仕途,定有发展,我伯祖父那时做木材生意,有了点钱,便与铺主合凑一笔款子替他捐了个典史的功名,初发放何省,我不知,后调浙江瑞安。①

陈朝曙在《苏雪林与她的徽商家族》中道:

> 等到战争结束的时候,苏文开也只有十二、三岁,回到家乡,就送到屯溪堂叔苏成美的店里学徒。……从学徒到正式的店员,一晃就是十几年,他任事勤勉、积极进取的精神,深得堂叔苏成美的喜欢,并对他期以极大希望。他在成年以后,表现出了当官之才,苏成美就毫不犹豫地拿出一笔钱,和他自己的积蓄,去捐了一个县丞的官职。②

石楠在《另类才女苏雪林》中道:

> 那时叔祖父已经夭折,她祖父已经长成十一二岁的少年,可伯祖

---

① 苏雪林:《浮生九四——雪林回忆录》,第2—3页。
② 陈朝曙:《苏雪林与她的徽商家族》,第49页。

## 第一章　紧邻徽州的太平岭下与浙地

父无钱给他读书,就托人把他送到徽州一家当铺学生意。他很聪明,又勤劳发奋,肯虚心向师傅学求教,很快从学徒升到店员……那时伯祖父做木材生意赚了点钱,就和店主合凑了一笔款子,为他捐了个典狱的功名,也叫捕丁,调浙江瑞安。①

之二,"从军"说。详见于方维保所撰述的《苏雪林:荆棘花冠》中:

太平天国运动虽使苏家受损,但苏至玮的儿子苏锦霞却于乱中参军,崛起于浙江。苏锦霞,原名文开,字巨卿,号云岭,生于咸丰癸丑十月初七。读书不多,仅不过半部《幼学琼林》,幼年流浪在外,曾参与镇压太平军,光绪年间在苏氏族人浙江杭嘉湖道苏居敬、苏式敬兄弟的提携下,"奏保以县丞留浙江补用"。苏锦霞办事干练,为人圆滑,适值浙江沿海海盗横行,他参与办理海防案有功,很受上司赏识,不久便由永嘉县县丞署县令实缺,很快又实授浙江兰溪县令。②

苏雪林祖父苏锦霞"民国三年夏便郁郁而死了"③,终年六十四岁④。由此而推,苏锦霞当生于 1850 年,卒于 1914 年。太平天国运动平息于 1864 年,值此前后,苏锦霞尚弱冠年少,如何"参与镇压太平军"。可见,"从军"说法恐难成立。此外,还应提请注意的是,在苏锦霞仕途出身的问题上,同样存在两种说法,即族人资以"捐纳"与"保举"等不同说法。《金华县志》中的"清县官名录"栏目中,苏锦霞仕途出身一栏被注明为"监生"。如表 1-1 所示⑤:

---

① 石楠:《另类才女苏雪林》,第 5—6 页。
② 方维保:《苏雪林:荆棘花冠》,第 2—3 页。
③ 苏雪林:《浮生九四——雪林回忆录》,第 21 页。
④ 同上书,第 3 页。
⑤ 金华县志编撰委员会:《金华县志》,浙江人民出版社 1992 年版,第 442 页。

■ 她被唤作"瑞奴"时

表1-1　　　　　　　　清末浙地金华县署任职情况表

续表

| 姓名 | 籍贯 | 出身 | 任职时间 | 姓名 | 籍贯 | 出身 | 任职时间 |
|---|---|---|---|---|---|---|---|
| 叶滋纯 | 福建闽县 | 监生 | 光绪廿年 | 谢希傅 | 江苏娄县 | 附贡 | 光绪二十九年 |
| 王慰祖 | 江苏无锡 | 监生 | 光绪廿年 | 毓彬 | 正蓝旗 | 监生 | 光绪二十九年 |
| 陈希贤 | 福建闽县 | 进士 | 光绪廿一年 | 苏锦霞 | 安徽太平 | 监生 | 光绪三十二年 |
| 徐懋筒 | 江苏新阳 | 监生 | 光绪廿三年 | 张茂庸 | 江苏吴县 | 举人 | 光绪三十二年 |
| 黄秉钧 | 安徽桐城 | 孝廉方正 | 光绪廿四年 | 张学智 | 云南昆明 | 进士 | 光绪三十二年 |
| 苏锦霞 | 安徽太平 | 监生 | 光绪廿六年 | 黄羡钦 | 湖北建始 | 举人 | 光绪三十四年 |
| 朱鉴章 | 江苏无锡 | 进士 | 光绪廿八年 | 杨清绶 | 福建侯官 | 举人 | 宣统三年 |

　　所谓"监生"，是国子监学生的简称。国子监是明清两代的最高学府，照规定必须贡生或荫生才有资格入监读书，所谓荫生即依靠父祖的官位而取得入监的官僚子弟，此种荫生亦称荫监。监生也可以用钱捐到的，这种监生，通称例监，亦称捐监。因清代以"永不加赋"为祖宗家法，故当国家的收支不能平衡之日，便不得不"开捐例"，用卖官的办法敛聚费用，通常多因赈济、河工和战事。咸同两朝因兵祸迭起而"捐例大开"，一路泛滥，造出了一批一批捐纳入仕的官吏；与此同时因军功和保举又相继产出一批一批不由科目而径入仕途的做官人，以致19世纪后期的中国历史衍生出满坑满谷的候补官现象，晚清的官界秩序也因此而失范。① 如此现象，光绪年间极为普遍，光岭下苏村的苏成美就曾花钱给自己的两个儿子苏文卿、苏文郁和侄儿苏巨川各捐了知县官。② 此外，永嘉之说似为孤证。

　　2. 苏锦霞的仕途履历

　　从现有的相关研究情况来看，人们对苏锦霞浙地仕途履历的认识与了解，大多止步于苏雪林的相关回忆：首先是苏锦霞仕途始于所捐"典史功名"。典史，即俗称捕厅，主要的职责是缉拿盗贼。衔此职时，苏锦

---

① 杨国强：《捐纳、保举与晚清的吏治失范》，《社会科学》2009年第5期。
② 陈朝曙：《苏雪林与她的徽商家族》，第55—77页。

霞因"捕获了几批江洋大盗，积有功勋，适逢瑞安县正堂出缺，上峰便委他署理，不久真除"①。其次是，苏锦霞转辗浙地县署多处，历时二十多年。"祖父瑞安任满，改调金华、兰溪，后又调仁和、钱塘。……祖父任瑞安县典史约五、六年，以后十五年便在浙省各县转来转去。"② 最后是，因辛亥革命的发生，苏锦霞浙地仕途被迫终止于海宁知州候任时。祖父"积资升海宁知州，未及上任，便遇辛亥革命"。至于苏锦霞浙地仕途确切的起始时间、地点，及其相关履历和官声等情况，及其对苏雪林的影响等问题，皆语焉不详。

现经查考浙地相关地方志"县署职官"中的相关记载③，苏锦霞清末徙任浙地多个县署，及其相关时期起始等情况，得以大致澄清，如表1－2所示。

表1－2　　　　　　　苏锦霞清末浙地县署任职情况表

| 时间 | 姓名 | 籍贯 | 出身 | 官署 | 职务 | 备注 |
| --- | --- | --- | --- | --- | --- | --- |
| 光绪十九年（1893） | 苏锦霞 | | | 瑞安 | 知县 | 瑞安市志 |
| 光绪二十一年（1895） | 苏锦霞 | | | 瑞安 | 知县 | 瑞安市志 |
| 光绪二十四年（1898）八月 | 苏锦霞 | | | 兰溪 | 知县 | 兰溪市志 |
| 光绪二十六年（1900） | 苏锦霞 | 安徽太平 | 监生 | 金华 | 知县 | 金华市志 |
| 光绪二十八（1902） | 苏锦霞 | | | 兰溪浦江 | 知县兼理 | 兰溪市志浦江县志 |
| 光绪三十二年（1906） | 苏锦霞 | 安徽太平 | 监生 | 金华 | 知县 | 金华市志 |
| 光绪三十四年（1908）六月 | 苏锦霞 | 安徽太平 | | 平湖 | 知县 | 平湖县志 |
| 宣统元年（1909） | 苏锦霞 | 安徽太平 | | 仁和 | 知县 | 杭州市志 |
| 宣统二年（1910）八月 | 苏锦霞 | 安徽太平 | 监生 | 平湖 | 知县 | 平湖县志 |
| 宣统三年（1911） | 苏锦霞 | 安徽太平 | | 海宁 | 知州 | 内阁官报 |

---

① 苏雪林：《浮生九四——雪林回忆录》，第2页。
② 同上书，第2—3页。
③ 宋维远：《瑞安县志》，中华书局1990年版，第1026页；兰溪市地方志编撰委员会：《兰溪市志》，浙江人民出版社2013年版，第844页；浦江县志编撰委员会：《浦江县志》，浙江人民出版社1990年版，第439页；金华县志编撰委员会：《金华县志》，浙江人民出版社1992年版，第442页；浙江省平湖县志编撰委员会：《平湖县志》，上海人民出版社1993年版，第25页；杭州市地方志编撰委员会：《杭州市志》（第八卷），中华书局1999年版，第209页；《内阁官报》（宣统四年）。

■ 她被唤作"瑞奴"时

透过表1-2，苏锦霞的浙地仕途履历面貌更为清晰地呈现出来；借此，可以对以下一些问题加以更为充分的把握。

一是，苏锦霞的浙地仕途年资。苏锦霞的名字，在浙地方志中始见其任瑞安知县时，即光绪十九年（1893），而此前其所谓的"典史"史迹，则未有所发现；因此，有关苏锦霞浙地仕途起步的具体时间仍无以确切。不过，若联系苏雪林回忆录中的"祖父任瑞安县典史约五、六年"①的情况来看，苏锦霞涉足浙地仕途之时间，应在光绪十四年（1888）前后。从光绪十四年到宣统三年（1888—1911），前后有20余年。也就是说，苏锦霞的浙地仕途生涯，长达20年之久，其人生三分之一的时光皆在浙地度过。而这一时期，正如《剑桥中国晚清史》中所书写的那样："中国在十九世纪的经历成了一出完全的悲剧，成了一次确是巨大的、史无前例的崩溃和衰落过程。这场悲剧是如此的缓慢、无情而又彻底，因而它就愈加痛苦。旧秩序为自卫而战，它缓慢地退却，但始终处于劣势；灾难接踵而至，一次比一次厉害，直到中国对外国人的妄自尊大、北京皇帝的中央集权，占统治地位的儒家正统观念、以及由士大夫所组成的统治上层等事物，一个接一个被破坏或被摧毁为止。"② 苏锦霞浙地为官期间，正值这出"悲剧"愈演愈烈之际。在这晚清最后20余年里，一方面是帝国主义列强在中国掀起的瓜分狂潮，造成空前严重的民族危机；另一方面是全国各阶层群众为救亡图存的奋起抗争以及"在与西方接触时带给中国的多种多样的变化"③。在这一特殊的历史进程中，经戊戌以后新思想、新文化的启蒙，"浙江人民开始了民族主义、民主主义的觉悟；在甲午战后资本主义经济逐渐发展的基础上，浙江资产阶级不断成长壮大，并且开始作为一个初具规模和独立形态的、阶级意识初步觉醒的阶级出现在政治舞台上，开始真正发挥它在国家政治潮流

---

① 苏雪林：《浮生九四——雪林回忆录》，第3页。
② 费正清等：《剑桥中国晚清史（1800—1911年上卷）》，中国科学出版社1993年版，第4页。
③ 费正清等：《剑桥中国晚清史（1800—1911年下卷）》，第322页。

## 第一章 紧邻徽州的太平岭下与浙地

中的主导作用"①。晚清浙地的政治、经济、文化、社会等方面由此而发生了深刻的变化,从而为中国的近代化作出了尤为突出的贡献。苏锦霞的浙地仕途生涯,正是在这样波澜壮阔的历史风云际会中开启和结束的。

二是,苏锦霞浙地仕途徙任情况。在这一问题上,除个别时间节点尚存疑之外,苏锦霞徙任浙地多个县署的经历大致清楚。从现所掌握材料上看,瑞安县署,当是苏锦霞清末浙地仕途生涯的开端。如果苏雪林有关其祖父早年在瑞安县署"典史"活动的回忆无误的话,那么,瑞安县署之于苏锦霞而言,意义非同寻常,那不仅是其浙地仕途生涯的开启地,由典史而知县的晋升地,同时也是其浙地仕途中驻足时间最长的任职地,前后历时,几近十年。如表1-3所示②:

表1-3　　　　　清末浙地瑞安县署任职情况表

| | 姓名 | 任职时间 | 备注 |
|---|---|---|---|
| 瑞安知县 | 郭钟岳 | 光绪十八年任署理 | 字外峰,江都人 |
| | 袁 培 | 光绪十八年任 | 字新栽,福建人 |
| | 苏锦霞 | 光绪十九年任 | 字云卿,安徽人 |
| | 朱懋清 | 光绪二十年任 | 字厚斋,江苏人 |
| | 苏锦霞 | 光绪二十一年任 | 回任 |
| | 华松年 | 光绪二十四年任 | 江苏人 |
| | 盛鸿焘 | 光绪二十六年任 | 广东人 |

于此期间,苏锦霞的官声政绩,尚未发现直接的史迹记载,但与苏雪林回忆录中所言及的"捕获了几批江洋大盗,积有功勋"之说的相关史证材料,还是有所浮出,譬如《浙江通史》(清代卷·中)附录中载有:1892年(光绪十八年)2月(正月),温、台一带毛炳一聚众起事。③《清实录》光绪十八年(1892):"浙江巡抚崧骏等奏、拿获温台巨匪毛炳一。讯明惩办。并查明积年获匪出力员弁。汇案保奖。得旨、准

---

① 汪林茂:《浙江通史》第10卷·清代卷(下)浙江人民出版社2005年版,第1页。
② 宋维远:《瑞安县志》,中华书局1990年版,第1026页。
③ 汪林茂:《浙江通史》第9卷·清代卷(中),第377页。

■ 她被唤作"瑞奴"时

其酌保数员。毋许冒滥。"此外，在赵肖为等编译的《近代温州社会经济发展概况》的"海关十年报告"中，详细记载了当时洋人们眼中有关这一历史事件的细节：

> 光绪十七年（1891年）6月，如同其他口岸，本口处于一种非常混乱的状态。其原因，除了受到长江流域教案的影响之外，就是本地冒出一帮土匪，他们在本口以北几英里的山里安营扎寨，任凭当局竭力驱赶而肖然不动。当时，谣言四起，说这帮在瓯江北岸闹得鸡犬不宁的土匪准备联合城里的不轨之徒攻击洋人和富户。这帮从台州被赶南下的强盗一直来敲诈村民；稍有不从，就杀人放火，无恶不作。就在这最危急的时刻，大英帝国领事召来一艘炮舰，而炮舰及时赶到解除了所有的焦虑。由于地方守兵无力对付这帮土匪，当局向宁波求援，于是500名淮军士兵乘"元凯"和"超武"号炮舰调来本口，并立即前往剿匪。经过多次交战，直至匪首毛炳一被俘，众匪徒作鸟兽散，平静和安宁才得以恢复。这3个月里，本城官员终日惶惶，每晚8点准时关闭城门，整夜巡城，千方百计地保护这座偏隅口岸里的那几个洋人。[①]

瑞安历史悠久，源远流长。始建县于三国吴初，清属温处道，隶浙江行省，素有经世致用的思想文化传统，工商发达引领一方。光绪年间，便是温州的八个开放港口之一。苏锦霞瑞安县署知县任上，瑞安境域，维新思潮活跃异常，人文日新。于此期间，朴学大师孙诒让，倡"兴儒会"，以圄异族之犷暴；创瑞安学计馆和瑞安方言馆，率先向乡里传授现代科学知识，绍介西欧、日本人文；同时，还动议海内公车云集"吁请早定变法之议"。出版《治平通议》的维新派陈虬，早在清光绪十八年（1892）著述的《救国要议》里，便提出"弛女足"的呼吁，随着"劝解妇女缠足会"的成立与"私立女子蒙塾"的创办，瑞安近代妇女解放运动由此脱颖而出。

---

[①] 赵肖为等译编：《近代温州社会经济发展概况》，上海三联书店2014年版。http://jds.cass.cn/Item/26039.aspx。

时为地方父母官的苏锦霞，亦为孙诒让交游的对象。不过彼此不投契，孙诒让曾因地方士人相讼之事责"苏令始终袒护"而心意不快。孙诒让《致筱嵋书》："筱嵋姻丈大人阁下：七月间，在郡一领大教，别来两月，惟潭禳康娱，定如心祝。兹有敝友贾鸿初，前因与劣棍吴国桢涉讼数年。去年突遭殴辱，敝乡士绅，深为不平，以该棍劣迹累累，不胜缕述。苏令始终袒护，尤属可恨。刻该棍在学宪处呈控，批发府署提讯，鸿初日内即到郡投案，想太尊考务匆忙，必派员代讯，而吴棍广行贿赂，声气神通，鸿初不可不预的设法。但不知确派何人，欲求阁下密为一探。倘有所耗，并祈代为吹嘘，或许点缀，鸿初无不如数致送也。事关敝邑士气，想阁下热肠古道，必不吝齿芬。倘得一申直道，则感激者不徒鸿初一人已也。手此奉恳，即请台安。姻晚制孙诒让顿首。初五日。"①

此外，尚须提请注意的是，苏雪林1897年出生于其祖父苏锦霞时任知县的瑞安县署中，直至1911年其祖父浙地仕途生涯的结束，苏雪林在浙地的生活，历时14年之久。

兰溪位于浙江中西部，钱塘江上游，衢、婺、兰三江汇合之处，山水风景优美，水路交通便捷。兰溪文化历史绵远，古为越中会稽之西，吴越文化积淀深厚，民风习俗世代相因，人文资源十分丰富。兰溪县，自唐咸亨五年（674）建置，文风始盛，名家代出。及宋，则书院遍布，科举鼎盛。宋时南渡，文风日炽，因鸿儒硕学层出不穷，著述如林，而被誉为婺州文献之邦。历明，因诗词响彻，又有"金华之诗起于义乌，盛于浦江，振于兰溪"之说（明阮元声编《金华诗粹·序》）。有清，戏曲溢出，李渔领军，兰溪因而成为正宗徽戏发祥地之一。

清末，铁血共和革命之火亦延烧至兰溪。苏锦霞署兰溪县时，光绪三十年（1904）十月，光复会陶成章来兰溪布置发动起事，后因黄兴在长沙起义失败而中止。浙江末届三进士之一的兰溪刘焜与张恭、成俊、蔡汝霖等人则在金华创办浙地第一张宣传民主革命的《萃新报》。

---

① 见董朴垞纂述《孙诒让学记（选）》，瑞安市文史资料委员会编《瑞安文史资料》第十九辑，香港：天马图书有限公司2000年版，第234页。

## 她被唤作"瑞奴"时

兰溪县署，是苏锦霞清末浙地仕途中的第二站，加上之后的再任期，前后历时五年。此外，据史料显示，于此期间，即光绪二十八（1902），苏锦霞还一度兼理浦江县署。如表1-4所示①：

表1-4　　　　　　　苏锦霞清末浙地浦江县署任职情况表

| 姓名 | 籍贯 | 任职时间 | 姓名 | 籍贯 | 任职时间 |
| --- | --- | --- | --- | --- | --- |
| 朱大经 | 江苏荆溪 | 同治十一年（1872）十月代理 | 苏锦霞 | 安徽太平 | 光绪二十八年（1902）兼理 |
| 张宝琳 | 江西馀干 | 同治十二年（1873）署任 | 余文钺 | 江苏无锡 | 光绪二十八年（1902）署任 |
| 张文藻 | 江苏如皋 | 光绪三年（1877）署任 | 范泽溥 | 湖北 | 光绪二十九年（1903）署任 |
| 恩裕 | 满洲人 | 光绪四年（1878）任，十一年三月复任 | 杨蔼春 | 江苏阳湖 | 光绪三十年（1904）任 |
| 尹丽枢 | 江西永新 | 光绪七年（1881）署任 | 李前泮 | 湖南湘乡 | 光绪三十二年（1906）八月任 |
| 余纯荣 | 江西上饶 | 光绪九年（1883）署任 | 朱国钧 | | 县正，宣统元年（1909）任至三年 |
| 朱其恕 | 江苏宝山 | 光绪十二年（1886）署任 | 李菜 | | 县署，宣统元年（1909）任至三年，宣统二年十月改称知县 |

几度署理兰溪，苏锦霞政声颇佳，尤以兴学与农事方面的政绩显著，并为文献所记载。

一是，响应清政府的兴学令大力筹办新式学堂的举措，深为地方感念，并分述于后来的兰溪各类方志中：

> 1903年，《奏定学堂章程》把小学阶段改为两级九年：初等小学堂五年，高等小学堂四年，得单独设置。光绪二十九年（1903）正月，兰溪知县苏锦霞遵照《奏定学堂章程》改云山书院为官立高等小学堂，首任堂长徐思陶。视为兰溪小学之始。②
> 
> 清光绪二十九年，知县苏锦霞，改云山书院为官立高等小学堂，

---

① 浦江县志编辑委员会编：《浦江县志》，第436页。
② 兰溪市地方志编撰委员会：《兰溪市志》，浙江人民出版社2013年版，第1046页。

兰溪新学开始。①

二是，积极响应朝廷发展农桑实业的号召，主持刻付的《蚕桑辑要》，为国家图书馆所收藏，并收录于《中国古今工具大辞典》，《浙江丝绸文化史》中也有所记录。

（十）《蚕桑辑要》（不分卷）

作者郑文同（1840—1907），字书田，浙江嘉兴新塍人。光绪恩科举人，任兰溪教谕等职。时正当朝廷号召发展蚕桑事业，便上了条陈，包括栽桑养蚕方法各12则，又杂说4条，后又作治茧缫丝16则，生种剥绵8则，合为一书，由兰溪知县苏锦霞付刻。国家图书馆、西北农林科技大学农业历史研究所藏有光绪二十四年（1898）刻本。②

因此，署兰溪县时的苏锦霞获得了朝廷的嘉奖。

金华县署，是苏锦霞清末浙地仕途中的第三处知县任职地，加上再任期，前后近六年。金华位于浙江中部偏西，北靠兰溪，义乌江、武义江和金华江交汇于城南后下钱塘，通衢州，乃浙中交通枢纽。对此，宋李清照《题八咏楼》诗云："水通南国三千里，气压江城十四州。"金华建县可溯至东汉初平三年（192）所建立的长山县，隋开皇十八年（598）始名金华县。自三国吴宝鼎元年（266）建东阳郡后，县城历来为郡、州、路、府治所。因此，金华历来为兵家必争之地，并曾为朱元璋视为建立大明王朝的基地，亦为清末太平天国当作经略浙中屏障苏杭之重镇。宋元以来，金华农商皆有发展的同时，还因以杂博致用为特色的金华学派的形成，而享有"小邹鲁"之称。因此，崇尚教育亦是金华县的传统与特色。苏锦霞任职金华县署之时，亦是中国近代各方势力

---

① 原注：《兰溪行政志·大事记》，第2页。
② 袁宣萍、徐铮：《浙江丝绸文化史》，杭州出版社2008年版，第226页。

### 她被唤作"瑞奴"时

激烈博弈之地。曾经教案屡发，令官员叫苦不迭，甚至乌纱难保，好在涉事其中的苏锦霞经验老到，进退有谋，最终安然无恙，并得到上峰的充分肯定。

> 署黄岩县请补镇海知县韩铨、署金华县本任兰溪县知县苏锦霞，境内虽有教案，均自行捐廉，赔偿议结，尚知愧奋，应请免其置议。台防营官参将陈胜珠所防地段亦有教案，惟人才可用，拟请暂行革职，留营差遣，以观后效。此外出有教案情节较轻之地方官，拟即分别留缉、撤省察看。至该管地方之温州府知府王琛、台州府知府徐承礼、绍兴府知府熊起磻，应请交部察议，以示区别。①

此外，金华城中一方面兴学风盛，金华官立初级师范学堂与金华私立求是工业学堂相继创办；另一方面，浙中的革命党人紧锣密鼓地筹划革命与牺牲赴死。于此期间，革命党人张恭策划成立了龙华会，秋瑾也为举行金华首义往来奔波，最后以事泄，志士殉难告终。

苏锦霞署理仁和县，由于历史沿革及其治所同城等方面的原因，在涉论苏锦霞与"仁和"相关事象的时候，人们常常会将与仁和彼此有所关联的"杭州"与"钱塘"混淆或替代。其实，杭州在隋之前仅为山中名称钱塘的小县。自隋至唐，杭州渐趋繁荣后，其城邑才逐渐扩展。五代时，杭州成为吴越国都，并于后梁龙德二年（922）析钱塘、盐官二县各半及富阳县之长寿、安吉二乡，置钱江县与钱塘县并同城设治。仁和县，乃北宋太平兴国四年（979）由钱江县改，县署置无变。南宋初迁仁和县署于招贤坊（今百井巷一带）。明洪武四年（1371），仁和县又与钱塘县县署同迁于杭州府府署东侧（今河坊街西段北侧仁和署一带），自此，杭州府与钱塘、仁和县同城设治，至清代不变。清宣统二年（1910），县以下划分自治区域。仁和县，分县城和西镇、五都镇、江干（今闸口、望江门外沿江地带）、湖墅

---

① 中国第一历史档案馆：《清末教案》第 3 册，中华书局 1998 年版，第 66 页。

第一章　紧邻徽州的太平岭下与浙地

（今德胜坝、大关、登云桥、拱宸桥一带）、临平、乔司、皋亭、皋塘、会堡（今清泰门外沿江地带）9个乡。如下图所示：

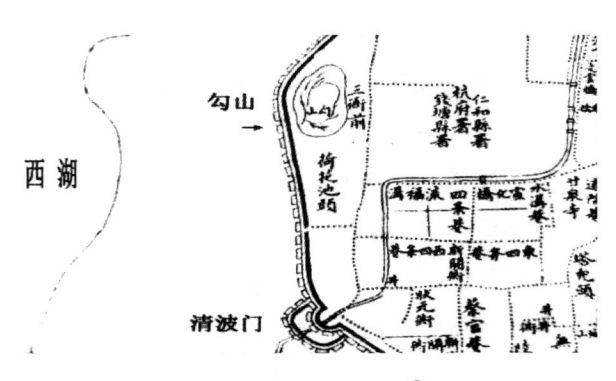

**仁和、钱塘同城设治图**[①]

苏锦霞在仁和知县任上时间不长，加上此处又是辛亥革命志士频繁出入之所，实难有所作为，然于苏锦霞的浙地仕途而言，仍别有意味。宣统元年（1909），时浙抚曾韫提议重新疏浚新横河，由藩库集款，不足部分向绅商募集，疏浚工程由仁和县苏锦霞等总其事。此清代最后的治河工程完毕后，曾立石于水星阁。[②] 由此，苏锦霞与曾韫建立了联系，其在辛亥革命之前，升为海宁知州，乃得益于曾韫的举荐。

宣统二年（1910）八月，苏锦霞转任平湖县，其实这又是一次回任，早在光绪三十四年（1908）就曾经到任一年，即在署金华县后与署仁和县前之间的一年中。再一次平湖履职，既是苏锦霞浙地知县一职的最后任所，也是其人生仕途的尾声。此番任中，苏锦霞主要忙于晋升赴京觐见，终在曾韫的力荐下得到朝廷再度表彰与提拔。

海宁知州一职，于苏锦霞而言，虽获得清末朝廷的委任，并举家海宁候任，但终因上海光复，革命军占领浙江，而流为水月镜花。

"世界潮流，浩浩荡荡，顺之者昌，逆之者亡。"苏锦霞浙地仕途

---

① 江南桓进，http://blog.sina.com.cn/s/blog_5d53b49e0100lg4v.html。
② 项文惠、钱国莲编著：《杭州运河治理》，杭州出版社2013年版，第114页。

■ 她被唤作"瑞奴"时

生涯，便是在这样激烈震荡的时代转折背景之下载浮载沉。显然，就政治态度而言，苏锦霞忠君忠清仇视革命，极端地保守，苏雪林曾在回忆录中道："他虽是一个七品县太爷，以为做了清朝的官，食了清朝禄，便该尽忠清朝，所以痛恶革命，提起革命便痛骂那个革命头子'海盗孙文'……他骂革命党连带地又骂保皇党康梁。"[①] 然而，在重教兴学方面，苏锦霞则表现得极为开明，作为朝廷命官，他积极助力于浙地的地方新教育事业；作为旧式大家庭的尊长，在不遗余力地督促子孙"子曰书云"与求取新知留学海外的同时，还为深受男尊女卑意识困扰的女孙开设家塾，甚至捐资襄助南洋公学；返乡之后，在尚拮据的情况，捐资建造"海宁学舍"，供岭下族人子孙在此就读。此外，日常生活中的苏锦霞也不失有睦宗济贫、恤孤扶弱的道德与仁爱。

当年苏锦霞捐资修建的供族人就读的"海宁学舍"，因楼主曾获任浙江海宁知府，故如此命名

"海宁学舍"四字为时任省长的马振宪所书，被制成青石匾额，安放在大门上方

---

① 苏雪林：《浮生九四——雪林回忆录》，第19页。

# 第二章　县署上房中的女眷命运

一　苏雪林浙地寓居情况

1. 徙居线路

苏雪林祖父苏锦霞,在浙地20多年的知县生涯中,携眷转任多处,乃无争之史事,尚存或然的是有关因转任而徙居的具体线路问题。关于这一点,出自苏雪林笔端的文字是:"祖父瑞安任满,改调金华、兰溪,后又调仁和、钱塘。我记得祖父任兰溪、钱塘各两次。县令本三年一任,以我自己年龄来计算,出生瑞安县署,到民国成立,恰为十五年,祖父呆板地三年一任不可能,或上峰视需要而调动吧。"[①] 然而,联系第一章节中的有关"苏锦霞清末浙地县署任职情况表"来看,显然,在这一问题上,二者释放出的信息有所出入。当然,因为后者所有相关资讯皆据于苏锦霞所任职过的浙地地方志,相较于当事者若干年后的回忆而言,更为客观而更具采信价值。故此,苏雪林早年浙地县署徙居的情况,当与其祖父"苏锦霞清末浙地县署任职情况表"相对应才是,详情如表2-1显示。

表2-1　苏雪林早年（1897—1911）浙地县署徙居线路情况表

| 时间 | 姓名 | 县署 | 备注 |
| --- | --- | --- | --- |
| 光绪二十三年二月二十四日（1897.3.26） | 苏雪林 | 瑞安 | 0岁,出生在祖父任职的瑞安县署 |
| 光绪二十四年八月至二十五年（1898.9—1899） | 苏雪林 | 兰溪 | 1—3岁,生活在祖父任职的兰溪县署 |

---

① 苏雪林:《浮生九四——雪林回忆录》,第2—3页。

## ■ 她被唤作"瑞奴"时

续表

| 时　　间 | 姓名 | 县署 | 备　　注 |
|---|---|---|---|
| 光绪二十六至二十七年（1900—1901） | 苏雪林 | 金华 | 4—5岁，生活在祖父任职的金华县署 |
| 光绪二十八至三十一年（1902—1905） | 苏雪林 | 兰溪 | 6—9岁，生活在祖父任职的兰溪县署，8岁时父亲携眷赴山东候任，留下苏雪林姐妹 |
| 光绪三十二年（1906） | 苏雪林 | 金华 | 10—11岁，生活在祖父任职的金华县署 |
| 光绪三十四年（1908）六月 | 苏雪林 | 平湖 | 12岁时，父母从山东回到祖父身边 |
| 宣统元年（1909） | 苏雪林 | 仁和 | 13岁，父亲苏锡爵只身赴云南谋职生活在祖父任职的仁和县署 |
| 宣统二年（1910）八月 | 苏雪林 | 平湖 | 14岁，父亲已赴云南 |
| 宣统三年（1911） | 苏雪林 | 海宁 | 15岁，随祖父赴海宁候任知州并离浙 |

据此，苏雪林因其祖父苏锦霞的转任而徙居浙地多个县署的情况，一目了然，即其先后经由了瑞安、兰溪、金华、平湖、仁和直至海宁。

瑞安，对祖父苏锦霞而言，乃一福地所在，其在此之地，不仅建功，更以"捐纳"之身由"典史"升迁为"知县"，如此情形，在大开捐输之门的清末年间实属不易。由于清廷放开卖官，加上军功、荫袭、保举等选官方式，以致社会"官多如鲫"，正途出身的官员升迁都受到严重影响，正所谓：正途人员几无到班之日，即补人员不但终身无补缺之望，几无终身差委之期，贫苦穷饿莫能名状，至有追悔不应会试中式者。① 故此，瑞安县署上房此时的添丁加口，无疑喜气盈门。襁褓中的苏雪林，被唤作"瑞奴"，似与之不无关系。方维保在其所撰写的苏雪林传中道：

> 苏雪林是在祖父苏锦霞的瑞安县丞的衙门里出生的，那年又赶上是农历的鸡年，祖父苏锦霞认为是凤凰来巢，紫云将临，大喜，就给她取名"瑞奴"。这个名字虽然很雅正，但家里的长辈们还是将她与其他姐妹放在一起按顺序称呼，唤作"小妹"。②

---

① 焦润明、苏晓轩编著：《晚清生活掠影》，沈阳出版社2002年版，第275页。
② 方维保：《苏雪林：荆棘花冠》，第5页。

## 第二章　县署上房中的女眷命运

苏雪林似乎并不以之为然,其曾就自己之名号,有颇为详尽的解读:

> 我是在祖父署瑞安县县丞衙门里出世的,所以幼时小名"瑞奴"。旧时代的女性多以奴名,晋代王羲之家里女儿皆称什么奴,世俗则有如"金玉奴"之类,倒也没有什么奴隶的意思,不过是由江浙一带妇女的第一人身的称谓而来。小说常言妇女自称为"奴家"与"侬家"相等。惟"侬"字入了诗词便雅,奴字未入,或入而不大普通,便俗。我长大后讨厌这个"奴"字,自己改为"瑞庐",可是"庐"呀,"楼"呀,"轩"呀,"馆"呀,又是男士的专利,没有我们女士的份,名字虽然改了,仍然无法用出。幸而家中长辈呼唤我时一直用"小妹"二字,后来改为"小梅",便算我的学名。一直用到民国八年升学北京女子高等师范,才将"小"字去掉,成为"苏梅",民国十四年自法国返国,又以字为名,"苏雪林"三字便一直用到于今了。①

苏雪林此番自我释"名",看似轻描淡写,然其有关身份意识的嬗变尽显其中。人名固然是一个人的代号,但是每个具体时代的人名不只是区别人与人的符号,同时它还是文化的镜像和观念的折射,以及关联者的心理诉求。显然,"瑞奴"之命名,所择"瑞"字,有着标注出生地或附会祥瑞的命意,而"奴"之本义乃"奴隶"、"奴仆",有地位卑下和身份卑贱的意味。旧时代的女性多以奴为名,以及江浙一带妇女亦以之为第一人身的称谓的世俗文化现象,既说明旧时代女性社会地位的卑微,也表明传统社会"妇者,服也"之女性角色意识的根深蒂固。其终被苏雪林所厌弃,实乃必然。之于"瑞庐"名称的起用及废弃,是否可理解为一种主体觉醒中的犹疑与彷徨;而"小梅"则是意绪纷乱中的一种调整;最后以字"雪林"为名,则源于唐僧皎然《寄题云门寺梵月无侧房》诗

---

① 苏雪林:《儿时面影》,《苏雪林文集》第二卷,第1页。

## 她被唤作"瑞奴"时

之意趣:"越山千万云门绝,西僧貌古还名月。清朝扫石行道归,林下眠禅看松雪。"皎然(生卒年不详),活动于大历、贞元年间,湖州人,俗姓谢,字清昼,是中国山水诗创始人谢灵运的后代,是唐代最有名的诗僧、茶僧。其诗多为赠答送别、山水游赏之作,具清机逸响、闲淡自如、意境和情味深厚之诗格。其文章亦俊丽,与颜真卿、韦应物并重,且常与之酬唱。亦文亦僧、亦佛亦儒亦道、亦诗亦茶、亦隐亦游之皎然,堪为有唐诗僧之翘楚,一代之伟才。苏雪林以字为名,自 1919 年求学北京女高师始无再更改,是否亦可视作其素志的表达与反映。①

兰溪和金华两处,皆因其祖父曾经回任的经历而有回迁的历史。期间,祖父苏锦霞为有秀才功名的儿子苏锡爵,即苏雪林父亲捐了一个道员,被分发往山东候补,苏雪林的"母亲携二哥三弟跟了去",而将苏雪林与其大姐留在了祖父县署里,前后历时 5 年,亦即苏雪林 8—12 岁时,也是传统家庭中的女孩闭锁深闺的开始。苏雪林说:

> 十岁后,我开始过深闺生活。后院一座小园,成为我的世界。每日爬在一株大树上,眺望外边风景,或用克难方式在树的横柯系一索一板,荡秋千玩耍。再不,便挑泥掘土,栽花种草,学做简单的园艺。②

母亲的离开,深闺的闭锁,以及不可避免的更多的面对"西太后"似的祖母的日子,苏雪林难免闷闷不乐。

仁和县,清季之时与钱塘县,同设治于杭州府署东侧,民国元年二月(1912 年 2 月),因废杭州府,原钱塘、仁和两地并置为杭县,直属浙江省,并为省会所在地,仁和地名因此消失。或源于此,现今但凡言及苏雪林这番履历的时候,"仁和"之地常与"钱塘"混同或被遗落。父亲苏锡爵为谋得仕途实缺,由山东折返后不久,又只身远赴云南。苏雪林

---

① 中文百科在线,http://www.zwbk.org/MyLemmaShow.aspx?lid=23534。
② 苏雪林:《童年琐忆》,《苏雪林文集》第二卷,第 12 页。

## 第二章　县署上房中的女眷命运

回忆道：

> 父亲自山东回来半年后又要远征云南。家人都以云南太偏远，劝他莫去。他却说正因为云南偏远，官场竞争者少，他的这个道员，始终未补上实缺，到云南或者可以。又听见李经义放了云贵总督，李是安徽人，或能念同乡之谊，拉他一把，所以毅然去了，这一次我母亲并未偕行。①

仁和时期的苏雪林，13—14岁，正值辛亥革命即将爆发之际。尽管苏雪林依旧生活在幽闭中，但是"革命党"这个名词，还是时常会通过每日阅读报纸的祖父和往来宾客，以及行色匆匆的叔父诸兄处，频频听闻。一边是遗老遗少的乱臣贼子的咒骂，一边是青年学生反满排满的呐喊，"不但当时我们小孩听得莫名其妙，连祖母也半明不白"②。然而，叔父诸兄自上海回家度假所携带回来的新书新报，让进了家塾的苏雪林，对所谓国家大事、世界新闻也有所知晓。林觉民、方声洞的遗书，"赚了我不少眼泪"；后来"山西巡抚陆钟琦全家尽节，我还诌了一篇祭文祭他"。之所以这样，"不过感于他们的慷慨牺牲，视死如归的精神，并不掺杂种族情感"。③ 苏雪林如此解释道。

海宁，于苏锦霞而言是耿耿恨事，而对苏雪林则是另一番情景："我的祖父在江浙做了二三十年的县官，积资升任海宁知州，时已交卸了钱塘县县篆，赁屋于抚署左右，待办理了入京觐见各项手续，便将赴任。是年九月中旬，上海光复，浙江也于同日落入革命军之手。率领部队攻击抚台衙门，生擒巡抚曾韫的革命军头领，后来才知道便是现任总统蒋公介石。在那些日子里，我们阖家上下都提心吊胆，寝食不安。那晚听见抚署枪声，知道革命军已在发动，当然更秉烛待旦，不敢更睡了。天

---

① 苏雪林：《浮生九四——雪林回忆录》，第18—19页。
② 苏雪林：《辛亥革命前后的我》，《苏雪林文集》第二卷，第71页。
③ 同上书，第75页。

### 她被唤作"瑞奴"时

色已明,有个小仆人悄悄来报告,看见革命党军队都骑着马,出入抚署,马都是好马,跑得飞快飞快。我素胆大,兼好奇心重,便溜出大门,隐身照壁之后,向抚署偷窥。"① 尽管彼时苏雪林祖父已是卸任了的旧朝官吏,与新政府两无相碍,但是满脑子"君臣名分"要做"满清忠臣"的祖父,唯恐掉进黄河也洗不清一般,率领全家老小,急急避开是非之地。自此隐居不出,贫病而死。对此,苏雪林道:"我谅解他,对他不失其尊敬,因为他是我的祖父。"②

#### 2. 最忆是兰溪

"兰花十里照春水,山鸟无声香自幽。"因境内崖岸多产蕙兰,溪以兰名,邑以溪名的兰溪,钟灵毓秀,人文荟萃,单是入选《中国名人大辞典》中的历代兰溪人物就有 50 人之多,其中唐舒元舆、滕珦,五代释贯休,宋柳贯、范浚,元金履祥、于石,明章懋、胡应麟,清李渔等,皆闻名遐迩。尤富意趣的是,兰溪六洞山"地下长河"风景区,有一处"小三苏墓",即宋苏东坡之弟苏辙长子苏迟、迟之子苏简、孙苏林之墓。苏迟,字伯克,曾任婺州太守,生前钟情此地山水之美,嘱死后葬于寺后。苏林也雅爱此地,并在宋嘉泰四年(1204)所作的《灵洞山观音阁记》中赞道:"兰溪邑东二十里,有山曰灵洞。栖真院处其巅。乔松龙蟠,怪石虎踞,古木参天,修竹拂云。"郁达夫到此一游亦写下《游洞源山记》,并在山间的栖真寺墙上题诗:"红叶清溪水急流,兰江风物最宜秋。月明洲畔琵琶响,绝似浔阳夜泊舟。"

与此同时,兰溪更因"三江之汇,七省通衢"之地利,自古富华于一方。被称为"谜一样的人物"的曹聚仁,曾在 20 世纪 60 年代追述道:"钱塘江上流,一支从新安江(徽江)到屯溪,一支从严江到了兰溪,这两处都是千山万壑中的现代城市,也都是徽骆驼的天下。四五十年前,海内外哪知道有金华这样的城市,那时的金华,还只是乡村少女,兰溪

---

① 苏雪林:《辛亥革命前后的我》,《苏雪林文集》第二卷,第 75—76 页。
② 同上书,第 80 页。

早已是'摩登狗儿',跟上海那么'摩登','小小兰溪比苏州',非虚言也。"① 其言语间的"徽骆驼",即对徽商的美称。因为徽州人拼搏奋进、百折不挠、吃苦耐劳的创业精神与骆驼的耐饥耐渴、忍辱负重的品性极其相似,于是徽商便有了"徽骆驼"的称呼。这一称呼最早起于什么时候已不可考,但这一称谓的广为流传,则与绩溪胡适大有关联。1945 年抗日战争胜利后,胡适曾为江苏溧阳新安同乡会题写"我们是徽骆驼"的条幅;1953 年,胡适又为台湾绩溪同乡会题写"努力做徽骆驼"的条幅。经此,"徽骆驼"之称谓为愈来愈多的世人所知晓,且逐渐成为徽州人的代称。②

苏雪林,这位眉山苏氏第 33 代后裔,因祖父知县任所的变动,先后两次寓居兰溪县署,前后历时五年,即:光绪二十四年八月至二十五年(1898.9—1899),时 1—3 岁,乃襁褓与孩提时;再是光绪二十八年至三十一年(1902—1905),正 6—9 岁时,乃髫年总角之际。孩提懵懂乃常事,然而,苏雪林有关兰溪的记忆,确能直击孩提时:"未及周岁,又得到一个印象。那个印象至今尚铭刻我脑中,鲜明如昨。大概有一晚署中张灯演剧,一个女仆抱着我坐在帘前观看。看了很久,我饿了,索乳,不得,大哭不已。那女仆贪看戏,不肯离开戏场,只拍着我,哄着我,叫我看台上的热闹,企图转移我的注意。我转头见戏台上有一个矮矮的男人,头上顶着一盏亮荧荧的小灯,在台上盘旋地走着,边走边唱。我觉很好玩,果然暂时止哭,可是究因饿得慌,又大哭起来了,并且把我小头向那女仆怀里乱钻,小手又去乱扯她的襟钮。那女仆气极,拧了我两下,我当然哭得更凶了。她没法,只好喃喃地骂着,把我抱回'上房'(县署女眷所居之地),交给我母亲了事。"③ 三年后,当年幼的苏雪林因祖父的复任再次回到兰溪县署上房时,"忽然怔住了,觉得这个地方好生

---

① 曹聚仁:《兰溪——李笠翁的家乡》,《万里行记》,香港:三育图书文具公司1966年版。
② 徽州文化,http://www.ahhz.gov.cn/chhn201108221815470/article.jsp?articleId=24144 中国-徽州。
③ 苏雪林:《儿时面影》,《苏雪林文集》第二卷,第 2 页。

### 她被唤作"瑞奴"时

熟悉,好像从前曾到过的一般"①。正是在这似曾相识的庭院里,苏雪林度过了一段被其日后誉为的"黄金般"的岁月。苏雪林认为古希腊人用黄金、白银、黄铜、黑铁将世界分为四个时代的做法,亦可用来划界人生的不同阶段。在苏雪林看来,"儿童任作何事,皆竭尽整个心灵以赴,大人们觉得毫无意义的事,儿童可以做得兴味淋漓。大人觉得是毫无价值的东西,儿童则看得比整个宇宙还大"②。所以,"无忧无虑"与"兴趣浓厚"的儿童时代,便足可称为"黄金者"。有关兰溪的这段生活,苏雪林曾有大量的文字铺叙,透过浓墨重彩,其再次寓居兰溪县署的生活,被目为"黄金时代"的缘由,赫然而出。概言之,不外乎两个方面的原因。

一是,再度兰溪的岁月,于髫年之际的苏雪林而言,充满了童真烂漫,兴味盎然的快乐,并充分彰显于日后苏雪林对当年的追忆中。

不要说"七八岁以前",尚不受"男女有别"所限,有着男孩子一般个性爱好的苏雪林,不似"一姊一妹,深藏闺房"而是"混在男孩子队里,满城满郊乱跑"。对此,苏雪林回忆道:"在七八岁以前,我和几个年龄差不多大小的叔父、哥弟混在一淘,整天游戏于野外,钓鱼、捕蝉、捉雀儿、掏蟋蟀;或者用竹制小弓小箭赌射、木刀、木枪厮杀。我幼时做竹弓箭颇精巧,连最聪明的四叔都佩服我。……诸叔弟兄的弓箭都是我替做的,没有什么报酬。有时他们把玩厌了的木鸡泥狗,给我一两件,便可使我发生莫大的满足与喜悦。"③ 就是在县署庭院,也有让苏雪林回味悠长的快乐:"兰溪县署上房有一株杏树,高约三丈,结果时满树累累如大金铃,祖母叫外面男工来上树收摘杏子,收贮几筐,每个孩子各分得十几个。那真是孩子们最快乐的时刻,我们吃了杏子的肉,将核中仁挑干净,就其腹部两面磨通为孔,当哨子吹。每个孩子衣袋里总有几个

---

① 苏雪林:《儿时面影》,《苏雪林文集》第二卷,第3页。
② 苏雪林:《童年琐忆》,《苏雪林文集》第二卷,第10—11页。
③ 同上书,第11—12页。

第二章　县署上房中的女眷命运

哨子,比赛谁的哨子最大,谁的哨子吹得最响。"① 入夜擅长"古听"的被唤作"哑子伯伯"的女佣,亦是苏雪林童年兰溪生活的亮点:"哑子伯伯会讲故事,当时我们只叫做'讲古听',母亲当孩子太吵闹时,便叫哑子伯伯快领我们去,讲个'古听'给我们听。有时便把我们一齐赶到哑子伯伯那间小屋子里去听她的'古听',果然颇能收妥静之效。我们众星拱月般围绕着哑子伯伯坐下,仰着小脸,全神贯注听她说话,不乖也变乖了。不过男孩子前面书房功课紧,不能常到上房,于是'听古听'的乐趣,往往由我们几个女孩独享。"② 毕竟是女儿家,颇似男孩的苏雪林,也不失女孩儿天性中的温润:"记得我五岁半时,大人们给我缝了一件深紫色棉绸小衫,端午节日给我穿上。把我头发自顶分开梳了两个小髻,插上几支绒花,脸上又给我涂上粉,抹上胭脂。上房客堂里原有一架穿衣镜,我看见镜里自己的影子,觉得好看极了。孩子们像我那时的年龄本来是不能静坐的,而我那天对镜一坐便是半日,只是欣赏自己的美,陶醉自己的美,再也舍不得离开——大概因此故,我一辈子喜欢紫色。"③ 苏雪林能诗擅画,而其"最早的艺术冲动",竟也与这段兰溪岁月紧密相连:"当我六七岁时,家中几位叔父和我同胞的两位哥哥,并在一塾读书。我们女孩子那时并无读书的权利,但同玩的权利是有的。孩子们都是天然的武士,又是天然艺术家,东涂西抹,和抡刀弄棒,有同等浓烈的兴趣。我祖父是抓印把子的现任县官,衙署规模虽小,也有百人上下。人多,疾病也多,医药四时不断。中药一剂,总有十几裹,裹药的纸,裁成三四寸见方,洁白细腻,宜于书画。不知何故,这些纸都会流入我们手中。我们涂抹的材料,所以也就永远不愁枯竭。孩子又都带有原始人的气质,纸上画不够,便在墙上乱涂起来。"④ 作画入迷的苏雪林,有过被县署马棚的马"一蹄踢开丈许远"的历险,也曾因将苦心经营的

---

① 苏雪林:《儿时面影》,《苏雪林文集》第二卷,第3页。
② 苏雪林:《童年琐忆》,《苏雪林文集》第二卷,第17—18页。
③ 苏雪林:《儿时面影》,《苏雪林文集》第二卷,第4—5页。
④ 苏雪林:《童年琐忆》,《苏雪林文集》第二卷,第20—21页。

### 她被唤作"瑞奴"时

"文房四宝"揣入衣囊,墨汁污了新衣,而被大人们一顿教训。还有让人忍俊不禁的就是:"当我替祖母捶背或捶膝,竟会在她身上画起马来。几拳头拍成一个马头,几拳头拍成一根马尾,又几拳头拍成马的四蹄。本来捶背的,会捶到她颈上去,本来捶膝的,会捶到腰上去,所以祖母最嫌我,也就豁免了我这份苦差。"① 若干年之后,每每回忆至此,苏雪林都禁不住失笑道:"其实我那时虽爱马,也不过胡乱看看,说不上什么实地观察,虽画马画得那样发迷,也并没有把马画好,六七岁的孩子能力究竟有限的。不过那时的艺术创造冲动却真的非常热烈而纯粹。"② 正因为有这么多童年欢乐的记忆,镌刻在苏雪林的人生词典中的"兰溪"二字,永远熠熠生辉。以至于期颐之年的苏雪林,1998 年 5 月,回到安徽太平老家之时,仍心系兰溪,甚至在返回台湾的登机之刻,仍久久喃喃兰溪,不肯就此别过。③

二是,于苏雪林而言,兰溪是其童年最为欢快之所,同时也是其童年悲欢转折之地。因了母亲跟同前往山东候任的父亲的离去,被留在兰溪县署的苏雪林,其童年的欢乐也随之消逝。苏雪林在回忆录中道:"那个时代中国人崇拜金莲,尚在狂热。我祖母因幼时逃太平军侵皖之难,随家人往江西,脚未缠得极小,引为一生恨事。她并不爱我们孙女,却想在孙女脚上求得补偿。因嫌我野,叫我母亲在我四岁时便开始给我缠足。母亲去山东五年,祖母便亲自缠,日也缠,夜也缠,终于把我的脚缠到她理想的标准了。可是使我成为'形残',终身不能抬头做人了!"④ 不乏深意的寥寥数语,充分表达了自兰溪余下的日子,离开母亲庇护的苏雪林,遭遇了前所未有的困厄;或者说,缠足——这一大可谓为悬挂在旧时女孩头顶上的那柄"达摩克利斯之剑",自母亲离开之后,真真切切地掉落在了苏雪林的头上。

---

① 苏雪林:《童年琐忆》,《苏雪林文集》第二卷,第 22 页。
② 同上。
③ 王茂跃:《苏雪林的兰溪梦》,《浙江档案》1999 年第 9 期。
④ 苏雪林:《浮生九四——雪林回忆录》,第 6—7 页。

## 第二章 县署上房中的女眷命运

据相关研究揭示，对于一个传统的士族家庭的女孩而言，"髫龄"，是其乳牙更换之时，亦是其须与诸兄弟有所区别之始，除了与兄弟们分开单独教育之外，缠足，便是每一个女儿家必定躲不过的"劫难"。所谓"缠足"，即女孩长至髫年（7 岁），甚至更早至 4—5 岁的时候，女孩的双足会被布带紧紧地缠裹起来，缠裹中"先将拇趾以外的四趾曲于足心，用白棉布裹紧。等脚型固定后，穿上尖头鞋。白天家人挟之行走，活动其血液；夜间将裹脚布用线密缝，以后日复一日加紧束缚，使脚趾弯曲变形，最后只靠趾端的大拇趾行走。要缠到'小瘦尖弯香软正'才算完事"①。这整个过程一般要持续 3—4 年，即一直到成年之后骨骼定型方可将裹足布带解去，也有终身缠裹，至老不除的。如此打造出来的纤纤细足，在历史上被冠以"三寸金莲"的美称，所谓"三寸"，意在"纤纤"；而所谓"金莲"，则意蕴丰赡，既含有"步步莲花"妙曼之喻意，也不乏佛门莲台之高洁、世间万象之珍贵的比附。"小脚一双，眼泪一缸。"为着所谓的"三寸金莲"，旧时女孩身心受尽了磨难。清代小说家李汝珍在《镜花缘》借小说人物之口抱打不平道："吾闻尊处向有妇女缠足之说，始缠之时，其女百般痛苦，抚足哀号，甚至皮腐肉败，鲜血淋漓，当此之际，夜不成寐，食不下咽，种种疾病，由此而生。"（第十二回）晚清维新变法人物梁启超更是撰文指斥道："嗟夫，天下事良法每惮于奉行，而谬种每易于相袭，以此残忍酷烈轻薄猥贱之事，乃至波靡四域，流毒千年。父母以此督其女，舅姑以此择其妇，夫君以此宠其妻。龀齿未易，已受极刑，骨节折落，皮肉溃脱，创疡充斥，脓血狼藉；呻吟弗顾，悲啼弗恤，哀求弗应，嗥号弗闻。数月之内，杖而不起，一年之内，舁而后行。虽狱吏之尊，无此忍心，即九世之仇，亦报不至是。顾乃以骨肉之爱，天性之亲，徇彼俗情，为此荼毒。呜呼，可不谓愚人哉！可不谓忍人哉！"②缠足，这一如此残害与荼毒中国女性的陋习，之所以问世并绵延千年，自有着其深厚的文化土壤与深广的挚息空间。相

---

① 焦润明、苏晓轩编著：《晚清生活掠影》，第 237 页。
② 梁启超：《戒缠足会叙》，《饮冰室合集·文集》，中华书局 1991 年版，第 121 页。

### 她被唤作"瑞奴"时

传,缠足始作俑者乃南唐李后主,因其宫嫔窅娘,纤丽善舞,乃命作金莲花,高六尺,环饰珍宝与璎珞,中作品色瑞莲。然后,令窅娘以帛缠足,屈上作新月状,著素袜行舞莲中,妙曼窈窕至极,成为传世佳话。

缠足,作为所谓风雅习俗的一种,兴起于北宋,宋代文人苏轼曾专门作《菩萨蛮》一词,对缠足大肆咏叹:"涂香莫惜莲承步,长愁罗袜凌波去;只见舞回风,都无行处踪。偷穿宫样稳,并立双趺困;纤妙说应难,须从掌上看。"似对缠足之后,女子行路不稳,如风摆柳之作态颇为陶醉。元朝,情况继续发展。元杂剧散曲中,凡描写女性人物无不及足:"款侧金莲,微那玉体,唐裙轻荡,秀带斜飘,舞袖低垂。"(关汉卿《女校尉》)"盈盈娇步小金莲,漱漱春波暖玉船,行行草字轻罗扇。"(张小山《水仙子·湖上即事》)到了明朝,女子缠足风气逐渐盛行,坊曲妓女无不以小足为献媚男子之具。胡应麟说:"宋初妇人尚多不缠足者,盖至胜国而诗词曲剧,无不以此为言,于今而极。"又:"至足之弓小,今五尺童子咸知艳羡。"① 是时,缠足与否,竟成为社会地位与贵贱等级的标志。明初,朱元璋将与其对抗的张士诚旧部编为丐户,并下令其男不许读书,女不许缠足。② 明末清初文人李渔在其《闲情偶寄》中甚至公然声称,小脚的用处,是叫人昼里"惜春",夜里"抚摩"。清代虽屡禁缠足,但始终未发生重大效力,且成为对小脚趋之若狂的时代。清人方绚(字陶采,又号荔赏),竟然推出了仿宋代张功父梅品体裁而作《香莲品藻》。清末山西大同还举办"亮脚会",每年农历六月初六,妇女都坐在家门口,伸出小脚来供过往行人观赏品评,并以博得好评为荣。显然,为男性发明,所倡导,所美化的女子缠足现象的蔓延以致愈演愈烈。一方面,源自男性视女性为玩物的病态审美心理和变态情欲需求。在男尊女卑的传统社会里的"女为悦己者容"的观念主导之下,"当时的妇女,如果听

---

① (明)胡应麟:《少室山房笔丛》卷十二(续甲部),上海书店出版社2009年版,第113页。
② 高新伟:《凄艳的岁月——中国古代妇女的非正常生活》,河南人民出版社2006年版,第229页。

人背地评说自己脚大，便异常的羞耻。新婚的晚上，如果新郎赞新妇'好大脚'便要丑得不好露面，所以做新人总是要妆小脚的"①。另一方面，则在于如此现象与束缚、禁锢女性人身自由的封建伦常相一致，亦可谓为女性长期为封建社会所压迫的结果。《女儿经》里明明白白写着："为甚事，裹了足？不是好看如弓曲。恐他轻走出房门，千缠万裹来拘束。"在如此文化与风习力量的主导之下，社会各阶层的女子，不论贫富贵贱，都纷纷缠足。甚至远在西北、西南的少数民族也渐染上了缠足的习俗。一时间，女子双足的大小和"金莲"状态怎样，竟然演绎成为评判女子美丑的重要标准；社会各阶层的人，竟也以妻子缠足与否为荣辱。正因为女孩双足的大小直接关系着其日后金玉良缘的玉成及其家族门楣，所以士大夫家庭的母亲总是尽可能早地给她的女儿缠足。越是爱自己女儿的母亲，越是为女儿死缠，即便是幼女无知，痛苦呻吟之状，令人不忍闻，可也叫人劝解不得。历经千缠万裹，女子终身步履艰难，更难逃脱听命男权或做奴隶，或为玩物的命运。正所谓"牌坊要大，金莲要小"，看似传统社会所推崇的女性的最完美的两项标准，实则是传统社会戕害女性精神和肉体罪证。② 缠足可说是传统女性所受最不公平，也最不人道的待遇，但却普遍行于宋元明清，虽有少数人，如李汝珍、俞正燮、袁枚、龚自珍等反对缠足，但无法改变既定情势。

  缠足这一陋习的革除，始自晚清来自西方的现代文明力量。最先在中国宣传反缠足的不是中国人，而是来自伦敦在厦门传教的约翰·迈克高望牧师。1874年在厦门成立反缠足的团体"天足会"。立德乐夫人在反缠足运动中也发挥了重要的作用。"戊戌变法"前后，立德乐夫人带着四名经她动员放足的中国妇女，在南方各地宣传，甚至得到了张之洞的支持。本土方面，甲午战争之后，反缠足声音也越来越响。郑观应在《盛世危言·女教》、林琴南在《闽中新乐府·小脚妇诗三首》中都指斥裹足的弊害。戊戌变法中，维新派着力反对缠足，康有为上《请禁妇女裹足

---

① 陈东原：《中国妇女生活史》，上海书店1984年版，第238页。
② 陈锋、刘经华：《中国病态社会史论》，武汉大学出版社2013年版，第297页。

### 她被唤作"瑞奴"时

折》,于光绪二十二年(1898)在广州组织不缠足会,会员达万余人。次年,谭嗣同、梁启超等在上海建立戒缠足会。梁启超不仅这么说,而且带头不给自己的女儿梁思顺缠足,还经常劝导妻子李蕙仙放足。谭嗣同与唐才常等在长沙组成不缠足会,潮州、福州的不缠足会也相继出现。其内容是禁止妇女裹脚,凡参加戒缠足会的男子不娶弓足女子。不缠足风气一开,受女子欢迎,其先进者不再裹缠,开始放脚。这时先进分子的审美观也改变了,以天足为美,弓足为丑。慈禧太后虽然镇压康梁维新变法运动,但却在1901年下达了劝禁缠足的御旨,紧接着地方官吏纷纷响应。1912年,中华民国成立,以孙中山为首的南京临时政府申明禁止妇女缠足。近代中国缠足与反缠足两种观念曾长期竞争,至少到20世纪30年代,小脚美的观念在民间仍广泛存在,而天足女性及其家庭往往受到社会的歧视。缠足现象,直至中华人民共和国成立才最后绝迹。

　　回头再看苏雪林有关"缠足"的回忆,隐伏其间的这样一些信息当给予一定的关注,即苏雪林缠足现场的主导者祖母与所谓的协同者母亲。苏雪林祖母,堪称"三寸金莲"最为坚定的实施者与卫道者,她不仅为其"幼时逃太平军侵皖之难,随家人往江西,脚未缠得极小,引为一生恨事",而且因欲"在孙女脚上求得补偿",不仅"叫我母亲在我四岁时便开始给我缠足",而且趁苏雪林母亲离开之际,亲自督裹,毫不手软:"日也缠,夜也缠",直至"把我的脚缠到她理想的标准",然而由此所导致的另一个结果,则是"使我成为'形残',终身不能抬头做人了!"对于这段缠足的往事,苏雪林没有留下更多的文字,但缠足对苏雪林身心所造成的伤害及其由此郁结而出悲愤,字字沉重,掷地有声。但是,在苏雪林缠足的历史现场中,母亲实则充当了女儿的庇护者,试想母亲若在苏雪林缠足的问题上与祖母沆瀣一气的话,苏雪林势必难以"混在男孩子队里,满城满郊乱跑",有关兰溪的记忆势必要另写!再就是,苏雪林被祖母缠足之时,已是辛亥革命前夕,尽管兰溪以及金华地区革命思潮涌动,革命党人活跃,然而县署后院仍处于相对的封闭之中。因此,回顾这段岁月,苏雪林心情是复杂的甚至矛盾的,感慨也是苦涩居多:

说儿童时代是那闪着悦目光辉的黄金,谁也不能否认,美国人的儿童的时代,更可说是金刚钻吧!我的童年是黯然无光的,也是粗糙而涩滞的,回忆起来,只有令人怅然不乐,决不会发生什么甜蜜回味,正是黑黝黝的生铁一块。……感谢天心慈爱,幼小时让我生有一个浑噩得近于麻木的头脑,环境虽不甚佳,对我影响仍不甚大;我仍能于祖母,即那位家庭里的慈禧太后,无穷的挑剔、限制、苛责之中,逃避到自己创造的小天地内,自寻其乐,陶然自得。[1]

## 二 "苏杜氏"们

### 1. 祖母"苏杜氏"

旧时"县署",即所谓的"县衙",是封建王朝地方行政办事机构的处所。它由"外衙"与"内衙"两个部分组成。外衙有"大堂",乃"听政之所"或"行政临民之所";外衙还有"后堂"、"花厅"、"签押房"、"幕厅"、"六房"、"三班"、"监狱"以及"大门"、"仪门"、"宅门"。"内衙"又分两个区域,一是以二堂为主体的区域;二是以"三堂"为中心的院落,是官员及其家眷、亲属、长随等居住的生活区。所谓"上房",即"三堂"通称。对此颇有研究的陶希圣说:上房,原本指衙署中递级而进的最上面的房子,"官员家眷居住的地方"乃引申义。此外,"上房"一词还可用来指称"官员的家属"。曾国藩的《劝诫州县四条》就有这么一说:"宅门以内,曰上房,曰官亲,曰幕友,曰家丁。"男主外女主内的传统家庭生活模式,也一以贯之于县署上房。换言之,在旅居州县衙门的官员家庭中,官员本人的主要活动在内衙的前一个区域以及外衙,官员太太则是上房中最有地位的人物,负责所有家庭成员及其附属人员(包括随任的官亲和长随)日常生活与工作。所以,"上房"一词,也可以用来特指官员的太太。当然,本书中"上房"的含义,

---

[1] 苏雪林:《童年琐忆》,《苏雪林文集》第二卷,第 11 页。

意即"官员家眷居住的地方"。如下图所例示①：

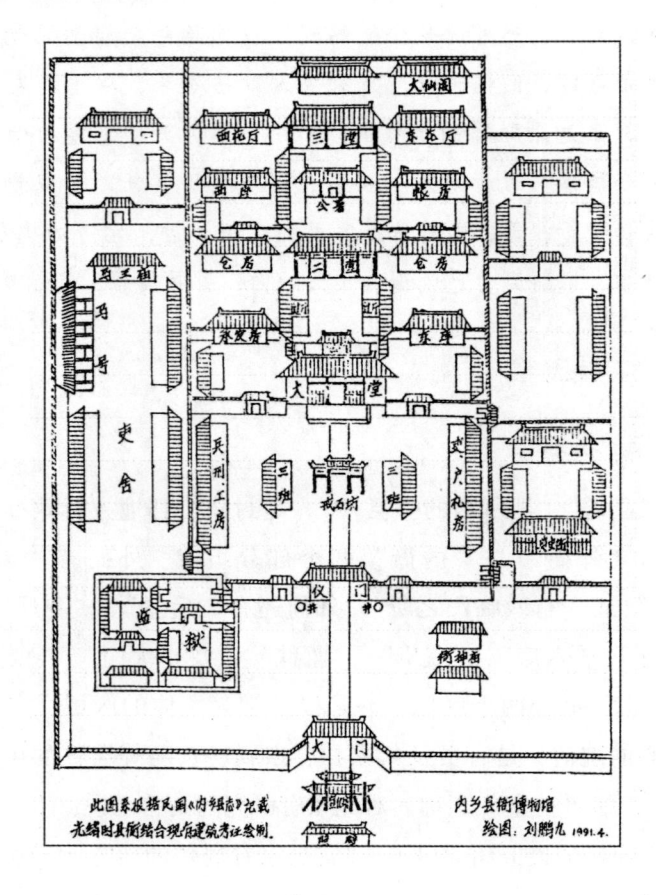

县衙如此格局，亦是"男女有别"、"男外女内"传统观念渗透于包括建筑文化在内的封建社会方方面面的具体表现。"女正位乎内，男正位乎外。男女正，天地之大义也。"此《易》之言，乃为"男外女内"传统两性社会角色定位与塑造的历史文化依据。它不仅确定了传统社会男女分工的原则，限定了男女活动的范围并透出了严男女之防的意识；同时，它还散发着浓重的"天尊地卑"、"阳主阴次"的文化气息。《易》曰："乾，天也，故称乎父；坤，地也，故称乎母。""天尊地卑，乾坤定

---

① 刘鹏九、苗丙雪：《明清县衙建筑考略》，《古建园林技术》1995年第4期。

矣；卑高以陈，贵贱位矣。"《礼》云："男先乎女，刚柔之义也；天先乎地，君先乎臣，其义一也。……男帅女，女从男，夫妇之义，由此始也。妇人，从人者也；幼从父兄，嫁从夫，夫死从子。"传统社会"男外女内"的定位分工原则，实际上饱蘸着传统的"男尊女卑"的文化元素。在此文化精神主导下的传统社会的女性，其存在的价值及其意义，甲骨文中将"女"描绘成一个拿着扫帚的女子形象，便是最为具体而生动的诠释。在悠长的历史岁月中，为"正位于内"所囿的历代妇女，一方面为维护家庭的稳定和社会的运转付出了艰苦的劳动；另一方面，却因为其所从事的日常劳务，只是一种"对家庭中的私人事务的义务"① 而不具备社会劳动的性质，其人生价值因此而悉数湮没于盲目的自我奉献与服务中，以致沦为了依附于男性的"家庭奴隶"②。

  素来强调"明人伦"的徽州宗族，对夫妇一伦中所谓"夫妇有别"、"男外女内"之分工尤为看重，并通过各宗族所制定的家法族规、家训家范、祖宗训诫等形式加以训示，以强化夫权对族中妇女的管理和控制的认同意识，从而确保其男主女从的宗法社会平稳运行及其长治久安。诚如清宣统《古歙义成朱氏宗谱》所载《朱氏祖训》之"区别男女"条云："《家人》之象曰：男正位乎外，女正位乎内，位分内外，若不两安乎内外之位，不得谓正。但吾山居人家，冬则女亦知织，夏则男亦知耕。使必别其何者为男之位，何者为女之位，转不如合操躬作者，随出入之候以分其勤。然而勤劳可共任也，进退可共依也，而阴阳终不可易也。盖妇从夫者也，倡而后随，依而为媚，故《书》言观型，《礼》言无违，夫子为得其道，所以夫妇一伦，必有别也。"③ 需要进一步指出的是，因徽州地区山多田少地狭人稠而形成于明清的经商之气，使得徽州成为一个以妇女为中心的特殊留守群体。在这样一个特殊的环境下，普通妇女

---

  ① 恩格斯：《家庭私有制和国家的起源》，《马克思恩格斯选集》第4卷，人民出版社1972年版，第70页。
  ② 陈锋、刘经华：《中国病态社会史论》，第309页。
  ③ 转引自陈瑞《明清徽州宗族与乡村社会控制》，安徽大学出版社2013年版，第338页。

### 她被唤作"瑞奴"时

尤其是母亲和寡妻在家庭中具有较高的地位。她们为家庭创造财富，有一定的财产继承权和控制权，对家庭重要事务及主要成员有相当的决策权和发言权。① 也就是说，较之于其他地域的女性，同样恪守"正位于内"的徽州女子，在社会事务的参与方面，有着更为充分作为的空间，故亦得到更多社会的认可和尊重。

身为官员家眷一分子的苏雪林，因祖父的转任曾先后在瑞安、兰溪、金华、平湖、仁和等县署上房居住过。所到之处，主持县署上房所有事宜的"官员太太"皆其祖母。这是位来自距岭下五里之外卓村杜氏人家的女子，唤作杜贵生②；迎娶她的则是尚在堂叔苏成美的屯溪苏德源当铺做店员的苏文开。这桩婚姻，亦是安徽太平苏、杜两姓世代通婚的接续。社会学家认为，婚姻除了有生物性（或叫自然性）的一面以外，更重要的还体现在它的社会性，即指这种行为无不受当时的道德、法律、传统习俗，以及不同的政治、经济、文化水平的制约，而且随着时代的变化而有所变化。所谓的"昏礼者，将合二姓之好，上以事宗庙，而下以继后世也"（《礼记·昏仪》）以及"父母之命，媒妁之言"、"门当户对"、"同姓不婚"、"嫁娶不越境"，等等，皆是婚姻属性的反映。不过，联姻活动中的社会圈与地域圈现象，则是传统社会婚姻社会性的集中表现。诚如郭松义所指出的那样："尽管无法律规定可循，却因利害所系存在着许多有形无形的限制，（婚配）自然地划出了一个个高低错落的圈子，若非身份相等，是很难混淆其间的。"③ 由此，世婚制即两姓之间相对固定的世代互为婚配现象，也较为突出。如此风习之下，毗邻而居的岭下苏氏与卓村杜家，相互影响，和睦相处，历代通婚，"要么是苏家姑娘嫁到杜家，要么是苏家的小伙子娶了杜家的女儿"。苏雪林祖母与母亲，就皆来自卓村杜氏。两大宗族之间的世代联姻，在传统社会以至于徽州乃司

---

① 刘平平：《从家谱看明清徽州普通妇女的家庭地位》，《通化师范学院学报》2012年第9期。
② 陈朝曙：《苏雪林与她的徽商家族》，第50页。
③ 郭松义：《伦理与生活——清代的婚姻关系》，商务印书馆2000年版，第78页。

空见惯，而太平岭下苏氏与卓村杜氏之世代姻亲，因其远祖皆可溯至唐宋文学世家而平添传奇。岭下苏村乃眉山苏氏之后，前章已作相关陈述。有关杜氏是晚唐诗人杜荀鹤后人之议，陈朝曙在《苏雪林与她的徽商家族》一书中，也曾作有专门的介绍："杜氏族人是晚唐诗人杜荀鹤的后代，杜荀鹤是大诗人杜牧的第二个儿子，他选择了贵池的长贡溪这个山清水美的地方作为繁衍之地，果然人丁兴旺。这个地方后来隶属石隶县。至宋代有一支迁往太平的谭家桥等地，在明初的时候，始迁卓村定居。"①有所不同的是，岭下苏村后世族人主要显豁于"仕途"和"商贾"，杜家后代"仕途"显赫之外，则更重于"明经"。南宋时期，杜氏人家"有当过南宋吏部尚书的杜道一和南宋杭州太守的杜正卿"；明代中后期，理学鼎盛，杜氏一族深受王龙溪阳明哲学影响，文风大举，人才辈出，硕学鸿儒，流芳后世。②融此家世精髓的《杜氏家训》，共计十条，即明臣道、孝父母、和兄弟、宜家室、敬师友、教子弟、睦宗族、定恒业、尚勤俭、戒斗讼等，其中的"宜家室"，显然是为其本宗族女子所设，具体如《太平县志·杂记·宗谱辑录》所载：

  夫为妻纲，妻为内助。然必处之有方，而后家道成。每见今之人家，夫纲不振，始则溺艳妻之少艾，继则任牝鸡之司晨。迨至习惯成自然，夫不自以为夫，妇亦忘其为妇，甚至打街骂巷，以卑凌尊。种种不端，无所不至，如此而家道焉有不败者乎？窃念：人之欲治其家者，平日之间务庄以莅之，使之知敬；慈以待之，使之知恩。与其效父子之嘻嘻，终不若为家人之嗃嗃。夫纲正，则家室宜矣。更有一种妒妇，自不生子，不准其夫纳妾，此最是乡愚恶习。曾不知无子已在七出之条，无人语之，而彼不知也。遇这等妇，房长当引至祖堂，责以大义，毋令其夫蒙不孝之大。但为夫者，亦不得藉此宠妾凌妻，自干罪戾。

---

① 陈朝曙：《苏雪林与她的徽商家族》，第11页。
② 同上。

### 她被唤作"瑞奴"时

洋洋数百字中,主旨不外乎二:一是强调女性"正位于内"的必要性与重要性,即:夫为妻纲、男主女从、男尊女卑,则处之有方,家道有成;二是要求"正位于内"之女性,务庄慈博敬爱以宜家室,行孝贤不妒以续后世永年。

徽州学者卞利曾在《徽州民俗》中,就徽州家庭的结构类型有过一番阐释:"由于徽州宗族观念较为浓重,因而,以父母与子女同居共食的主干型家庭、以父母与未婚子女同居共爨的核心型家庭,以及以祖孙三代或多代同居共爨的联结型家庭(或称'大家庭'),是传统徽州家庭类型的主要构成。在徽州,由于明清至民国时期佃仆制的顽固存在,因此,我们也将佃仆视为徽州家庭成员特别是地主家庭成员中的特殊一员。"①作为执掌县署上房一切事务的"管事太太",其所打理的县署上房,正是"祖孙三代或多代同居共爨的联结型家庭(或称'大家庭')",加之女佣男仆等,"上下人口,多以百计",保证如此之大家庭经年正常运转,非一般平庸之辈所能胜任。

许是岭下苏氏曾祖双双早逝,没有经历所谓"多年媳妇熬成婆"的磨难,加之"胎胎弄璋",有着严重三从四德与重男轻女意识的祖母苏杜氏,于苏雪林母女而言,则更多地意味着威福和霸凌。以至"祖母苏杜氏",变成了苏雪林浙省生活中,最为"黯然无光的,也是粗糙而涩滞的"记忆碎片。苏雪林在《童年琐忆》中道:"回忆起来,只有令人愀然不乐,决不会发生什么甜蜜回味,正是黑黝黝的生铁一块。原因我是一个旧时代大家庭的一份子,我们一家之长偏又是一个冷酷专制的西太后一般的人物。我又不幸生为女孩,在那个时代,女孩儿既不能读书应试,荣祖耀宗;又不能经商作贾,增益家产;长大后嫁给人家,还要贴上一副妆奁,所以女孩是公认的'赔钱货',很不容易得到家庭的欢迎。"②苏雪林在这里宣泄了满腔忧愤的同时,也揭示了其对祖母"苏杜氏"尤为不满的所在,即"冷酷专制"与重男轻女的德性。苏雪林道:"我的祖

---

① 卞利:《徽州民俗》,安徽人民出版社 2005 年版,第 93 页。
② 苏雪林:《童年琐忆》,《苏雪林文集》第二卷,第 10—11 页。

母生了九胎,三胎皆殇,只有六胎成立,胎胎都是男孩,遂自负为善于生育的女人。我母亲育有五胎,三男两女,祖母逐瞧她不起,对男女诸孙毫不疼爱,只有三妹乃二叔所出,自幼失母,祖母将她带在身边,算是得宠的。我自幼性野,又不善服勤,祖母最憎恶我,常叫我母亲骂我打我,所以我幼时并无生趣可言,一提起我的童年愀然不乐。……我生有一种忧郁病,始自童年,至老不衰。想必就是不愉快的童年所贻留给我的唯一礼物。"①

对于女孙苏雪林,这位秉持男尊女卑传统戒条的祖母,一方面以"正位于内"的传统加以教化,并醉心于"三寸金莲"而强以裹足;另一方面奉持女子无才是德,注重对女孙加以品性的柔顺与女红技能的养成与训练,故对"野丫头"般的苏雪林百般挑剔。

显然,苏雪林与其祖母之间的相互对立与冲突,是自然生长的天性与礼教规范之间的对立与冲突。由于祖母既是尊长又是县署上房所有事务之"主持",母亲仍不时得听从祖母的旨意动辄"骂我打我";故此,浙省县署上房中这样的"无生趣可言"的时日,每每忆及,皆令苏雪林"愀然不乐"。尤让苏雪林愤愤难平的是,祖母苏杜氏对自己母亲的欺凌与压迫。为接续不断的生育所累,元气大伤的祖母诸多调理之琐屑,皆硬指派早已忙碌不堪的苏雪林母亲承揽,而让听差的丫头闲着不加以役使。苏雪林母亲亦因此天天夜半方得歇息,人到中年便落下周身酸疼的毛病。最让苏雪林难以释怀的是,因慑于婆婆苏杜氏之威,母亲时常不得不放下怀中的孩子而全乳于小叔。结果,母亲因长男羸弱早逝而大悲卧病不治。其终年不过五十出头,而如此苛待的祖母则享年八十有余。

然而,尽管祖母苏杜氏鞠躬尽瘁于贤内助之职守,却仍无法独享知县老爷的欢心。故此,苏雪林留下了这样的儿时记忆:"祖母对于我祖父并不尊敬,为了吃姨太太的醋,可以把祖父骂得一佛出世,二佛升天,可是她未洗手前决不敢触及祖父的官帽官袍。她偶尔坐上祖父的床,也

---

① 苏雪林:《浮生九四——雪林回忆录》,第3页。

### 她被唤作"瑞奴"时

必轻轻将卧褥掀起,说怕妨碍了他的官运。"① 这里所谓的"敬"与"不敬"之矛盾,恰恰揭示了"正位于内"之三从四德,之于女性的压迫与欺凌。在中国传统婚姻形式中,虽然占有主导的位置是一夫一妻制,但在官绅和富家子弟圈里,却相当广泛地存在着一夫多妻的形式。所谓多妻,除了身负兼祧(即俗说"两头大")等特殊情况者外,都有嫡从正侧之分。嫡正者称妻,只有一个(包括继配);侧从者称妾(有时妇人自谦,对长辈或丈夫,称己为妾者例外),可以有多个。妾对丈夫在性关系上充当妻子的角色,在身份上通常与女婢归于一等。在家庭居室中,依照礼法必须安顿在偏室,所以妾又有小妻、侧室、偏房等称谓。传统社会中,男子纳妾的理由种种,郭松义曾对此作过专门深入的调查,并将其相关理由加以了具体的归纳:一是为了地位和权力的象征;二是为了生育儿子、繁衍后代;三是为了协助处理家务;四是为了夫妻关系不好,取妾以缓和矛盾;五是为了贪恋美色,满足肉欲。可上溯至殷周时期的妾之文化现象,直至近代随着西方的新文化、新思想的不断渗入、传播,才渐趋向没落。清代虽已是传统社会晚期,可纳妾之风并未减弱。② 在徽州,宗族各姓皆有纳妾,因为纳妾要价不菲,故纳妾者多为官吏、商人、士人及家境稍富庶人家,且也多出于繁衍后代延续香火的考量。由于多妇共事一夫所引发的家庭战争时有发生,所以各宗族对此亦皆持警戒的态度。③ 至于苏雪林祖父纳妾的理由是什么,不得而知,显然不是因为"生育儿子,繁衍后代",尽管这一理由最为冠冕堂皇,甚至曾义正词严地纳入了卓村的《杜氏家训》。苏雪林祖母之妒骂,实乃沦为生育机器的传统女性,对于既定命运的一种不满与抗争。由于仅停留在本能的不自觉的意识层面,因此一时失控的情绪很快就会复位。所以,尽管偶有"失敬"言辞,祖母苏杜氏作为传统社会"位正于内"的忠实践行者、卫道者的本色没有发生任何改变,这也正是其祖孙辈之间矛盾重重的症结

---

① 苏雪林:《儿时影事》,《苏雪林文集》第二卷,第6页。
② 郭松义:《伦理与生活——清代的婚姻关系》,第337—366页。
③ 柯灵权:《歙县:里东乡传统农村社会》,复旦大学出版社2014年版,第57页。

所在。

有趣的是，今有学者将史上"祖母苏杜氏"之现象，专名为"中国古代之婆权"。认为此类"婆权"，是在自给自足小农经济基础上形成的血缘群体共有制及父权家长制的产物，它是父权家长专制集权不可或缺的重要组成部分。"婆权"由相夫权、教子权与御媳权共同构成。由于"婆权"毕竟是父权的产物，它只能与父权如影随形，相辅相成。①

毕竟血浓于水，对于祖母苏杜氏，苏雪林虽怨怼居多，但对祖母"庄慈"柔软的一面，也还是有所感受与印象。或者说，在苏雪林相关记忆中，对至亲女眷祖母苏杜氏有着较为严苛的一面，但是对婢仆以及卑微弱势之辈则亦怀有恻隐。如果说县署上房收留了不少孤苦无告的宗亲，乃出于谨奉"睦宗亲"之家训外；那么，祖母苏杜氏为备受家婆蹂躏而毫无亲缘关系的王师娘出头，则完全出自悲悯。② 故此，当年事已高的苏雪林忆及祖母曾为神经异常了的四婶迫得闭门饮泣时③，亦不无惆怅地感慨道："我祖母并不像白雪公主那个后母巫婆阴险狠毒，只是欺善怕恶，欢喜占小便宜。我母亲是从小服从惯了的，禀性又太善良。一心要做个贤孝媳妇，祖母便一条绳子拴定她，直到她晚年才略略放松。我母亲若像后来那些娣姒一样。祖母也是没奈她何的。"也许正因为有过如此生活的经历，使得苏雪林对于传统社会的女性有着更为深入的体认，故在此后对袁昌英《孔雀东南飞》之标新立异的解读，给予了积极认同和高度评价。

《孔雀东南飞》是我国文学史上第一部长篇叙事诗，也被称为我国古代史上最长的一部叙事诗，曾与《木兰辞》并称为"乐府双璧"及"叙事诗双璧"。《孔雀东南飞》取材自东汉献帝建安年间发生在庐江郡（今

---

① 汪兵、林杰：《论中国古代的"婆权"》，《山西师大学报》2003年第1期。
② "祖母得知王师娘的苦楚也不胜恻然，故与祖父相商，女仆方妈随往，以帮助王师娘不堪的生活环境得到改善。"（《童年琐忆》）
③ "四婶生得娇小玲珑，足则天足。我的祖母是最爱纤足的，便亲自替她缠。二十左右的人骨头已硬，如何缠得小？四婶因此与婆婆口角而精神异常。"（《浮生九四——雪林回忆录》，第8页）

### 她被唤作"瑞奴"时

安徽境内）的一桩婚姻悲剧，即如诗前序文所云："汉末建安中，庐江府小吏焦仲卿妻刘氏，为仲卿母所遣，自誓不嫁。其家逼之，乃投水而死。仲卿闻之，亦自缢于庭树。时人伤之，为诗云尔。"全诗"共一千七百八十五字，古今第一首长诗也。淋淋漓漓，反反复复，杂述十数人口中语，而各肖其声音面目，岂非化工之笔"①。流传千古的《孔雀东南飞》，以其所蕴藏着的反抗封建礼教文化的思想元素，自"五四"始，便屡屡被改编成话剧搬上戏剧舞台。其中，最早将《孔雀东南飞》搬上舞台的是"五四"时期北京女高师的一帮女学生，而编剧兼导演正是兼教女高师的李大钊。之后，《孔雀东南飞》又被戏剧人熊佛西改编上演。再之后，则是袁昌英编剧的《孔雀东南飞》的公演。苏雪林认为，"《孔雀东南飞》是中国文学史上一首不朽的，弘丽哀艳的故事诗"。"五四"时期由女高师学生所演绎的多幕剧《孔雀东南飞》，为"易卜生问题剧"影响的产物，它着力于揭露与抨击《孔雀东南飞》故事中所包含的"姑媳同居，婚姻不自由等等中国家庭问题"。该剧在剧情及人物的塑造上与原诗保持高度的一致，即"将兰芝写成了一个受家庭社会压迫的弱女子，而焦母则写成一个暴戾横恣，专事姑威的母夜叉"②。而由熊佛西所操刀的独幕剧《兰芝与仲卿》，其仅就"原诗焦母驱逐兰芝一段情节，演之舞台"，虽"在编制法上可说比较经济"，但失之于"结构过于简单"与"描写过于草率"，非"熊氏用心之作"。为苏雪林所称道的袁剧本，主要用力于焦母驱逐兰芝动机问题的探讨，并认为婆媳间嫉妒心理的作祟是悲剧酿成的重要关节；因此，对于焦母"嫉妒"心理机制的描述与解读，成为袁剧本所要表达的中心内容。之所以如此立新命意，袁昌英曾在相关自序中有所陈情：

  焦母遣退兰芝到底是什么理由。自然在中国的做婆的自古就有

---

① （清）沈德潜：《古诗源》卷四。
② 苏雪林：《〈孔雀东南飞〉剧本及其上演成绩的批评》，《青鸟集》，商务印书馆1938年版，第29—32页。

绝对的威权处置儿媳的，焦母之驱逐兰芝，不过是执行这威权罢了。然而这个答复不能满足我。我觉人与人的关系有一种心理作用的背景。焦母之嫌兰芝，自然有种心理作用。由我个人的阅历及日常生活见闻所及，我猜度一班婆媳不睦，多半是"吃醋"二字的作祟。我的意思并不是说母亲与儿子有什么暧昧的行为才对媳妇吃醋的，委实是说，母亲辛辛苦苦亲亲爱爱一手把个儿子抚养成人，一旦被一个毫不相干的别个女子占去，心里总有点忿忿不平。年纪大了，或是性情恬淡的人，把这种痛苦自然默默吞下去了。假使遇着年纪轻，性情剧烈，而又不幸是寡妇的，这仲卿与兰芝的悲剧就不免发生了。①

对有着如此强烈的现代心理关怀意识的袁剧本，苏雪林一边赞其"与上述二种大不相同，既能摆脱时间性的'问题剧'的窠臼，又能作极深刻的心理分析，可说是一种心理剧"；一边不吝笔墨对袁剧本的"嫉妒说"，据弗洛伊德学说加以更为深入的学理性剖析，并强调指出：

母与子父与女情感上之互相吸引，出于人类先天根性，无可如何……婆媳同居的结果，那个做媳妇的固然痛苦，做婆婆的又何尝不痛苦？我们专同情于媳妇而诟厉婆婆，也不算公平。作者能看出焦母的隐痛，用极深刻极细腻的笔法分析她的心理，把她写成一个悲剧的主人公，使我们的同情都集中于她身上，这就是作者独到之点。②

由此看来，祖母苏杜氏作为旧礼教势力的化身，之于苏雪林而言，每每忆及，固然始终有着无以摆脱的"压迫"与"窒息"，正如苏雪林所言"它弥天际地，无所不包，使受之者反抗无从，动弹不得，若非亲自

---

① 苏雪林：《〈孔雀东南飞〉剧本及其上演成绩的批评》，《青鸟集》，第30—32页。
② 同上书，第32页。

经历过的人，谁能知道"；然而，借着苏雪林对袁昌英所作的《孔雀东南飞》的相关言辞，亦可看到接受弗洛伊德学说影响的苏雪林，对同质于"焦母"的祖母苏杜氏，所持当会有所缓和且更为客观与理性。其晚年回忆祖母苏杜氏时文字相对较为温软，或许缘出于此。

2. 母亲"苏杜氏"

与祖母"苏杜氏"一样，苏雪林母亲亦是卓村杜家的女儿，因"闻其贤"，苏雪林祖父托媒说合，其14岁便嫁与太平岭下苏家长子苏锡爵。清朝结婚的年龄相关规定，虽然有沿袭前代"男子十六岁，女子十四岁"（《钦定大清通礼》卷二十四《嘉礼》）一说，但实际上民间并不完全受此约束，早婚现象仍多有存在，"大抵女子十二三岁即嫁"，"男子十一二岁即娶"[①]之类的记载常出现在一些方志中。郭松义在《伦理与生活——清代的婚姻关系》中，曾就清代相关资料进行统计并加以综合分析后认为："在清代，把男子的平均婚龄定在20岁到21岁，女子定在17岁到18岁，大致是合适的"；但是清代婚龄的具体情况，还因地域与时代的甚至阶层的不同而有所变化，即："婚龄的高低，除与传统习惯有关外，亦与各地的经济文化发展成正比，经济文化水平越高，婚龄亦相对较高。"清朝从前期到后期，婚龄似有小幅增高的趋势。清代男女婚龄，绅士家庭中男子平均婚龄为18.73岁，绅士家庭女子平均婚龄17.7岁；平民家庭男子平均婚龄20.95岁，平民女子平均婚龄17.17岁。[②] 明清时期，徽州各宗族关于子弟结婚年龄的规定不尽相同，但皆主张婚姻嫁娶要及时举行，不可过早或过迟。对此，相关规定会以祖训或家规的形式写入谱牒。所谓"婚姻嫁娶，以时为贵"[③]。"男婚不宜过早，女嫁不宜太迟。"[④] "古者男子三十而娶，女子二十而嫁，近世嫁娶多早，此中有关男女夭寿及子

---

[①] 转引自郭松义《伦理与生活——清代的婚姻关系》，第203页。
[②] 同上书，第198—219页。
[③] 乾隆《重修古歙东门许氏宗谱》卷八《许氏家规·男女婚嫁》。
[④] 光绪《（绩溪）梁安高氏宗谱》卷十一《高氏祖训十条·正婚姻》。

孙体气之强弱，现律亦有早婚之禁。愿我族人各体此意，斟酌适中行之。"① 但是，在婚配对象的德行与年龄之间，徽州宗族更看重德行，或者说，强调优先考虑婚配对象的品德，年龄因素则在其次。② 所谓"婚姻者，人道之始，择德为上，论年次之，故凡议婚者，嫁女必胜吾家，娶媳视吾敌体"③。所以，"贤"闻乡里的苏雪林母亲，笈笄之年便披了嫁衣。

"贤"的基本释义，即"有道德的，有才能的"，等等。所谓的"贤女"，意即"有才德之女子"，而这里的"才德"，当为徽州谱牒中所强调的女教内容："至于女子，必教之以谨言慎行，精于女红，勤于纺绩，使知布帛之艰难。饮食祭祀，虽非所事，亦可预知，他日适人必执妇道。"④ 显然，苏雪林母亲少小便得"贤"名，不过是徽州乡里对其小小年纪便无违传统女教的赞誉罢了。

苏雪林母亲曾先后被命名过三次，即"躲妮"、"浣青"和"躲相"。透过苏雪林相关文本的叙事，其母亲苏杜氏的人生遭际分明浓缩于这些所谓的命名之中，且不失为"正位于内"传统女性运命之写照。

"躲妮"名字的来历，苏雪林在其回忆录《浮生九四》中曾作过这样的说明："母亲家也有一个虎姑婆般的祖母，虐待我的外祖母无所不至。我外祖母怀了我的母亲，将产，偶失姑意。姑便说你若生的是男孩，便留着，女的定行淹死。我外祖母骇怕，躲向亲戚家，被发现，又换一家，这样躲来躲去，生下我母亲后，便替她取了个名字'躲妮'。"⑤ 这寥寥数语的直白，一方面表明了在奉行封建孝道文化的传统宗法社会里，即使是同为女性的婆媳，其法律地位也不平等，更遑论人格的平等与尊重，这也是"恶婆婆"现象由来已久并普遍存在的重要根源所在。长久以来"恶婆婆"形象经常出现在众多文学作品和民间传说中，亦不失为这种客

---

① 民国《黟县鹤山李氏宗谱》卷八《家典》。
② 陈瑞：《明清徽州宗族与乡村社会控制》，第 402 页。
③ 雍正《歙县潭渡孝里黄氏族谱》卷四《潭渡孝里黄氏家训·孝敬》。
④ 转引自陈瑞《明清徽州宗族与乡村社会控制》，第 391 页。
⑤ 苏雪林：《浮生九四——雪林回忆录》，第 3—4 页。

## 她被唤作"瑞奴"时

观现实的反映。尚需进一步指出的是,所谓的"恶婆婆",实乃传统女性长期为封建宗法文化所奴役并扭曲的形象外化。另一方面,这番直白亦将传统社会虐杀女婴的溺女事象暴露无遗。所谓"溺女",即指将出生女婴置入水桶、水盆等器皿中淹杀至毙的行为。溺女风习流行,自有其深刻的社会原因,即如《请定例禁疏》所载:"因家计贫乏,虑日前之抚养维艰,即家计稍丰,亦虑将来之遣嫁滋累,并或急望生男,恐为哺乳所误,迟其再孕,往往甫经产育,旋即淹毙。"[①] 明清时期,徽州宗族内部及宗族社区中因生活贫困等原因而发生的溺女现象亦大量存在,并一度成为徽州境内较为突出的社会问题,以致清嘉庆皇帝在上谕中指出:

> 阴阳化生,人道之始。若民间生女皆弃而不育,则生息何由而繁。夫妇列在五伦,非实犯七出之条者,岂可轻弃。如该民人所称,该处地方产女之家,因贫起见,往往溺毙。夫妇每因小故辄相离异,实属恶俗。着将该民人原呈发交百龄查办,先出示严行禁止,并设法妥为化导,以革浇风而正伦纪。其各省有似此者,均着一体示禁。[②]

与此同时,针对严重的溺女现象及其由此所带来的严重后果,徽州谱牒对此亦有责词,譬如:"至若子固当孝,亲亦宜慈。产多毙女,贫困鬻男,岂非左计,为父母者如有此事,众共辱之。"[③] 尽管如此,在男尊女卑意识根深蒂固的徽州,"溺女"现象仍时有发生,这些便是苏雪林母亲被命名为"躲妮"的深刻背景与内涵。

"浣青",是苏雪林母亲的第二个命名。至于这名字的由来,苏雪林曾经作过这样的述说:"我母亲这个躲妮名字,直顶了三十几年。后来随我父亲到山东当了官太太,与官眷颇有往返,嫌这个名字太俗,请我父

---

① 转引自冯尔康、常建华著《清人社会生活》,沈阳出版社2001年版,第349页。
② 光绪《婺源县志》卷三十四《人物志·义行》。
③ 转引自陈瑞《明清徽州宗族与乡村社会控制》,第439页。

亲替她另取一名，父亲取了'浣青'二字，说这是清代某女词人之名，很风雅。母亲甚喜，刻了一盒名片'苏杜浣青'。"① 根据苏雪林的回忆文字，其中所关涉名号"浣青"的"清代某女词人"当是清代才女钱孟钿。关于这位钱孟钿，《清史稿·列女传》载："崔龙见妻钱，名孟钿，字冠之，一字浣青。龙见，永济人；钱，武进人，侍郎维城女。九岁刲臂疗父疾。归龙见，事姑谨，龙见以进士官州县，为四川顺庆知府。川东啯匪为乱，龙见师出御，贼自间道来袭，吏民惊扰。钱诇贼自府西至，遣人挈渡舟泊东岸。贼至，不得渡，遂引去。……钱工诗词，即以'浣青'名其集。有《浣青诗草》八卷，续一卷，诗余附。"换言之，这位出身显赫的清代女词人，德才兼备，堪称女中翘楚。作为女儿，其"刲臂疗父疾"传为"至孝"美谈；作为"嫁得才人苏伯玉"的人妻，其胆识过人，智却来犯，巾帼不让须眉；作为"风裁不似女儿家"的才女，其才高好学，工诗词且尤爱读随园诗。袁枚不无敬重地称其为"浣青夫人"，并尝云："其号浣青者，欲兼浣花、青莲而一之也"（《随园诗话》卷五）。由其号看，目标对准杜甫、李白，志向甚高，亦颇自信，有大丈夫气概，确实"风裁不似女儿家"（袁枚《题浣青夫人诗册》）。由此看来，这位名号"浣青"的清代女词人，乃一代才女之典范。苏雪林母亲被丈夫如此命名，亦表明"浣青"式之女性，大为晚清士子所仰慕。相形之下，不识一字的母亲苏杜氏，奉着"苏杜浣青"的名片，喜形于色于官眷中，固然是其向学慕才真情之流露，但个中酸涩与悲凉亦无以言表。

　　所有命名中，最能反映苏雪林母亲日常生活及其精神状态的，当推第三个名号，即"躲相"。至于何谓"躲相"，苏雪林道："名片未用几张，回到婆婆身边，'躲'字又恢复，不过不叫'躲妮'而变成'躲相'。我们家乡凡已嫁妇女都名为'相得'，得字乃子字的音变，又像似语助。称某相得，某相得者就是某相子或某相儿。我父亲常赞叹这个相

---

① 苏雪林：《浮生九四——雪林回忆录》，第4页。

### 她被唤作"瑞奴"时

字有意思。他说相字有赞襄、协助之议,也就是君主身边的宰相。贤妇相夫教子,克尽阙职,不就是一位好宰相吗?不过这话是我父望文生义的解释,乡下人那有这样的学问?所以妇女称'相得'究竟是何意义,我那时是不懂。"① 虽然苏雪林对徽州将已嫁妇人冠以"相得"的真正含义,似乎不尽明了,但其父赞叹之词,显然已将传统社会对于妇人的最高期望与褒奖的"贤内助"之意,赋予在了"相得"这一徽州俚语中。也就是说,继"躲妮"、"浣青"之后,母亲苏杜氏又被名为"躲相",这既是对其努力于"正位于内"传统女性社会角色的充分肯定,同时也客观反映了传统女性为男权所左右的历史情态。

尚字闺中便以"贤"闻名的母亲苏杜氏,嫁入岭下苏村后,"贤"得更是无以复加。苏雪林回忆说,其母亲"在祖母高压下养成绝对的服从性,也磨练出无数伺候尊长的才能。祖母便把她当做贴身丫头看待。……使她得着腰酸背痛的病终身不愈"②。更为不堪的是,母亲竟一再为祖母所迫,置自己嗷嗷待哺的孩子不顾而全乳于小叔,结果是以孩子的羸弱不寿和自身的病痛不治,换得了祖母的所谓"克享大年"。愤激不过的苏雪林曾因此道:"她(祖母)之克享大年,看来是我母亲把全部青春贴补她的结果。"③ 母亲的"贤德"令苏雪林唏嘘不已,母亲的治家"才干"也叫苏雪林十分地叹佩:"我母亲若仅有德而无才,也不足为贵。难得她天生有一种才干,善于治家。"④ 特别是在岭下苏家日益不景气的最后岁月里,母亲苏杜氏不仅竭尽心力开源节流将所有日常事务措置妥当,而且对"家乡颇重宗祠的祭典","母亲在半年前便预备起,届时所献牲醴粢盛既丰且洁",故尤让乡里称羡。⑤ 正因有这么一位德才兼具的母亲,日趋萧索的旧家亦被打理得井井有条上下和睦,无怪赢得"躲相"封号。不仅如此,母亲苏杜氏还是一位怜贫恤老之外,别有家国情怀的

---

① 苏雪林:《浮生九四——雪林回忆录》,第4页。
② 同上书,第4—5页。
③ 同上书,第7页。
④ 同上书,第11页。
⑤ 同上。

悲悯之辈，苏雪林道："我母亲虽不识字，未读书，却天然富有爱国情操，清末盛传瓜分之说，她听了辄悒然心伤，屡被祖母呵责，说：'这干你什么事，要你这样焦急。'我虽小孩也知道母亲是对的，祖母则不是。"① 更为重要的是，母亲苏杜氏对在浙省瑞安出生的苏雪林，始终是呵护备至疼爱有加。尽管迫于祖母的威严，也曾对所谓的"野丫头"实施过所谓的"管教"，但给予少小苏雪林最大庇护与支持的始终都是这位被称为"躲相"的母亲。苏雪林曾这样款款深情道："在母子爱的方面，我或者可以说没有什么缺憾。母亲未死之前，我总在她怀里打滚过日子。当时许多憨痴的情景，许多甜蜜的时光，于今回忆起来，都如雨后残花，红消香歇。"② 故此，怀念母亲亦为苏雪林诗文的一大主题，譬如：

灯前慈母笑，道比去年长，底事娇痴态，依然似故常！（《灯前》）

行行抵鹊江，西日在嵽嵲。解装憩逆旅，各各了饥渴，投枕烂漫睡，哪知东方白。阿娘唤我醒，灯昏眼生缬，衣衫为我理，头发为我栉；虽长犹孩痴，母笑且戚额。融融母子思，此味甜如蜜。我愿长婴婉，终身依母膝。（《侍母赴宜城视三弟疾》）③

正是母亲点点滴滴的温润之爱，让苏雪林得以从似"慈禧太后"祖母"无穷的挑剔、限制、苛责之中，逃避到自己创造的小天地，自寻其乐，陶然自得"④。苏雪林日后得以走出旧家庭的深闺，从安庆女师进入北京女高师，加入最早接受现代高等教育的时代新女性方阵，都因为有着母亲的勉力襄赞。虽然，母亲一向对苏雪林的鼎力相护，大多基于天然的舐犊之情；然而，这种以顺应生命本能天性的态度，来化解礼教文化所

---

① 苏雪林：《浮生九四——雪林回忆录》，第 11 页。
② 苏雪林：《母亲》，《苏雪林文集》第二卷，第 269 页。
③ 同上书，第 270 页。
④ 苏雪林：《童年琐忆》，《苏雪林文集》第二卷，第 11 页。

### 她被唤作"瑞奴"时

引发的矛盾冲突，于母亲苏杜氏而言，是母性更是人性的彰显。苏雪林迥异于传统女性的人生，正是在这一母性光辉的映照下开启的。正因为这样，苏雪林对总是"忍辱负重，吃亏克己"的母亲充满了悲悯与感激，苏雪林说：

> 我母亲本甚康强，青年时代，侍奉我祖母，过于勤劳，透支了她的体力，已如前文所述，后来又竭忠尽智，克己为人，管理这个大家庭，她的健康当然更受影响。但致她于死的最大的原因，还是长子的壮年殂谢，和三弟的五六年重病，使她日夕悲痛和忧煎。我母亲感情原极丰富，深于骨肉之爱，常说这两件事等于利刃刺她的心肝，使她无法忍受！①

也正因为这样，面对缠绵病榻骨瘦如柴却仍将事关"父母之命"践诺耿耿于怀的母亲，几经挣扎与煎熬的苏雪林最终作出了顺亲违心的抉择。对此，苏雪林曾借着《棘心》主人公醒秋的内心呐喊，将一己复杂心绪倾泻而出：

> 假如母亲的地位换了她的祖母，则醒秋家庭革命的旗子早扯起来了。假如她母亲是寻常庸碌自私的妇女，或对子女惟知溺爱，不明大义的为母者，则醒秋也顾虑不到这么许多。不幸的是她现在家庭革命的对象，偏偏是这样一个母亲，那么，她牺牲母亲呢？还是牺牲自己呢？
>
> 有时她想母亲礼教观念虽强，对女儿究竟慈爱，她解除婚约之后，母亲虽暂时不快，将来母女见面，母亲还是会宽恕她的。不过祖母的咕哝，叫母亲怎受得了？这一位家庭里的"慈禧太后"对于这个饱受新思潮影响，满脑子充塞革命观念的醒秋，固毫无办法，

---

① 苏雪林：《浮生九四——雪林回忆录》，第77页。

## 第二章 县署上房中的女眷命运

对于那多年绝对服从她的媳妇,则仍可以控制自如。她是要透过她的关系来压迫孙女的。

> 我终不能为一己的幸福,而害了母亲!我终不能为一己的幸福,而害了母亲![1]

由于所嫁非人,苏雪林拟以母亲"最后安慰"的婚姻,终"成为一场不愉快的梦境"[2]。尽管这样,苏雪林对母亲的爱,始终不渝。其在鲐背之年仍无以释怀道:

> 我母亲虽因亲眼见我成婚,心情略微舒畅,究因病入膏肓,无药可治,我婚后三月余,还是撒手人寰,永别我而去。她的一生,只有受苦,受苦,一直苦到暮年,还遭受这种重大忧患。她的一颗心肝诚如她所说被无形利刃脔割而死的,真是悲惨!我深深为她命运不平,终天之憾,至老不能消失,就由于这个原因。[3]

显然,苏雪林对母亲的爱,有跪乳反哺之意,更有着为祖母所迫的共同遭际而激发出来的拯救情怀。如果说祖母苏杜氏"愚昧、专横、自私、残忍、懒惰",在苏雪林眼里幻化为了封建"恶"的形象,即"家庭里的慈禧太后"或"是父权制文化的代表"的话,那么,母亲在苏雪林意识里则不仅仅是所谓的"绝对的服从者"或"宗法社会父权制文化的牺牲者"以及"因为没有觉醒的意识从而成为这个文化的不自觉维护者"[4],同时还是同遭"祖母"詈难的笃爱女儿的母亲。正是基于后者,虽经五四运动甚至现代欧洲文化熏陶的苏雪林,因深谙母亲之苦而生发出沉香救母般的勇毅,尽管结果有着舍身饲虎一般的不堪,但多少亦有着"我

---

[1] 苏雪林:《棘心》,《苏雪林文集》第一卷,第162页。
[2] 苏雪林:《浮生九四——雪林回忆录》,第81页。
[3] 同上书,第82页。
[4] 郭晓霞:《在母亲的花园里继承什么——从苏雪林看现代知识女性的人生困境》,《淮北师范大学学报》2011年第2期。

## 她被唤作"瑞奴"时

不下地狱谁下地狱"的"了解之同情"寓意在其中。如此情形,在清末民初新思潮激荡之际,前驱的社会精英,亦有过类似的过往:鲁迅曾迫不得已接纳过母亲所给予的"礼物",胡适也为尽孝而迎娶素不相识的江冬秀为妻,且并厮守终身;与冰心齐名的浪漫的个性解放者庐隐,其早年与有着旧式婚姻的北大才子郭梦良的自由婚恋,最终也不得不以兼祧宗族的名义方得以存续,等等。在社会新旧转换之过渡时期,身为历史中间物之先行者,在诸如此类的问题上多半都面临着要么借新思潮自利,要么为旧传统绑架的两难境地。钱玄同,这位当年《新青年》阵营中的一员猛将,就曾留下这样的话:"如果藉着提倡'新文化'来自私自利,'新文化'还有什么信用?还有什么效力?还有什么价值?所以我拼着牺牲,只救青年,只救孩子!"① 苏雪林的顺亲违心现象,于那个波澜壮阔除旧布新的时代,无独有偶,且无论性别,这抑或为社会发展历史进步的必然与代价。对苏雪林及其母亲相关现象之解读,显然应与如此历史语境相紧扣。

**苏雪林母亲像**②

---

① 转引自高勤丽编《疑古先生——名人笔下的钱玄同 钱玄同笔下的名人》,东方出版中心1999年版,第35页。
② 方维保:《苏雪林:荆棘花冠》,第9页。

## 第二章 县署上房中的女眷命运

纵观苏雪林母亲苏杜氏由"躲妮"、"浣青"而"躲相"的运命遭际，称其为传统社会"完人"之代表当不为过。苏雪林就曾说过："我母亲身体强健，吃苦耐劳，禀性又温良诚实。好听忠孝节义的故事，自幼便立志要做一个完人。完人一词今日始盛，她那个时代当然没有听见，但是在她意识里是要做一个完完全全的人。"① 当然，这里所谓"完人"，不外乎是循着女教传统的亦步亦趋。充斥男尊女卑三从四德的封建女教文化早在战国以后就已形成，且以极端柔顺为女子生活标准。演变至清，集两千余年来大成之女教尤盛。继蓝鼎元以训示妇人之德、言、容、功为主旨的女教之作《女学》推出之后，康熙至乾隆间类似新著接续面世，但流传更为广泛的仍是《女诫》《列女传》《女孝经》《女论语》，及《女训》《女史》《闺范》《女范》等篇目。然而，由清顺治时贡生钱塘人士陆圻所著的《新妇谱》，经陈确、查琪先后作《新妇谱补》，则俨然成为清时妇学女教之名著。此书最大的特点，就是将怎样做人，怎样孝顺的三从四德之所谓妇道，说得十分俚俗与详尽，故亦家喻户晓。譬如：该书第一条以"做得起"来强调新妇务柔顺时说："事公姑不敢伸眉，待丈夫不敢使气，遇下人不敢呵骂，一味小心谨慎，则公姑丈夫皆喜，有言必听，婢仆皆爱而敬之，凡有使令莫不悦从，而宗族乡党，动皆称举以为法。……则吾之所谓做不起乃真做得起也。"② 如此谆谆教诲之状，充斥通篇。明清时期，徽州被称为"程朱阙里"、"东南邹鲁"、"文物之乡"。程朱理学渗透到社会生活的每一个角落。许承尧在为歙县志列女传所书序中指出："歙为山国，素崇礼教，又坚守程朱学说，闺闱渐被砥砺廉贞，扇淑扬馨，殆成特俗。"为如此浓重的礼教文化氛围所包围所教化的母亲苏杜氏，志在成为传统社会所称道的"完人"，而隐忍克己，乃情理之中。由此而论，苏雪林对母亲所谓"愚忠愚孝"的辩词，"一代有一代的道德标准，能出于至诚之心践履之者便是好人。我们决不能以现代

---

① 苏雪林：《浮生九四——雪林回忆录》，第 4 页。
② 陈东原：《中国妇女生活史》，上海书店 1984 年版，第 284 页。

绳墨衡量上一代人"①，不失一定之理据；只是其"在认同母亲的牺牲精神的同时，不能及时舍弃母亲的软弱与保守，缺乏审母意识"② 这一关乎现代知识女性人生困境之问题，亦当引以充分的重视。

## 三 另类"女眷"

### 1. 沾亲带故的乡里乡亲

徽州学者卞利曾就有关徽州家庭主体类型问题说道："家庭是社会的细胞，是构成宗族的团体单位，它是由夫妻关系与亲子女关系结成的最小的社会生活共同体。具体到徽州，有的学者将徽州的家庭概括为'以父系血缘关系为基础的具有独立财产权的社会基层组织'。强调夫妻和子女关系在家庭中的地位和作用，这一定义符合现代家庭的基本要求；而强调父系血缘和财产关系，这对以徽商而著名的徽州地区而言，也更为切合实际。"同时还指出，由于宗族意识的浓厚，徽州累世同居共食的联结型家庭委实不少；但徽州家庭的主体类型则是主干型（以父母与子女同居共食）或核心型（父母与未婚子女同居共食）的小家庭。此外，由于明清至民国时期佃仆制的顽固存在，佃仆在徽州特别是徽州的地主家中亦被视为特殊的一员。③

所谓"女眷"，意即"女性眷属"，泛指男人的母亲，老婆，姐妹和女儿等女性家庭成员。徽州家庭意义中的"女眷"，则含括所有的女性家人，即婚姻与血缘关系下的家庭女性成员与从事家庭劳务的侍女、婆子、奶妈等。在传统的徽州社会中，两者毕竟有着不可等同的主仆尊卑之别，故在这里对后者以"另类女眷"相称。"旧时代县官衙署内，上下人口，多以百计"④，其中如此意味的"另类女眷"一定为数不少，但对浙地时

---

① 苏雪林：《浮生九四——雪林回忆录》，第 9 页。
② 郭晓霞：《在母亲的花园里继承什么——从苏雪林看现代知识女性的人生困境》，《淮北师范大学学报》2011 年第 2 期。
③ 卞利：《徽州民俗》，第 92—94 页。
④ 苏雪林：《童年琐忆》，《苏雪林文集》第二卷，第 27 页。

期的苏雪林来说，留有深刻印象的虽为数不可言多，然所产生的影响和意义则不可小觑。苏雪林曾不胜感慨道："倘问我儿童时代有什么值得怀念的人物，哑子伯伯会最先涌现于我的心版。这个人曾在我那名曰'黄金'其实'黑铁'的儿童时代镀上了一层浅浅的金光，曾带给我们很大的欢乐，曾启发了我个人很多的幻想，也培植了我爱好民间传说的兴趣。而且想不到她的话有些地方竟和我后来的学术研究有关。"① 苏雪林口口声声中的"哑子伯伯"，便是"另类女眷"中的一员。

为苏雪林所追念并诉诸笔端的"另类女眷"，若按来历加以类别的话，主要有两类：一是太平乡里的穷苦寡妇；二是同样孤苦的他乡妇人。

"另类女眷"中的第一类，曾令苏雪林记忆犹新耿耿难忘的主要有两位，即来自太平故里的人称"哑子伯伯"与"连珠嫂"的孤寡妇人。为促进宗族的和谐与发展，徽州世家素重族规家训以绳之。其既强调正名分别尊卑严主仆，亦敦促睦宗亲抚孤恤寡。歙县《方氏族谱》卷七《家训》中说："无故之灾，不虞之变，生于意外者，虽忠厚之族不能保其必无。惟内无宗族之扶持，外无亲戚之救援，则孤立寡助，而难始沐矣。睦族君子必协之以力，济之以财，则力协而势强，财足而事济，难于是乎不难解矣。"② 绩溪华阳邵氏宗族《家规》恤族条记载："族由一本而分，彼贫即吾贫，苟托祖宗之荫而富贵，正宜推祖宗之心以覆庇之，使无所失，此仁人君子之用心也。若自矜富贵，坐视族人贫困，听其鬻妻质子而为人仆妾，以耻先人，是奚翅贫贱羞哉？即富贵亦与有责也。"非但如此，与此同时还积极倡导抚孤恤寡。绩溪华阳邵氏宗族《新增祠规》规定："鳏、寡、孤、独，王政所先。韩公《原道篇》亦切言之。况在一族，闻见既确，尤为可悯。本宗如遇此等穷人，贫无立锥，万难存活，而人品正派者，宜集众公议，设法抚恤；或议筹公款，生息备用，以仰

---

① 苏雪林：《童年琐忆》，《苏雪林文集》第二卷，第15页。
② 方怀德、方洪泺：《歙县方氏族谱》卷七《家训》，清康熙四十年（1701）刻本。转引自赵华富《徽州世家大族促进宗族和谐和发展的措施》，《合肥学院学报》（社会科学版）2005年第4期。

### ■ 她被唤作"瑞奴"时

体祖宗一脉，而笃亲亲之意。"歙县《潭渡孝里黄氏家训》规定："族人乃一本所生，彼辱则吾辱，当委曲庇覆，勿使所失，切不可视为途人，以忝吾祖。其鳏、寡、孤、独及老幼无能者，尤当量力周急。苟有一材一艺，与可以造就之子弟，则培植推荐之，务俾成立。"休宁宣仁王氏宗族《宗规》记载，睦族"有四务"，其一曰"恤孤寡"。与此同时，亦强调正名分，即所谓"下不干上，贱不替贵，古之例也。然间有主弱仆强、主懦仆悍者，逞其忿戾，不顾统尊。或至骂詈相加，甚至拳掌殴辱，虽非犯其本主，然以祖宗一体之例揆之，是则凌其本主也。族下如有此婢仆，投明祠首，祠首即唤入祠内，重责示惩。仍令其叩首谢罪。倘本主不达大义，护短姑息，阖族鸣鼓攻之。正名分也"。由于徽州世家大族的竭力推动，踊跃捐输、抚孤恤寡之德行善举蔚然成风。"睦宗亲"亦赫然醒目于卓村杜氏家训十条中："宗族虽有亲疏，等而上之皆一本也。出入相友，守望相助，疾病相扶持。古之同井者皆然，况吾一本之亲乎？凡我同姓，务必念亲亲之谊，匪特盗贼水火之患须竭力匡救。即遇族中偶有孤贫者，务为设法周济之，有流离者，务为设法收养之；嫁娶丧葬无赀者，务为设法倾助之；疲癃残疾无依者，务为设法扶持之。但贫苦者，见族中有显宦富厚之家，亦当生羡慕之心，万不可生妒忌心，如此才是和宗睦族之道。有一种诈伪好事之徒，自恃才辩，冷言冷语起人忿争。已或于取利，或借他人之事报复私仇，或自己理曲，挑唆房众与族分畛域，此最是族中一大蠹也。愿高明者勿受其蔽，须当面斥辱之，令其术不行，则宗族永无不和之患矣。"[①] 正是有着这样的徽州因素，当哑子伯伯的不期而至和连珠嫂的困顿相投时，县署上房中的主事太太祖母苏杜氏一并将其留用于府。

皆为谋生投奔而来的哑子伯伯和连珠嫂，虽同是故里孤寡妇人，人生遭际则不尽相同。哑子伯伯，一生悲苦。哑子伯伯与县署上房是沾亲带故的远亲，"在宗族辈份里属于我们的伯母一辈"，"照宗族行辈，哑子伯伯应

---

① 徽州地区地方志编纂委员会：《徽州地区简志》，黄山书社1989年版，第348页。

唤我祖母为婶娘，但以贫富之殊，她只好以下人自居"，将上房主事的祖母苏杜氏称作"太太"，而将苏雪林一干姊妹唤作"小姐"。其之所以被唤作"哑子"，则"据她自己说，幼时患病，曾有二三年不能说话，大家都说她哑了，后来她又会说话了，因为哑子二字叫开了缘故，竟不曾更正。乡下女孩子不值钱，阿猫阿狗随人乱叫，哑子之名不见得比猫狗更低贱，只好听其自然了"①。将女性冠以"伯伯"的称谓，则因为"她在宗族辈份里属于我们的伯母一辈。伯伯是我们小孩对她的昵称。遵照我们家乡习惯，对疏远些的长辈为表示亲热爱戴，往往颠倒阴阳，将女作男"②。听得县署上房孩子们的如此称呼，这位穷苦宗亲竟感动莫名："只恨前世不修，今生成了女人，你们这样叫我，也许托你们的福，来生投胎做个男人吧。"③ 徽州男尊女别意识之密布及其渗透社会之严重，由此可见一斑。传统社会女性生命与人格遭遇如此鄙薄之事象，令苏雪林印象深刻，以致忆及此事，如鲠在喉："旧时代女人在社会上毫无地位，处处吃亏。生为女身，便认为前世罪孽所致。你看连满清西太后那样如帝如天，享尽了世上的荣华富贵，还要她承继的儿子光绪皇帝喊她做'亲爸爸'，希望来世转身为男，又何况于乡村贫妇呢？"④ 如果说，没有投胎为男性是所有传统社会女性的共同遗憾的话，那么，其后来的生活遭遇于一般女性而言，则益发苦不堪言。这位"二十来岁上就死了丈夫，帮人做些零工度日，因为太穷，族里没人肯将儿子过继给她"的哑子伯伯，"孤零零地独自守着一间破屋，没有零工可做时，便搓点麻索卖给人去'纳鞋底'。后因乡间连岁歉收，人家零工都省下不雇，她实在饿得没办法了，想起我祖父在浙江兰溪县当县官，便投奔来到我们的家"⑤。身无分文的哑子伯伯，一路风餐露宿，晴雨不停日行数十里，历时十余日，现身兰溪县署上房，时年不过三十出头，一眼望去却似五十挂零，好不悲壮。主事县署上房的祖母苏杜氏是勤俭人，从来不许

---

① 苏雪林：《童年琐忆》，《苏雪林文集》第二卷，第15页。
② 同上书，第16页。
③ 同上。
④ 同上。
⑤ 同上。

## 她被唤作"瑞奴"时

下人闲空,吃苦耐劳的哑子伯伯勤以事主,"搓麻索常常搓到深更半夜"。尤其难能可贵的是,苦境中的哑子伯伯不失乐天淳朴之生趣,"一肚皮的'古听',讲起来层出不穷",引逗得县署上房一众苏雪林们"众星拱月般围绕着哑子伯伯坐下,仰着小脸,全神贯注地听她说话,不乖也变乖了。不过男孩子前面书房功课紧,不能常到上房,于是'听古听'的乐趣,往往由我们几个女孩独享"①。深为县署上房大人孩子欢喜的哑子伯伯,最终在苏雪林祖父与族人的相商下,"分了她几亩薄田,并替她承继一子,她便回到乡间去了"②。与哑子伯伯相处的时光虽然有限,但于苏雪林而言却有着不同寻常的意味和影响;或者说,哑子伯伯的出现,虽然让苏雪林进一步感受到徽州男尊女卑风习的寒瑟,更为重要的是哑子伯伯的"朴素单纯"和说不完的"完全民间风味"故事,不仅令苏雪林浙省兰溪时期的生活充满了乐趣,更激发了少小苏雪林有关神幻世界的无穷之想象,对苏雪林后来的为文与为学等方面产生了潜移默化的影响。

同样自太平乡间来到兰溪县署的连珠嫂,亦可谓为乡里女性中最为不幸的一类。年纪不过三旬,便没有了丈夫,为了生计将幼女托付给她的母亲,只身出来帮佣。连珠嫂的温和、干净与周到,甚得县署上房老少的欢心。不幸的是,因与同为乡亲的县署师爷日久生情并珠胎暗结,而招致了灭顶之灾。徽州是宗族的社会,同时还是有着众多"商人妇"的社会,因此徽州女性所受到的宗族势力的控制与压迫,其严重程度当是最为突出的地域,徽商不惜以重金镌刻儒家经典、朱子家礼以及《女儿经》《闺范图说》等书籍,以强化对妇女的礼法控制之举,以及源自新安理学的所谓"存天理、灭人欲"、"饿死事小、失节事大"等极端之说辞,就不言而喻。又:祁门《方氏宗谱》30条族规中,便有10条含括妇人由生而死的各个阶段、各个方面条规内容,即所谓:"别夫妇、严嫡妾、训诸妇、肃闺门、重婚姻、事舅姑、和妯娌、植贞节、防继庶、节婚嫁"。其中,通常意义中的夫妇关系,被确定为"为夫者须正身齐家,

---

① 苏雪林:《童年琐忆》,《苏雪林文集》第二卷,第18页。
② 同上书,第20页。

不可使牝鸡司晨，为妇者当降心从夫，不可执一己之性"，等等；对于丧夫之妇，则要求以"植贞节"之条加以规范，即所谓："妇女守节最为难事，宗族中或不幸而孤寡者，近属亲邻当资给扶持之，待其节终，公举表扬以励风化。"因此，所谓"表节"亦被纳入族规之列，譬如绩溪宅坦村胡氏亲逊堂《明经胡氏龙井派祠规》中的"表节"内容，即为"妇人之道，从一而终。一与之齐，终生不改。泛柏舟而作誓，矢志何贞；歌黄鹄以明情，操心何烈？倘有节孝贤妇，不幸良人早夭，苦志贞守、孝养舅姑满三十年而殁者，祠内酌办祭仪，请阖斯文以荣之。其慷慨捐躯殉烈者亦同，仍为公呈请，旌以表节也"。从此，"学而入政，名登金榜；闺阃挺秀，巾帼完人"，一并被视作"家国所重，宗祧之光"；以至于"新安节烈最多，一邑当他省之半"（赵吉士《寄园寄所寄》卷十一）。对"改志转嫁者"，徽州各族动辄"公论"，严加遏制。诚如《桂林方氏宗谱》的《凡例》所示："如改志转嫁者，虽有子，止书其子，不书其母姓氏，为失节故也。"对于所谓"纵欲者流"，徽州各族，则"即行黜革"严惩不贷。[①] 故而，连珠嫂如此这般，显然严重触犯了徽州宗法族规，实难见容于乡邻族里。不堪讻讻"公论"重压的连珠嫂，在不得不独吞苦果之后，拖着羸弱的身子离开浙地县署，返乡不久便郁郁死去。

心怀恻隐的苏雪林，虽曾为之清泪过，但在后来的相关文本叙事中，仍将连珠嫂所为斥作"奸盗之丑事"。显然，此番透着徽州宗法制度对女性控制力量的讻讻"公论"，于苏雪林而言，不仅年幼之时为所惊悸被其裹胁，而且其后来抱持终身的所谓的"洁德"态度与立场，或多或少亦与此阴影沉重的过往记忆有所关联。

2. 孤苦无告的他乡妇人

"另类女眷"中的第二种，皆为苏雪林浙地县署生活记忆中的他乡孤苦之妇人，分别为唤作李妈、潘嫂的仆妇和曾任县署塾师王姓秀才的娘子。这些命运悲苦的旧时代女性，与苏雪林兰溪县署时期的生活相交集，

---

[①] 唐力行：《徽州宗族社会》，安徽人民出版社2005年版，第233—243页

### 她被唤作"瑞奴"时

她们各自不同的遭际与不幸,都曾深深地触动过苏雪林幼小的心灵。

"年纪未及四旬,一口牙齿却已完全脱却"的李妈,其无以抑制的哀恸,源自白发送别黑发的凄凉。其年仅18岁的唯一女儿,因帮着母亲看护患肺痨卧床不起的主家而染病身亡。懵懂的苏雪林为李妈痛定思痛的号啕所触动,并由此而体味到了所谓"人生真正的痛苦":

> 那时斜阳一抹,照着这些土馒头,景象倍觉凄凉黯澹。李妈见了此景,好像大有感触一般,她初则站在土山头痴痴地望着,继则口中发出唏嘘之声,断断续续地说道:"坟……坟……人死了,便归到这里面,永远不能再见,啊,我的女儿……我的女儿……"她索性坐了下来,掩面啜泣,又不敢放声大哭,只低低呜咽着。她的眼泪不断淌下来,以致前襟尽湿。我那时只是个七八岁的小孩,不会劝,只会陪着她流泪。李妈越哭越伤心,一直哭到像肝肠断绝的光景,尚不肯住声,后来有几个女伴来,才把她扶了回去。那几年里,我家接连死人,家人号泣,见过不少,但李妈那回的哭女,却使我深受感动,历久不忘。所谓母子天性,所谓生离死别的悲哀,均于李妈那回一哭见之。一向嘻天哈地、憨不知愁的我,才开始上了人生第一课,领略了人生真正的痛苦。[①]

唤作潘嫂的女佣,服务于苏家的年资最长,亦与主家关系最为密切。早在苏雪林祖父浙省瑞安做典史时,其便帮佣于苏家,后又追随苏家各处直至终老,前后四五十年。因忠心事主,资深望重,人们口中的"潘嫂",亦改为了"老妈",就连婆媳苏杜氏也一并如此称呼。"因她为老仆,且系有功之臣,衣衾棺木,一切从厚,即葬在祖母预筑的墓边,俾祖母百年之后,主仆仍然相伴。"[②] 如此看来,虽因家贫而帮佣、夫殁寡身而无亲的潘嫂或老妈,当是"另类女眷"中不幸而万幸的"异数"。其

---

[①] 苏雪林:《童年琐忆》,《苏雪林文集》第二卷,第24页。
[②] 同上书,第26页。

## 第二章 县署上房中的女眷命运

对苏雪林影响最大的，莫过于其所亲历过的且乐意不时加以摆谈的所谓洪杨之乱的故事。由于徽州以及金衢地区皆曾是刚刚过去不久的太平天国运动的腹地，紧邻徽州的太平岭下苏村与太平天国更是有着生生死死的过节。因为太平军的滋扰，岭下苏氏曾经家破人亡流离失所；岭下苏村的中兴，亦正是因为以其族人苏式敬为首的地方势力，联手官府长期抗击太平军直至取得最后的胜利而得以加官进爵封妻荫子福泽乡里的。加之，那时坊间关乎太平天国的种种传闻仍沸沸扬扬，所以，但凡有关"长毛"的故事，都特具蛊惑力，兰溪县署上房中的女眷们，就曾因听信所谓宅第里有太平军宝藏的传言，而演绎过掘地三尺的闹剧。更何况潘嫂口中的故事，都被言之凿凿地称为亲历亲见，所以对县署上房中的苏雪林们更有着特别的吸引力：

> 老妈年轻时曾经过洪杨之乱，被洪杨军掳去当了女火头军。她常常和我们谈洪杨军也即民间所谓"长毛"的到处烧杀淫掠的惨况，不过她对官兵也没有好评。……老妈所谈长毛掌故最使我们孩童骇怖的是炒人心肝的事。据她说长毛军开始时牛羊鸡鸭大批自百姓处掳来，享受不尽。渐渐地百姓逃的逃了、死的死了，他们下饭也就绝了荤腥了，后来竟改吃人肉起来。不过他们因妇女胆小，整治人肉，倒并不假手她们。有一回，一个匪军提了七八颗心肝，交给老妈，说明是人心，教她放下锅先煮一下，再捞起来切片煎炒。老妈听说，未免心惊胆战，人心才下锅煮不到半盏茶时候，她将锅盖揭开，只见那些人心好像活的东西一样，在锅中乱跳，有的黏上锅盖，有的跌到地上。老妈以为有鬼，掩面大叫而逃，并不敢去捡拾。挨了匪兵很重的几下耳光。匪兵说人心要焖到半熟，才可以揭开锅，谁叫她揭得太早。①

---

① 苏雪林：《童年琐忆》，《苏雪林文集》第二卷，第25页。

### 她被唤作"瑞奴"时

如此听闻的直接影响是，县署上房中的苏雪林们除了更加憎恶所谓的"长毛"之外，便是将为太平天国运动所瓜葛的天主教视如寇仇。这也间接反映了义和团拳乱虽遭弹压，但义和团仇教排外的意识在民间，仍很有市场；这也是在一些较为闭锁的传统社群中，西方的天主教普遍被妖魔化的要因所在。正因为如此，当苏雪林跟随祖父因辛亥革命的发生而避走沪上，"有机会与天主教正式接触"之后，不仅为"那座远东第一的徐汇大堂壮丽的规模"所震撼，而且在天主教堂独特"庄严的气氛所压迫"下，素来嘻嘻哈哈的苏雪林，居然不由自主地屏声静气，并肃然起敬地对着所谓"圣柜"深鞠三躬。① 更有甚者，若干年之后，经由五四新文化运动的洗礼，讲求科学与理性的苏雪林，居然在留学法国期间皈依了天主。个中曲折，无论如何解读，浙省县署的相关生活似有回顾的必要。

　　严格意义上说，县署塾师富阳籍先生王姓秀才的娘子，只是随其夫租住在县署附近，本不应视同"女眷"，因其遭遇悲苦至极而引得县署上下合力护持，故而不似亲眷胜似亲眷，而遗憾的是，因事涉"亲权"，王师娘终究还是没能逃脱悲剧的命运。县署上房中的女性，似人人境遇苦涩，尤叫人悲悯莫名哀怜不已的当为王师娘。某种意义上讲，王师娘的痛苦遭际，堪为传统社会女性生活的典型写照。其出生在"也算有钱"的人家，粗通文墨，书信呈文皆能应对，而且裹有一双标准的"金莲"，"走路袅袅婷婷，风吹欲倒，有时尚须扶墙摸壁，始能行动"，貌不惊人但也够得的上"中人之姿"。所嫁"王家在富阳乡下尚属地主之家，拥沃壤数百亩，夏屋渠渠，仓充廪满"。夫君亦才貌双全，并生得一双小儿女，生活应当和乐顺遂才是。然事情并非如此，事实上，无论是作为"妻子"还是"儿媳"，王师娘始终承受着来自封建家庭的巨大困扰。一表人才的夫君，虽然学问不错，但对其所谓"中人之姿"甚是厌弃，"加之师娘脚又太小，不能操劳家事，一切委之女

---

① 苏雪林：《我幼小时的宗教环境》，《苏雪林文集》第二卷，第39页。

## 第二章　县署上房中的女眷命运

佣，家中常以盗窃为苦，柴米油盐还得丈夫亲自经管，他对妻子遂更不满了"①。因此，塾师王先生常借口所谓"秋闱"，辞馆而去，销声匿迹，置妻儿于不顾。富阳老宅中寡居的婆婆，坐拥家财和管家暧昧，视返家儿媳为眼中钉，十分刁难百般欺凌，甚至连一双小孙儿也不顾惜，迫得苦不堪言的王师娘曾经引首投缳。尽管急公好义的兰溪县署主仆，帮衬着据理力争，奈何"财"、"礼"两亏的颓势，注定了这场所谓"婆媳"博弈的结局。衙门一句"清官难断家务事"，恶主母一封控告信，足以瓦解激愤的群情，并将王师娘打回悲惨的境地。当孩子悉数夭折后，王师娘再度投缳终得解脱。

从王师娘悲剧现场走来的苏雪林，满怀沉痛与悲愤：

> 王师娘的悲剧，以今日眼光来看，似乎太不近情理，但确系事实。旧时代亲权太重，恶姑虐媳至死，并无刑责，妇女缺乏谋生技能，即有，而以没有社会地位故，也不能离开家庭独立生活。加以缠脚的陋习，把一个人生生坑成了残废。像王师娘的故事，虽是一个特殊例子，但像《孔雀东南飞》里的刘兰芝，陆放翁妻唐氏的遭遇，却是常见的。于今大家主张复古，痛骂五四新文化的领导者为罪不容诛，我倒希望他们来读读这个故事。至于我自己幼年时对旧时代的黑暗与罪恶，所见所闻，确乎比现代那些盲目复古者为多，是以反抗的种子很早便已潜伏脑海，新文化运动一起来，我很快便接受了，至今尚以"五四人"自命，也是颇为自然的事。②

苏雪林的这番感慨，其实也是对县署上房女性苦难境遇的种种感悟与小结：一是，充分意识到王师娘的悲剧，虽然看上去极其特殊，而太不近情理，但其中所反映出来的传统社会封建"亲权"对于女性的压迫，以及缠足之于女性身心的残害，是长期普遍存在的历史事象。二是，明

---

① 苏雪林：《童年琐忆》，《苏雪林文集》第二卷，第30页。
② 同上书，第34页。

■ 她被唤作"瑞奴"时

确指出如此经历与其一直以"五四人"自命的内在原因，并由此提出反对盲目复古的主张。这里尚需进一步指出的是，王师娘悲剧的"特殊性"及其所表现出来的"太不近情理"，实则为清末之际，西风东渐之下的传统社会，日益分崩离析与日趋光怪陆离的直接反映。

# 第三章  县署上房中的蒙学经历

一  女孩获得了教育利权

1. 传统社会的女子教育

素有文明古国称誉的中国,其文教传统源远流长,所谓"古之教者,家有塾,党有庠,术有序,国有学"即出自《礼记·学记》中所述的西周时期的学制。春秋时期则有孔子兴办私学,其所提倡的"有教无类"的教育主张,突破了官府对文化教育的垄断,扩大了教育对象的范围。到了西汉武帝时期,随着儒学教育的推行,太学及各郡学校的大兴,地方教育系统得以初步建立。隋唐时期科举制度完备,教育事业也因之获得了进一步发展,形成了一套从中央到地方的学校体制。宋代学校制度则更为完备,中央有太学、国子学,地方私人讲学的书院也颇为兴盛。明朝则对前代的科举制度加以了强化。清朝前期的科举和学校,基本承袭明代的制度。最后,至清末为"数千年未有之大变局"所迫而废科举、办学堂、奖游学,数千年来所形成的传统教育体系,随着社会的转型而解体。

由于传统文化的主干地位始终为强调男女有别和男尊女卑的儒家伦理所占据,故在古代发达的教育体系中,女子教育始终没有一席之地。受儒家"正位于内"性别文化的制约,传统社会女子的教育,主要以家庭姆教形式进行,并谨奉儒家女教经典为圭臬,且一直以重道德轻才学的面貌特征示人,女德教育色彩浓重。如此格局,直到近代变法维新运动的发生才出现松动。

对于传统社会的女子教育,自 20 世纪以来的一百多年里多有阐释,但主要的解读模式不外乎两种。

一种是为时下社会性别论者斥为的"五四"公式化解读,即将"父

### 她被唤作"瑞奴"时

权制"或"传统中国"描述成了坚如磐石、一成不变的一个整体,置身其中的女性被目为"封建"的受害者。在社会性别论者看来,如此话语诠释,不过是五四运动、共产主义革命和西方女权主义学说三种意识形态和政治传统罕见合流的结果,以致造成"一种分析上的混淆,即错误地将标准的规定视为经历过的现实,这种混淆的出现,是因缺乏某种历史性的考察"。社会性别论者自承其"不赞同'五四'公式并不全因其不'真实',而是'五四'对传统的批判本身就是一种政治和意识形态的建构,与其说是'传统社会'的本质,它更多告诉我们的是关于20世纪中国现代化的想象蓝图"。提出"中国妇女历史研究必须对特定的阶段和个别地区予以更多的关注,同时还要高度重视妇女之间的社会、阶层背景的差异。最重要的是,妇女历史必须被更深地置于中国整体历史之中"[①]。因"五四"公式所造成的非历史的偏见,方将由此而得以消除。

其实,有着所谓"五四"公式化解读的相关研究著述活动,早在20世纪前半就极为活跃,其中陈东原的《中国妇女生活史》于后世影响最著;但就女子教育专题研究论,民国二十五年(1936)由中华书局出版的程谪凡的《中国现代女子教育史》,当加以注意。基于五四新文化运动立场,该著认为:传统社会的女子能否受教及其受教程度,皆受制于所谓"正位于内"的社会角色及其男尊女卑的社会地位;传统社会女子的教育权利,不被重视甚至被轻易剥夺,更遑论获得与男子等量齐观的文教待遇。其在相关著述中对"中国女子旧教育的回顾"中说:

> 教育制度之在中国,产生很早。据可考的,自三代以迄于近世,已有三、四千年的历史了。在这三、四千年中,女子教育,始终没有一点地位。严格的说起来,在光绪三十三年(公元一九〇七)——记住,这一年是值得我们纪念的——以前,根本就无女子教育可言。但女子学校教育虽形成很晚,而非学校的教育,

---

[①] [美]高彦颐:《闺塾师——明末清初江南的才女文化》,江苏人民出版社2005年版,第4页。

则是随着生活而俱进的。

中国的整个社会，数千年来，都为男子所独占，何况教育。就是女子要教的话，也只是教她们怎样做奴隶，教她们怎样服服帖帖的"从人"。这种教育是为男子而教的，在女子只是更加上一副镣铐。

总之，从母系中心社会转变到父系中心社会以后，女子所处的地位，便已天天的降低了。她们变成了奴隶，度着奴隶的生活；变成了财产，任男子去支配宰割。几千年来，经过历代帝王和一般腐儒的明吹暗打，神经麻木了的女文人的推波助澜，益使女子陷于深渊而不自觉。[1]

换言之，在程谪凡看来，传统社会的女子教育情况不外乎三：一是，因传统社会女子卑弱的地位，其受教与否不被重视，严格意义的女子学校教育，迟至近代方得开启。二是，虽然非学校教育的家庭教育一直存续，"为男子而教"则是其精神实质。"三从四德"的一以贯之，便是最为直白的诠释。三是，几千年来的女教内容，虽然也有过若干事项的变动与调整，但直至晚清变法维新的出现，其基质才有所松动。据其撰述而制成的《中国女子旧教育情况一览表》，对此有着更为具体详细的呈现，见表3-1。

表3-1　　　　　　　　中国女子旧教育情况一览表[2]

| 事项 | 女教年龄 | 女教形式 | 女教理念与方法 | 女教内容与事项 | 备注 |
| --- | --- | --- | --- | --- | --- |
| 三代 | 7岁男女有别，不同席不共食 | 家庭教育 | 做媳：善事舅姑与丈夫；操作家事十岁深处闺阁受"姆教" | 女德：婉娩听从<br>女事：执麻枲、治丝茧、织纴、组紃<br>祭祀：纳酒浆笾豆、菹醢、助奠 | 秦始皇石刻及，重视贞节 |

---

[1] 程谪凡：《中国女子现代教育史》，中华书局1936年版，第15—16页。
[2] 参见《中国女子现代教育史》，第16—47页。

■ 她被唤作"瑞奴"时

续表

| 事项 | 女教年龄 | 女教形式 | 女教理念与方法 | 女教内容与事项 | 备注 |
|---|---|---|---|---|---|
| 汉代 | 8岁始教 | 家庭教育 | 卑弱：古者生女卧之床下，明其卑弱，主下人也。夫有再娶之仪，女无二适之文；事夫如事天；女子受教为"事夫" | 从父从夫从子<br>妇德（幽闲贞静，守节整齐，行己有耻，动静有法）<br>妇言（择词而说，不道恶语，时然后言，不厌于人）<br>妇容（盥洗尘秽，服饰鲜洁，沐浴以时，身不垢辱）<br>妇功（专心纺织，不好戏笑，洁齐酒食，以奉宾客） | 汉宣帝神爵四年（前58）诏赐贞妇顺女帛开旌表节孝贞烈之端<br>两个女教圣人，写了两部经典，益加锁住了此后二千年女子的奴隶命运，叫女子死心塌地做父母姑舅丈夫儿子的奴隶：<br>前汉刘向《列女传》<br>后汉班昭《女诫》（母仪、贤明、仁智、贞顺、节义、辨通、孽嬖） |
| 唐代 |  | 家庭教育 | 女子立身处世及训育子女之道；女处闺门，少令出户；唤来便来，唤去便去；稍有不从，当加叱怒 | 习女工、议论酒食、温良恭顺、修饰容仪、学书学算、小心软语、闺房贞洁、不唱词曲、闻事不传、善事尊长 | 长孙皇后《女则》<br>陈邈妻郑氏《女孝经》（十八章）<br>宋若莘《女论语》（十二章：立身、学作、学礼、早起、事父母、事舅姑、事夫、训男女、营家、待客、和柔、守节） |
| 宋明 | 6岁习女工，7岁读《孝经》《论语》，9岁为她讲解《孝经》《论语》《列女传》 | 家庭教育 | 宋：女子最应晓得怎样做人妻子；明：重教女子为女为妇为母之道；明末：防微杜渐，有阻女子读书声音 | 妻者六德：柔顺、清洁、不妒、俭约、恭谨、勤劳 | 司马光《家范》<br>明初仁孝文皇后《女训》<br>明成祖群臣辑《古今列女传》<br>明末吕坤《闺范》<br>明《温氏母训》<br>司马光认为女子不宜学诗歌词曲音乐 |
| 清代 | 童年 | 家庭教育 | 女学清代盛极，女学之要：去私、教礼、读书、治事 | 事姑舅、奉宗庙、相夫子、训子女、和娣姒、伯叔诸姑、齐家之务毕集 | 旌表贞顺的开端：<br>清初蓝鼎元《女学》<br>陈宏谋《教女遗规》<br>李晚芳《女学言行录》主女"学"<br>李汝珍、俞正燮：男女平等 |

续表

| 事项 | 女教年龄 | 女教形式 | 女教理念与方法 | 女教内容与事项 | 备注 |
|---|---|---|---|---|---|
| 晚清（近代） | | 家庭教育<br><br>学校教育 | 非变法不足以图存，妇学之于国家兴亡攸关匪浅<br>贤妻良母主义："上可相夫，下可教子，近可宜家，远可善种" | 《女孝经》《女四书》《列女传》《女诫》《女训》《教女遗规》；外国家庭教育与中国妇德不悖之书，初等小学堂课本等<br>识应用之文字，通解家庭应用之书算物理及妇职应尽之道，女工应为之事，足以持家教而已；其无益文辞概不必教，其干预外事，妄发关系重大之议论，更不可教 | 光绪二十九年（1903）清政府学堂章程曾明令女子教育包括于家庭教育；<br>光绪三十三年（1907）学部奏定女子师范学堂章程与女子小学堂章程，女子教育正式纳入国家教育体系，并具性别色彩的"双轨制"特征；<br>梁启超变法维新倡女学<br>金一《女界钟》女权主义教育观 |

须作进一步阐述的是程谪凡对中国女子旧教育加以解读的依据和立场。有关前者，就其著述情况来看，其主要依据于历代的具有浓重儒家伦理色彩女教经典。如此考察路径，其结果不免存有两面性：一方面，以女教经典为据从经典出发，确能凸显出中国女子旧教育的整体态势与本质特征，从而有助于人们对以儒家文化为主干的传统历史背景的女子教育体认与把握。另一方面，确也由此导致对中国女子旧教育发展中的多样性与复杂性的无视或屏蔽。至于其"五四"文化的申论立场，其鲜明的批判姿态，虽有助于暴露与挞伐封建父权文化对中国女子旧教育的控制与专断，但终不免因所谓五四父权压迫的二分模式，造成对中国旧女子教育发展过程中的诸多变量因素的无从留意与考量，以致相关解读不免出现片面或与历史具象相疏离之虞。

另一种，即主张对传统社会女子教育的研究，以强调历史还原、社会性别关系和社会性别层次三原则的社会性别分析模式取代五四父权压迫的二分模式。如此讨论视域中的"妇女史所反映的不是彻底的反抗或沉默，而是充满争执和通融，不仅对事后认识的我们，就是对其时的男、女而言，这一过程也是极为复杂，不是'上、下'或'尊、卑'所能涵

### 她被唤作"瑞奴"时

盖的"①。活跃于美国汉学界中国妇女史研究的华裔学者高彦颐便是如此研究新视野的积极开拓者与倡导者。其所撰著的《闺塾师——明末清初江南的才女文化》,正是借着这一新方法,通过插图绘画、书坊出版、女性文学以及男性文人创作的方志、史书、诗文、笔记、小说、话本、戏曲等材料的考察,将明末清初男性所支配的儒家体系中江南才女丰富多彩且颇具意义的文化生存状貌具体而真切地还原了出来。由此表明,即便是置于总体的男尊女卑的社会性别规定之中,女性的性别身份也可以变得更为丰富;同时还进一步将社会阶层、家庭出身、经济能力、教育背景、年龄辈分等诸多因素,对女性的社会性别构成的影响加以了具体的揭示与显现。该著在对明末清初江南才女文化现象考察时,所反映出来的这一时期与才女教育等方面相关的情况。主要集中在以下几方面。

一是,揭示了明末清初江南两种女子教育观念的对立与紧张。儒家女教思想的内部矛盾,一贯有之,具体表现在对于女子教育两种不同的意见,即"孟母式"与"班昭式"。前者基于女子位正于内的角色意识,强调女子家事劳技教育,主张男要发奋读书,女要勤于纺绩;作为精通儒家经典的后者,虽亦强调女子的"卑弱"与"卑下",但却主张女子读书以启弊,从而明礼以事夫。但是,重德轻才始终是中国女子旧教育的基调;尽管此后也曾有过晋代妇人之风雅,唐代女子之能诗。宋司马光就直截了当地说道:"今人或教女子以作歌诗执俗乐,殊非所宜也。"明末吕坤也曾就当是社会情形转述道:"今人养女多不教读书认字,盖亦防微杜渐之意",横溢后世的"无才是德"说,据陈东原考辨便发端于晚明。也就是说,就在明末清初江南才女频频发声与叶绍袁高呼女性"三不朽"的同时,"女子无才便是德"仍大行其道。对此,陈东原认为"崔莺莺待月西厢下"故事的广为流布,所造成的女子"有才而后多不能贞"的社会偏见,与晚明才女多薄命不寿和有才女子流落为妓等诸多的因素,导致了"女子无才便是德"说的盛嚣。② 晚明时期,作为女族长和女诗人

---

① [美]高彦颐:《闺塾师——明末清初江南的才女文化》,第9页。
② 陈东原:《中国妇女生活史》,第202页。

的顾若璞，以诗作答责其雇请塾师教导家族女子之辈，便是这一时期两种女教思想针锋相对的集中体现。其诗曰：

  二仪始分，肇经人伦，夫子制义，家人女贞。不事诗书，岂尽性生，有媪讽我，妇道无成。延师训女，若将求名，舍彼女红，诵习徒勤。余闻斯语，未得吾情，人生有别，妇德难纯。讵以闺壶，弗师古人，邑姜文母，十乱并称。

  大家有训，内则宜明，自愧伫愚，寡过不能。哀今之人，修容饰襟，弗端蒙养，有愧家声。学以聚之，问辩研精，四德三从，古道作程。斧之藻之，淑善其身，岂期显荣，衍尤是惩。管见未然，问诸先生。①

二是，揭示了明末清初江南才女诗文盛况空前的原因。明末清初江南世家女子诗文活动异常踊跃，首先表现为女性结社蔚然成风，其中最为著名的有"名媛诗社"、"蕉园诗社"、"清溪吟社"、"秋红吟社"、"湘吟社"等，她们相伴游乐，互为唱和，切磋诗艺，佳作迭出。其次，是她们在家族内与父亲丈夫及友人亦建立了文学上的联系和交流，并在家族男性的推动下大胆地出版自己的作品。尽管在某种意义上讲，她们的诗文活动仍为儒家伦理文化所制约，但毕竟是传统社会的女子群起发声大胆言说的一种努力与表现，其意味和意义自不待言。女子诗文活动如此兴盛的原因，首先与江南地区城市化商品化分不开，社会文化生活在经济繁荣的刺激下日趋丰富与多元。伴随着阅读者与创作者群体的不断扩展，文化出版业也格外活跃与发达。其次是受李贽"童心"说影响，主"诗本性情"的性灵诗学崛起。如此流风之下，凡引经据典、盲从与附和既定流别之风，皆被指不合时宜。正所谓："率真则性灵现，性灵现则趣生，即其不受一官束缚，正不蔽其趣，不抑其性灵处。"（陆云龙

---

① 转引自［美］高彦颐《闺塾师——明末清初江南的才女文化》，第175页。

《叙袁中郎先生小品》）普遍以真诚、自然和真实见著的女性诗文，故特别受到男性文人的青睐与推重，其不吝热切颂扬肯定之外，还不遗余力地加以选篇结集与出版。晚明最著名的女性作品选集《名媛诗归》的编者钟惺，便是彼时女性诗文最热心的倡导者与推动者。

　　三是，揭示了明末清初江南有关"德才色"三不朽的新式才女观。随着明末清初江南世家有关"德才色"女性三不朽的提出及其实践，女子自古为儒家"三从四德"所绳墨的情况有所松动。明末叶绍袁与沈宜修这对才子佳人便是女性"三不朽"观念的积极倡言者与自觉践行人。相似的阶层背景，共同的文学志趣，传统礼教"男主女从"夫妇之伦，在叶沈这里演绎成了情投意合夫唱妇随的"文友诗侣"，叶绍袁曾著文道："我之与君，伦则夫妇，契兼朋友，紫绡妆后，绿酒飞时，碧露凝香，黄云对卷，靡不玩新花于曲径，观落叶于底窗。"（《午梦堂集》）女性"三不朽"说也因此氤氲而出，叶绍袁道："丈夫有三不朽，立德立功立言，而妇人亦有三焉，德也，才与色也，几昭昭乎鼎千古矣。……后世儒者又必欲摘其偏缪，訾其淫靡，故为置色弗谈，而桃秾蕣英之遗音，若讳于士大夫之口。自非椒庭玉颜，不殊众也。"（《午梦堂集》）意思是说女子的德才色是古有之事，但千百年来人们只一味地强调其德，而对女子的才、色则避之不论，以致女子之才遗世不彰。对此，深感愤愤的叶绍袁认为，提出闺秀之"才"，不仅仅是衡量女性自身价值的另一重要标准，而且认为女性的"德才色"大可与儒家士子的"三不朽"等量齐观。或者说，在叶绍袁看来，就女性典范性而言，以"德才色"为基本内核的女性"三不朽"不可偏废。是故，当其整理才情绝异之爱女小鸾遗作时禁不住悲声："古来名媛，文君无德，左芬无色，荀奉倩妇无才。三者兼备，能无造物之忌乎？伤哉痛哉。"（《午梦堂集》）可见，叶绍袁所提出的女性"三不朽"，旨在突出"才"的基础上，努力于德才色三者的平衡与融合。如此意义内涵的女性"三不朽"，之于"三从四德"、"无才是德"的儒家传统女教而言，不啻为一种打破或改塑。对于叶绍袁的女性"三不朽"说，沈宜修抱以了强烈的共鸣，其不仅以此标举爱女：

"季女琼章,才色并茂,德容兼备。"(《午梦堂集》)更是著有诸多诗文,因而以有明一代,妇女长于文学之佼佼者留名史册。时类叶绍袁式新型才女性观者并不少见,明万历二十年(1592)进士《五杂俎》作者谢肇淛曾道:"妇人以色举者也,而慧次之。文采不章,基于木偶。"此等新型才女观借着通俗艺文广为流播,清白话小说《玉娇梨》中的男主人公曾就理想女性道白为:"有才无色,算不得佳人;有色无才,算不得佳人;即有才有色而与我苏友白无一段脉脉相关之情,也算不得我苏友白的佳人。"显然,强调妇德与妇才融合的新型女性观,深为明清之际江南才子佳人所趋奉与认同,于儒家传统的"三从四德"而言,似有"一种微妙颠覆"的意味。① 需要强调的是,在新型才女观的浸淫之下,文化艺术教育与妇德培养在江南上层社会的女子家庭教育中,受到同样的重视。也就是说,传统的道德教育之外,经史典籍与琴棋书画等,皆被视作江南世家女子家庭教育的重要内容。正是在这样的家庭教育培植下,方才孕育出了叶氏"满门风雅"。

此外,尚需进一步指出的是,虽然在新型女性观的推动下,江南才女得以从千百年来"罪才"的心理束缚中挣脱出来,聪明才智亦获得了空前的彰显与发挥,并赢得社会上开明士人的赞赏与尊重,但总体上看,为明末清初江南社会士人才女所推崇的新型女性观,其诉求并不在寻求对传统妇女的角色定位及道德规范的全面突破与摆脱,男主女从的性别关系格局亦未因此而发生根本性的改变。或者说,明末清初江南才女文化仍为"男女有别"、"正位于内"的儒家思想所制约;包括沈宜修在内的"德才色"皆佳的江南才女,依然安享于相夫教子的贤妻良母的命运角色。有论者指出,晚明开始对女"才"的赏识,是文士们仕途失意之后向心追求的结果。他们让女子读书的目的,一方面是为了让女子自律;另一方面是为了让女子能够更好地相夫教子,以增加家族及家庭的文化资本,为发展壮大家族势力而做铺垫。同时,那些主张开发女子智力的

---

① [美]高彦颐:《闺塾师——明末清初江南的才女文化》,第160—163页。

### 她被唤作"瑞奴"时

文人志士,其真正的目的仍然在于"辅助"男性自身;他们对家族内女之"才"的鼓励与欣赏,不过是男人们的附会风雅提高生活品味的一种手段。[①] 此论虽不无偏激,但亦有几分道理。曼素恩,这位对18世纪前后中国妇女生活颇有研究见地的海外学者,在《缀珍录》中道:"对女儿的教育在盛清一世变得越来越重要。在婚姻市场上,博学标志着一个女子成为众人争相延聘的对象,成为一个不仅能生育子嗣还能为儿子们提供最优越的早期教育的未来母亲。"[②] 尚要强调的是,这种新的女教观,继"盛清"之后,借着"数千年未有之大变局"得以不断地发酵,以至近代女学运动的勃兴,女子教育及其女子教育权在变法维新强种救国以及复女学复女权的社会力量的推动下得到了空前的发展和伸张。

显然,上述两种对传统社会女子教育的考察与解读,其不同之处,除了搬用所谓五四父权压迫的二分模式与拟社会性别分析模式等当下流行的学术话语加以区隔外,抑或还可表达为:前者乃据"五四"文化立场,对儒家伦理文化主导下的传统社会女子教育,加以了纵贯性考察;虽失之于粗放,但力逮事象之本质。后者则以社会性别理论视角,对明末清初江南才女文化现象,进行了横断性触摸,即将某个历史阶段特殊女性群体的文教生态加以更为具象的现场性还原。若据此对苏雪林早年相关生活加以观照的话,不难发现"孟母式"的女教观始终盘踞在浙省县署上房之中,祖母苏杜氏则是此种女教观的坚定传承者与执行人,并且借着县署上房主事太太身份的威权,全面掌控着县署上房中的女教事宜,如此局面直到因清末新政的推行而陷入困顿的二叔苏锡衡的出现,才得以改变。也就是说,苏雪林浙地县署时期的女教生活,是在不同女教思想的碰撞中进行的。苏雪林此后曾为进入安庆女子师范读书,竟不得不以性命相争的原因亦在于此。

---

① 聂祖玉:《沈宜修的"德才色"与叶绍袁的女性"三不朽":晚明新型才女及才女观个案研究》,首都师范大学硕士学位论文,2007年。

② [美]曼素恩:《缀珍录——十八世纪及其前后的中国妇女》,江苏人民出版社2005年版,第75页。

## 2. 提倡女孩读点书的"二叔"

有着深厚江南文化底蕴的徽州，随着明清风习的转变，其上层妇女亦多在孩童时期接受才女式的家庭教育，诗书算术画艺无所不精细，著述结集出版风云一时。但对于"像我这样一个出生于由农民变为官吏，保守习惯十分坚强的家庭的女孩，先就谈不上教育权利，为的那只是男孩的专利品，我们想鼎尝一脔也戛乎其难"①。这是苏雪林45岁那年的回忆文字。类似的叙述，最早出现在其自传性小说《棘心》中："醒秋自六岁开始，也曾在家塾读过一二年的书。那个时代，本来不主张女孩儿读书的，女子读了书，又不能去考举人进士，读之何用？何况还有'女子无才便是德'那句古训。"②

其晚年回忆录中也有如此记叙："我与大姐三妹三个都是女孩子，女孩子没有读书的利权是当时的天经地义。我们脑子里从未兴起争取这种利权的念头。"③ 也就是说，晚明以降包括徽州在内的江南地区，才女文化的兴盛与女子受教的风行，仅仅驻足于社会上层人家，社会底层抑或有如苏雪林这般由农民变为官吏的人家，仍是"无才是德"的固守者，之所以如此，除有经济因素的考量外，当还有家世文化及母教传承因素的作用。联系此前有关苏雪林家世的考察，浙地县署上房中的苏氏姐妹对传统社会男女有别的性别文化所导致的女孩不能像男孩那样读书的情况，而表现出来的麻木及安之若素状，也就不足为怪了。

然而，毕竟古老的中华帝国已迈入了20世纪的门槛，社会正发生着愈来愈深刻的变化，女子教育的发展也因之迎来了前所未有的契机，如苏雪林这般"出生于由农民变为官吏，保守习惯十分坚强的家庭的女孩"，其既定命运也因此有了出现转机的可能。事实上，苏雪林的人生轨迹正是缘此社会的变迁而发生改变的。苏雪林曾不无庆幸地回忆道："倒是二叔读了一点新书，思想比较开通。他有一天对我祖母说：女孩们也

---

① 苏雪林：《我的学生时代》，《苏雪林文集》第二卷，第45页。
② 苏雪林：《棘心》，《苏雪林文集》第一卷，第25页。
③ 苏雪林：《浮生九四——雪林回忆录》，第13页。

■ 她被唤作"瑞奴"时

应该读点书，认识几个字，将来看看家信，记个家用账，免做睁眼瞎子。祖母因信佛，想念心经、大悲咒，没人教，想孙女们若认得字便可以教她，便答应了。在上房里清出了两小间土室当是女塾。"①

在诸多的叔父兄长中，苏家"二叔"的身影，频频出现在苏雪林的相关回忆文字里。这不仅因为"二叔"的建言，使得苏家的女孩子们终于破天荒地获得了私塾受教的权利；还因为此后，苏家的女孩子们得以进入安庆培媛教会女校，第一次见识了所谓的女子学校教育，仍源自这位"二叔"的力推。经此，苏雪林的求学热望与积极上进的自觉诉求一发而不可收，甚至演绎成为争得进一步受教育的权利，而不惜以结束生命的激烈姿态与来自家族中的极度保守的阻挠势力相抗争。苏雪林异质于传统女性的人生，亦正由此得以开启。用苏雪林自己的话来说，则是因此而"混得一种资格，由一个家庭女性变成一个社会女性罢了"②。如此意义而言，"二叔"实乃苏雪林命运改变的重要推手。"二叔"之所以会在那种时刻出现，并在极度保守的浙地县署充当起解禁女学的启蒙者，与其自身作为清末最后"秀才"所遭逢的时代际遇紧密关联。若要对苏雪林早年浙地成长的背景因素加以更为深入的解读的话，显然，对于当年"二叔"的情况，也应有所梳理。然而，就目前文献检索情况来看，有关这位"二叔"的资讯十分有限，主要来源有两类。

一类，来自相关的历史文献中，主要是有关"二叔"个人生平方面的情况辑录，诸如《黄山区志》"人物篇"中的相关记载：

> 苏锡衡（1872—1942年），字均平，泾阳乡（永丰乡）岭下村人。光绪二十三年（1897年）入天津北洋政法大学学习。毕业后至日本早稻田大学深造。归国后在上海创办树人中学。清末供职吏部。民国元年（1912年）回安徽，受聘为安徽高等法院庭长。旋受湖北督军王占元之邀，赴鄂任执法官，并出任咸宁、汉阳县知事。后任

---

① 苏雪林：《浮生九四——雪林回忆录》，第13页。
② 苏雪林：《我的学生时代》，《苏雪林文集》第二卷，第69页。

东南五省联军总司令孙传芳的秘书长。北洋军阀垮台后，考取县长资格，先后任山东菏泽、安徽宁国县长。1932年起，主持安徽政务委员会工作。1937年，抗日战争爆发，不顾年逾花甲，亲赴南京请缨抗战，未得重视，毅然返里，怡情田园。①

另一类，则来自苏雪林对"二叔"的回忆，主要辑录了"二叔"在庚子事变至辛亥革命期间的相关史事。

首先，是对有秀才功名的二叔，清末留学日本的前因后果的回忆。苏雪林说：

> 祖父第二个儿子即我们的二叔，名锡衡，字均平，曾进过学，得过起码的功名——秀才。因他天生克妻命，连丧二妻，发愤要去当和尚，和尚若当不成，便要祖父让他东渡留学，结果，他到日本学习什么速成法政科了。到了日本，免不得断发改装，半年后寄回家中一帧照片，头上牛山濯濯，身穿方格西式学生装。阖家传观，觉得影中俨然是个和尚，不再是我们的二叔，祖母更伤心流泪，饭也吃不下便去睡觉。她为怕儿子当和尚才花费一笔钱让他出国，谁知仍然剪去了辫子，这与当和尚有什么分别呢？一个人出了家，从此便要六亲不认，世缘尽断，这个儿子不算是丢了吗？
>
> 二叔赴日本仅年余便返国，当时我太幼小，不知他为什么，认为他和尚当腻了，又返俗，后来才知道是为日本文部省颁发取缔中国留学生规则，我国留日学生认为有辱国体，闹了很大的风潮，许多留学生都卷起铺盖回国，二叔也是回国学生之一。②

其次，是对"二叔"回国后的动态及其给县署苏氏青年带来的影响的回忆。苏雪林说：

---

① 黄山区地方志编纂委员会编：《黄山区志》，黄山书社2006年版，第1142页。
② 苏雪林：《辛亥革命前后的我》，《苏雪林文集》第二卷，第71—72页。

109

### 她被唤作"瑞奴"时

> 他在祖父县衙里装了一条假辫,睡个午觉,辫子会掉下来,小孩顽皮扯辫梢一把,也使他立刻秃顶豁露,当堂出彩,他常怨苦不绝。后来头发长长了三四寸,那条假辫才编结牢固了。
>
> 二叔在日本时,不知曾否加入中山先生的兴中会(我想他没有,但看他以后和革命党不发生关系便知),不过他一到日本,思想便起了绝大变化,回国后便在弟辈侄辈中灌输革命思想,宣传排满理论,县署里那间为男孩们所设置的书房,空气日益激变,老师不知道,祖父当然更不知道。
>
> 二叔在家里没住多少时候便到上海,和那些回国留东学生创立中国公学。他居然说服了祖父,捐出了一笔廉俸,作为公学的开办费之一部分。他自己在那个学校里算是创始人,又算是学生。三叔、四叔、大哥都跟他去上学。……后来六叔二哥还是去了。
>
> 至于我二叔在那公学里经过了一个短时期,祖父便要他回家结婚,他的命果然不利妻官,不久又遭了鼓盆之戚。心灰意冷,和尚固不做,革命也不谈了。进了天津法政学校,第四次续弦,生了一伙儿女,自此只想谋个一官半职,获升斗之禄,以维家计而已。我的四叔和大哥后来也均以家室之累,壮志消沉,成了一个普通人物。可见人在少年时代以无所牵累之故,思想纯洁,志气也较高,是非善恶之辨,比中年老年来得正确,究竟是可爱的![1]

尽管上述有关"二叔"的资料内容,大都多停留在泛泛的意义层面,但有关那一时期"二叔"的基本状况,还是有所披露,其中,尤须提请注意的情况有两个。

其一,在二叔苏锡衡生平记载方面,两类材料部分内容存有出入。在第一类资料中,对于人物行政履历情况的记述尚不乏佐证,如当年的"政府公报"及后来的各地方志,等等。

---

[1] 苏雪林:《辛亥革命前后的我》,《苏雪林文集》第二卷,第72—73页。

但是，资料所涉人物早期生平史事中的部分，则与苏雪林的回忆以及相关史料存有抵牾。主要有两处，即："光绪二十三年（1897）入天津北洋政法大学学习"与"在上海创办树人中学"之说。有关前者，据资料显示，"国内首办最早的一所法政学堂"，是成立于光绪三十二年（1906）六月的"北洋法政学堂"，即由时任直隶总督兼北洋大臣的袁世凯，委任黎渊为监督而筹设的，校址在河北区新开河临近铁道的西岸（今志成道），奉"教授高等法律、政治、理财等专门学术，以造就完全政法通材"为教学宗旨，曾被清政府钦定为全国各省同类学校的表率和样板。也就是说，在1906年北洋法政学堂成立之前，中国尚无法政专科学校，所谓其二叔于"光绪二十三年（1897）入天津北洋政法大学"之说，无从可考。之于后者，苏雪林的回忆则是："二叔在家里没住多少时候便到上海，和那些回国留东学生创立中国公学。他居然说服了祖父，捐出了一笔廉俸，作为公学的开办费之一部分。他自己在那个学校里算是创始人，又算是学生。三叔、四叔、大哥都跟他去上学。……二叔在那公学里经过了一个短时期，祖父便要他回家结婚，他的命果然不利妻宫，不久又遭了鼓盆之戚。心灰意冷，和尚固不做，革命也不谈了。进了天津法政学校，第四次续弦，生了一伙儿女，自此只想谋个一官半职，获升斗之禄，以维家计而已。"

由此看来，二叔苏锡衡从日本回国之后，在上海参与筹办的，是"中国公学"，而非所谓的"归国后在上海创办树人中学"，此后则进入过天津法政学堂。不过尚需进一步指出的是，成立于光绪二十一年（1895）的北洋西学学堂，一年后更名为北洋大学堂（今天津大学的前身），被誉为中国现代大学的鼻祖，沿袭美国的办学模式，分别设立头等学堂（大学本科）和二等学堂（预科），头等学堂毕业生可直接资送出国留学。创办之始，头等学堂便设有专门学（即科系）四门：工程学、矿务学、机器学、律例学（即法律）；随后，又增设了铁路专科，充分体现了"兴学救国"的办学宗旨。中国法律第一人王宠惠便是北洋大学堂律例门首届

*111*

### 她被唤作"瑞奴"时

毕业生。由于庚子事变，光绪二十六年（1900），八国联军入侵天津和北京，北洋大学堂一度沦为了德国人的兵营而被迫停学，直到光绪二十九年（1903）四月，北洋大学堂才在西沽正式复课。如果第一类资料中的所谓"入天津北洋政法大学"，系笔误，其实要指涉的乃是"北洋大学堂"的话，那么所谓"光绪二十三年（1897）入天津北洋政法大学学习"说，以及苏雪林所说的"二叔读了一点新书，思想比较开通"说，则皆有待于进一步解读。

北洋大学堂（创始于1895年）　　北洋法政学堂（创始于1906年）

其二，二叔苏锡衡由"士人"向"新式知识分子"的转化。所谓"士人"，本为传统社会读书人的泛称，但到了清末最后时期则有了具体而明确的指涉："概括地说，士人是由旧式学塾（包括私学、府州县官学和书院）培养出来的，他们学习的内容主要是四书五经、八股制艺，读书之后出路无多，要么科考得中能获一官半职，否则只能办私塾当教师。他们知识陈旧，视野狭窄，思想和行为均惟王朝和官府马首是瞻。"[1] 所谓"新式知识分子"，指的是19世纪末20世纪初才出现的知识阶层。他们是由国内外新式学堂培养出来的，其普通教育阶段对于八股制艺、四书五经之类，不学或者不全学，但要求对世界各国的人文社科门类广为涉猎，系统学习若干自然科学知识，经此再进入专业教育训练，由此而获得进入社会各界的准入资格，抑或自由择业。由新式教育培养出来的新式知识分子，不仅能适应社会的多种需要，而且"更重要的是，他们

---

[1] 罗福惠：《辛亥时期的精英文化研究》，华中师范大学出版社2001年版，第7—8页。

思想活跃，容易接受新事物，追求独立人格和信仰自由，用于表达自己对时代和社会的各种见解，以解决人类社会问题为职志，以超越的理念来评判现实"①。

新式知识分子的出现，固然是"数千年来未有之大变局"衍化的结果，更是清末新政的直接产物。所谓清末新政，又称庚子新政、庚子后新政，香港称晚清改革，日本称光绪新政。继洋务运动、戊戌变法之后，面对庚子事变后日益严重的内外交困局面，为挽救摇摇欲坠的政权，慈禧太后以光绪帝的名义推出了所谓"清末新政"，即被后人指认是清朝末年一场经济和政治体制改革的运动。此次新政内容，多与1898年的戊戌变法雷同，其最终虽没有达成发起者"固皇位"、"弭内乱"、"轻外患"的初衷，但客观上促进了辛亥革命的到来，并为中国现代化建设提供了重要的历史借鉴。作为清末新政重要组成部分的文教改革，主要包括改革科举、兴办学堂、奖励游学等，见表3-2。

表3-2　　　　　　　　　清末新政教育改革情况一览表

| | 改革科举 | 兴办学堂 | 奖励游学 |
|---|---|---|---|
| 1901 | 6月3日，张之洞请降旨改革科举。7月26日，张与同两江总督刘坤一会奏改革文科及罢废武科；并提倡兴办西学校，以在十年内三科渐次取缔科举。8月29日，清廷下诏自1902年始，按张之洞之建议改革文科及罢废武科；文科头场试中国政治史事论五篇，第二场试各国政治艺学策五道，第三场试四书义两篇及五经义一篇，且不准用八股文，亦不可以书法定高下。 | 9月4日，清政府命令各省城书院改成大学堂，各府及直隶州改设中学堂，各县改设小学堂，并多设蒙养学堂。12月5日，颁布学堂科举奖励章程，规定学堂毕业生考试后可得进士、举人、贡生等出身。 | 1903年10月，清政府颁布《奖励游学毕业生章程》，规定凡中国留日学生：<br>1. 在日本普通中学5年毕业，得优等文凭者，给予拔贡出身；<br>2. 在日本文部省直辖之各高等院校及程度相当的各项实业学校3年毕业，得优等文凭者，给予举人出身； |

---

① 罗福惠：《辛亥时期的精英文化研究》，第8页。

续表

|  | 改革科举 | 兴办学堂 | 奖励游学 |
| --- | --- | --- | --- |
| 1902 | 3月13日，袁世凯及张之洞再上奏请递减科举名额，以免阻碍学校发展。 | 2月13日公布推广学堂办法<br>8月15日颁布《钦定学堂章程》。 | 3. 在大学专科某科或数科，毕业后有选科或普通毕业文凭者，给予进士出身；<br>4. 在国立大学及程度相当的官立学堂中3年毕业，得学士文凭者，给予翰林出身；5年毕业，得博士文凭者，除给予翰林出身外，还给予翰林升阶。 |
| 1904 | 1月13日，朝廷颁布按十年三科内减尽科举，以回应张之洞及袁世凯的建议。 | 1月13日又颁布《重订学堂章程》，详细规定了各级学堂章程及管理体制，以法令形式要求在全国推行。与普通学堂并行的还有专业教育，包括师范学堂及各类实业学堂，在学制上自成系统，一套完整的学校制度随之建立。 |  |
| 1905 | 9月2日，日俄战争结果促使直隶总督袁世凯、盛京将军赵尔巽、湖广总督张之洞、两江总督周馥、两广总督岑春煊及湖南巡抚端方6人上奏废科举，朝廷从议，废除了实行1300多年的科举制度。 |  |  |

如此内容的教育改革，不仅导致以士农工商四大社会群体为基本要素的传统中国社会结构的解体，更因其直接切断了四民之首之旧式士人的进身之途，从而使"士"的存在成为一个历史范畴，并为新教育制度培养出的知识分子取而代之。如此情势下，不论是为了实现以澄清天下为己任的志向，还是为了做官光宗耀祖，甚至为改变生活状况，只要想走仕进之路，包括得到相应教职，任何士人都必须循着清末新政的方向以西学为主。只有换得新式学堂的出身或取得留洋的身份，方有进入社会权势中心的可能。据研究者估计：当时"在全国范围内，自19世纪末以来，尤其是废科举之后，士绅群体中有约五分之一左右的人，也就是说有近30万人通过各种途径，受到不等的近代教育"[①]。是故，20世纪初的中国新式知识分子群体，除了从外国教会在华开办的学校毕业的学生，从中国人自办的新式学堂毕业的学生，以及曾在国外留学的学生之外，还有着一批接受旧式教育，通过再学习而得以转型的"士人"。

徽州素有重视教育的传统，苏雪林的祖父少年家贫失学，故由农家

---

① 贺跃夫：《晚清士绅与近代社会变迁》，广东人民出版社1994年版，第92页。

步入仕途后，对家族儿孙的教育特别地上心。不仅特设书塾，所聘塾师亦是非孝廉即拔贡，而且为子弟买书也绝不吝惜，什么十三经、二十四史、诸子百家，及各种名家诗文文集，只要塾师一推荐，便立刻设法买来，男孩子的书房里可说琳琅满架，应有尽有。[①] 如此训育之下，苏雪林的父亲苏锡爵和二叔苏锡衡都曾进过学——获得过起码的秀才功名。如果不是遭遇清末新政，苏氏兄弟科举仕途或能有所作为。清末新政颁布之际，二叔苏锡衡年华正好，不过29岁，然不幸接踵而至，继举业无可再望之后，又接续丧妻，命运的打击迫得"二叔"，"发愤要去当和尚，和尚若当不成，便要祖父让他东渡留学，结果，他到日本学习什么速成法政科了"[②]。由于新学已成课士考士之途，当时诸如二叔苏锡衡这般在20—40岁之间的下层绅士（生员、监生、例贡生），约有125万，约占全部绅士的86%，若不博得新学资质，几无做官的可能。[③] 所以，当其提出留学日本即得到时任兰溪知县父亲苏锦霞的支持。

　　二叔苏锡衡出国留学选择日本以及"学习什么速成法政科"，自有其历史的原因。日本成为20世纪初中国青年留学最集中的国家，经济的因素首当其冲。中日距离较近，学费比中国学堂还略低，其虽不及欧美先进发达，但亦可充当学习西方的桥梁和中介。再是，政治因素。自维新运动失败以后，日本便被维新人士如康有为、梁启超等，以及革命团体如兴中会、华兴会、同盟会等，当作海外活动基地，或革命挫败之后避难的地方。此外，则是两国政府的因素。清政府认为日本是君主制国家，思想文化与中国相近，况且费用节省，故认为派遣留学"西洋不如东洋"。日本政府更是频频游说，并推出应对举措，竭力促成。如此一来，无论是为求取新知、开阔眼界，还是因从事革命活动避国远祸，或是为博取一个出洋镀金的身份为将来谋得更好的前程，人们大多不约而同地把日本视为留洋首选，赴日留学热潮由此而兴。据相关统计，清末十余

---

① 苏雪林：《浮生九四——雪林回忆录》，第13页。
② 苏雪林：《辛亥革命前后的我》，《苏雪林文集》第二卷，第71页。
③ 罗福惠：《辛亥时期的精英文化研究》，第9页。

年留日学生达三万之众，如表3-3所示。

表3-3　　　　清末（1896—1909）留日学生人数情况表①

| 时间 | 1896 | 1898 | 1901 | 1902 | 1903 | 1904 | 1905 | 1906 | 1907 | 1909 |
|---|---|---|---|---|---|---|---|---|---|---|
| 人数 | 13 | 61 | 274 | 608 | 1300 | 2400 | 8000 | 12000 | 10000 | 30000 |

而法政专业成为热门，则与当时立宪救国运动紧密相关。一方面，1901年清政府为所开启的政体的改革，倡导新学应"以政学为主，以艺学为辅"；另一方面，对留日学生而言，清末官方筹办宪政需要大批法政专业人才，而一旦学成归国，加之既有的功名地位和文化功底，跻身各省宪政名流之列指日可待。何况日本大学纷纷投其所好，如日本法政大学、早稻田大学等，不仅对清政府所希望的速成教育积极配合，更是简化入学手续，不问资格，只需使署介绍，即可入学，且毕业也易于其他专业。法政文凭的相对易得及其所意味着的仕途捷径，趋之若鹜实属必然。据统计，20世纪初始五年间，清朝学部考试合格的留日毕业生中有64.9%是习法政专业，如表3-4所示。

表3-4　　　　清末（1906—1911）通过学部考试赴日留学生毕业情况表②

| 类别 | 政法 | 医科 | 理科 | 工科 | 农科 | 商科 | 文科 | 合计 |
|---|---|---|---|---|---|---|---|---|
| 人数 | 812 | 30 | 34 | 128 | 76 | 147 | 24 | 1252 |
| % | 64.9 | 2.4 | 2.7 | 10.2 | 6.1 | 11.7 | 11.7 | 100 |

由此看来，二叔苏锡衡选择留学日本并选择了极其热门的"速成法政科"，与20世纪初的留学救亡思潮、清政府的倡导、科举制的废除和日本政府的吸引政策等诸多内外因素的合力作用下形成的留日热潮密切关联。其实，这也是清末士人向新式知识分子转化的共同背景或命运。

二叔苏锡衡所留学的日本早稻田大学，对近代中国影响颇大。有关

---

① 李喜所：《清末留日学生人数小考》，《文史哲》1982年第3期。
② 转自靳明全《攻玉论：关于20世纪初期中国政界留日学生的研究》，重庆出版社1999年版，第20页。

二叔的留学学校，苏雪林的回忆似乎有所忽略，好在《黄山区志》"人物篇"有明确的答案，即日本早稻田大学。该校创立于1882年，创始人是曾任日本内阁总理大臣的大隈重信，其曾提出"不屈服于国家强权的自由主义，在野精神"。创始校名为东京专门学校，1902年改为"早稻田大学"。自清末的1905年起，早稻田大学就已经开始每年接收数百名中国留学生，后来甚至专门成立了"清国留学生部"，从而成为中国留日学生相对集中的一个大学。日本学者曾田三郎指出：

  1907年各学校的留学生人数，最多的是法政大学，第二位是宏文学院（弘文学院的前身，由嘉纳治五郎于1902年创设），而早稻田大学则占据了第三位。

  在1910年的毕业式的致辞中，高田校长充满自豪地介绍了最近在北京举行的以留学经历者为对象的官吏录用考试的结果。据高田称，255名考试合格者中早稻田大学的毕业生共有57名。可以说，一个大学的毕业生能够占据20%以上的比例，这个数字确实很高。在此之前的1908年由清廷学部举办的也是以留学经历者为对象的资格考试中，地位相当于进士和举人的总共107名合格者中，早稻田大学出身者共有27名，约占总数的25%。[①]

也就是说，清末中国学生留学日本早稻田大学的人数不仅曾名列前三甲，而且在清末政府中有着日本早稻田教育背景的官员，也占有相当的比例。清末民初，正是专制中国向立宪国家过渡的时期。在清末政体与立宪问题上，留日学生尤其是早稻田大学的留学生在当时中国政治文化生活中所拥有的能量与潜在的影响，不言而喻。

---

① ［日］曾田三郎：《清末民初的政治改革和日本早稻田大学》，《苏州科技学院学报》2006年第2期。

■ 她被唤作"瑞奴"时

日本早稻田大学老照片　　日本早稻田大学校园建筑与创始人大隈重信塑像

　　二叔苏锡衡留日的相关情况，在苏雪林的回忆文字中亦有较为集中的显示。譬如，苏雪林回忆中的"为怕儿子当和尚才花费一笔钱让他出国"说，是否意味着二叔苏锡衡的留学属于自费性质。苏雪林回忆中的"二叔赴日本仅年余便返国"之说，联系此前清末新政陆续颁布的时间与此后留日学生集体归国运动发生的时间，以及包括日本早稻田大学在内的日本大学春季入学的制度，是否意味着二叔苏锡衡的留日之旅，始于1904年底或1905年初，结束在1905年底或1906年初。再是，苏雪林回忆中的"后来才知道是为日本文部省颁发取缔中国留学生规则，我国留日学生认为有辱国体，闹了很大的风潮，许多留学生都卷起铺盖回国，二叔也是回国学生之一"等，则对二叔苏锡衡匆匆归国的原因加以了说明。也就是说，继清末新政终结了举业仕途后，二叔苏锡衡为求取新知谋得发展的留洋生涯又为在日留学生所掀起的反对《留学生取缔规则》运动所终结。有所不同的是，二叔苏锡衡也是这场声势浩大运动的积极参与者。所谓反对《留学生取缔规则》运动，源自1905年11月2日，日本文部省颁布《关于令清国人入学之公私立学校规程》，即"取缔规则"。规程规定中国留日学生不论入公立或私立学校均需找官厅作保，由清驻日公使出具证明；在入学志愿书上必须写明本人入学前的履历，介绍入学的官厅名称，凡因参与政治活动被勒令退学者不得复学；等等。这个专门限制中国学生的规则，遭到了全体中国留日学生的坚决反对。同时由于日本加紧对中国入侵，中国留学生在日本遭受种种歧视，伤害了他们的民族自尊心，因此斗争一触即发。各校学生纷纷集会讨论或演说，并各举代表于28日上书清公使，要求日本政府取消有辱中国国格的规则，东京八千余名中国学生罢课抗议。12月8日，陈天华既愤于日本报纸的嘲讽诋毁，又痛心于留学生中极少数不知自爱的人予人以借口，在东京大森海湾投海自杀。消息传出，群情激愤，两千余名学生愤然退学回国。由于中国留学生的坚决反对，日本政府被迫让步，表示暂缓执行这一"规则"，持续两个多月的轰轰烈烈的反对取缔规则斗争，在取得了一定程度的胜利后结束。然而，时下亦有学者据所谓更多的信而有征的史料，就这一起对留日学生日后的政治追求和社会活动均产生了重要影响的历史事件，作出了不同的评估，即：在肯定1905年中国留学生因日本政府颁布"取缔规则"而发起的群体抗议活动是民族精神和爱国激情的张扬的同时，认为就"取缔规则"本身来讲，从其出台缘由、性质到具体内容，实属正常的教育整顿，旨在进一步规范日本的留学教育；留日学生将该教育问题演变成一场激进的政治反抗运动，原因在于日俄战争中国所遭受的民族耻辱，以及日常生活中受到的种种不公平待遇而积之日久所形成强烈的反日民族情绪的一触即发。并由此认为，留日学生对此规则存有诸多的误解与误读，情绪化的激情有余，冷静的客观分析不足。①

至于二叔苏锡衡究竟是如何卷入其中的，现在尚无以考辨。事件对其所带来的影响，在苏雪林的回忆中主要体现在两个方面。一方面，二叔苏锡衡思想上"起了绝大变化"。回国后，其居然背着清廷知县父亲，在浙地县署宣传革命与排满。苏雪林说："二叔在日本时，不知曾否加入中山先生的兴中会（我想他没有，但看他以后和革命党不发生关系便知），不过他一到日本，思想便起了绝大变化，回国后便在弟辈侄辈中灌输革命思想，宣传排满理论，县署里那间为男孩们所设置的书房，空气日益激变，老师不知道，祖父当然更不知道。"此外，二叔苏锡衡还会同反对"取缔规则"的同人和排满革命的志士积极筹办中国公学。苏雪林

---

① 李喜所、李来容：《清末留日学生"取缔规则"事件再解读》，《近代史研究》2009年第6期。

### 她被唤作"瑞奴"时

说:"二叔在家里没住多少时候便到上海,和那些回国留东学生创立中国公学。他居然说服了祖父,捐出了一笔廉俸,作为公学的开办费之一部分。他自己在那个学校里算是创始人,又算是学生。三叔、四叔、大哥都跟他去上学。"另一方面,是二叔苏锡衡曾经的激越壮怀终抵不过种种现实的羁绊与消磨,以致陷入壮志不酬的落寞。苏雪林回忆说:"我二叔在那公学里经过了一个短时期,祖父便要他回家结婚,他的命果然不利妻宫,不久又遭了鼓盆之戚。心灰意冷,和尚固不做,革命也不谈了。进了天津法政学校,第四次续弦,生了一伙儿女,自此只想谋个一官半职,获升斗之禄,以维家计而已。我的四叔和大哥后来也均以家室之累,壮志消沉,成了一个普通人物。可见人在少年时代以无所牵累之故,思想纯洁,志气也较高,是非善恶之辨,比中年老年来得正确,究竟是可爱的!"①

中国公学校舍照片　　　中国公学毕业生照片

当然,对于"取缔风潮"对二叔苏锡衡所造成影响的评估,还应当从其由"士"向"新式知识分子"转化的层面来体认。短短几年,从清末新政到"取缔风潮",幻灭连着幻灭,由此而产生的创伤感和挫败感,较之于纯粹的新式知识分子只会越发地沉重与沉痛。诚如罗志田所说:"从士转化为知识分子那一两代人,在身份转换时确有某种困境。由于新学先已成课士考士之途,清季最后10年科举考试产生出来的近代中国最后一代社会学意义上的士,在思想和心态上恐怕

---

① 苏雪林:《辛亥革命前后的我》,《苏雪林文集》第二卷,第72—73页。

已与传统的士大夫不一样；反之，这一代士人与中国最早一代的知识分子，其社会存在虽有根本的不同，在思想和心态方面，却每有相近之处。当读书人的主体已是知识分子之时，上一代的'遗士'有时也不免为知识分子的社会角色所覆盖。反过来，早期知识分子的心态和行为上，也处处可见士的余荫。"①

浙地县署中的苏雪林，因二叔苏锡衡的建言，得以走进家庭女塾之际，正是清末新政颁布之初，亦正值近代女学蓬勃兴起之时。教会女校在"教会所至，女塾接轨"的策略导引下，早已四处遍布。受此刺激，更源于维新变法强种救国的理念，以及兴女学复女权的民主志士的呼吁，由国人所开办的新式女子学堂也渐次出现。倘若不是困顿中的二叔苏锡衡，"读了一点新书，思想比较开通"，说通了有着严重男尊女卑意识并主持着大家庭日常事务的祖母苏杜氏，县署上房中的女塾及其后世才女苏雪林的出现与否，确实难以想象。其实，若加以细味，二叔苏锡衡由"士"而"新式知识分子"的身份转型，对浙省县署气象的改观，及其苏雪林所谓"异类"特质的形成，似乎都有着一定程度的影响。或者说，二叔苏锡衡亦新亦旧的身份意义，对苏雪林复杂思想个性的形成，也会留有潜移默化的影响。

## 二 从"女塾"到"庭训"

### 1. 上房女塾

塾，是中国古代社会一种附设于家庭或宗族内部的蒙学教育机构，因为在民间由私人经办，故称为"私塾"。明清时期的私塾有三种不同的形式：一种"教馆"或"坐馆"，即富贵人家独自聘请教师在家设馆，专教自家子弟等，又称"家馆"；一种是"门馆"或"家塾"，即教师在自己家中或借祠堂、庙宇等公共场所，或租借他人房屋，设馆招收学童；

---

① 罗志田：《权势的转移：近代中国的思想、社会与学术》，湖北人民出版社1999年版，第203页。

## 她被唤作"瑞奴"时

一种是"村塾"或"族塾",即一村一族之人捐资,择址建馆,延师教授子弟。出现于明清时期供女子蒙学所用的私塾,通常是坐馆形式,亦称为"闺塾"或"女塾"。闺塾师亦有两类,或女性塾师,或上了年纪的品行端方的男性塾师。作为家庭启蒙教育的一种辅助形式,闺塾实为家庭"父母之教"的铺垫或补充。①

如果说县署上房中女子的悲苦境遇,曾令唤作瑞奴时期的苏雪林不胜抑郁伤痛的话,那么上房女塾生活则不失为其人生伊始最为欣慰的一刻。因有着思想趋新二叔苏锡衡的力推,更兼得正鼎力地方学务的知县祖父的应允,浙地县署上房时期的苏雪林破天荒地享有了所谓受教育的权利。因县署上房女塾设立而得以开启的蒙学生活,苏雪林早年浙地时期的岁月,由此而平添了欢乐与生趣。对于这段岁月,苏雪林曾津津乐道,频频诉诸笔端。有关上房女塾生活的文字,最早出现在苏雪林作于1927年的自传体小说《棘心》中。此后,苏雪林在其所发表的《我的学生时代》、《我与旧诗》等文字中,也有着诸多的追忆;而其在晚年所著的《浮生九四——雪林回忆录》中,对当年相关生活的则作有全景式回溯:

> 我们开始读的是《三字经》,接着是《千字文》,接着是《女四书》。先生上书几行,教我乱喊乱叫一阵,读熟了就背,背不出罚再念,以背出为度。我们写字,先描红,就是先生用朱笔写的红字,我们用墨笔描黑,后来先生墨笔写字,教我用一张纸覆在上面影映着写,写过几回,便不影映而照字样描写了。这是下午的功课,下午也上新书、背书。到五点钟的光景,先生要回家,便散学了。
>
> 先生上书从来不讲,我们也从来不知文义为何物,记得有一回,先生口授大姐《千家诗》上的李白的"床前明月光,疑是地上霜;

---

① 郭英德:《中国古代文学与教育之关系研究》,北京大学出版社2012年版,第52页。

## 第三章 县署上房中的蒙学经历

举头望明月，低头思故乡。"那首五言小诗，大姐吟诵着总是发笑，我问她笑什么？她道"猪头也跑进诗里来了，岂不可笑？"我也觉可笑，偶尔翻到《千家诗》，发现李白的这首原来大姊把"举头"认为"猪头"。"猪头"二字是俗话，她懂，"举头"二字是文言，她便不解，致有此误会，我比大姐稍知文理是拜一本洋学堂新式教科书之赐。那时洋学堂用一本基督教所编教科书，大都是些伊索寓言和一些外国古代骑士故事，流入我们的男塾也流入我们的女塾，二叔叫采五先生每天为大姐讲一、二节，先生在那边讲，我在距离丈许的小桌上练习写字便竖起耳朵听，散学后，我独留塾中，借书中图画翻到那一课，便读下去，不久便稍懂文理。先生叫大姐覆讲所听书，她覆讲不出，我便代讲了，先生甚以为奇，说你仅读一年的书讲书竟比你姐姐强，按照你的程度可以对对子了，便出了"黄花"二字，要对"绿叶"二字才可。要颜色对颜色，物类对物类，并须讲平仄，平对仄，仄对平，不可错误。大姐对颜色物类尚可对得不错，平仄则永远缠不清，我则一点即通，很少弄错。很快的便由二字对发展为三字对，先生说能对五言字，便可作诗了，但尚未达此阶段，采五先生以老病辞职返里，我们便辍了学。

我们辍学两三年，祖母的《心经》和《大悲咒》尚未学得齐全，见她一位来投奔祖父的弟弟，在账房做个挂名助理，闲着没事，便叫三妹和我跟他读书。此时姐姐已成为大女孩，不能出上房一步，只有我和三妹年龄尚幼，可以自由到外面去，我们每日抱着书到账房里跟那位表叔读一个上午的书，下午写字功课全免。这位表叔的学问比采五先生更不如，教的别字更多，课本是我要求用《唐诗三百首》，并要求他讲解，他那能胜任？记得我们读一首五绝是："绿螘新醅酒，红泥小火炉。晚来天欲雪，能饮一杯无？"他不知道螘是蚁字的别体，竟读半边为"岂"字，最后一句，他说想喝一杯，谁知酒却没有了。我驳他道：本说"绿螘新醅酒"怎说酒没有了？我看这个"无"字不能做没有解，是询问的口气，是问朋友能同我喝

### 她被唤作"瑞奴"时

一杯吗?又如《长恨歌》"玉容寂寞泪阑干",他说杨贵妃的眼泪滴在阑干上,我又反驳他道:那么"瀚海阑干百丈冰"难道是百丈冰凝结在阑干上面吗?诸如此类,不胜枚举,有时诗本纸质太劣蠹蚀一字,他再三猜详,没法贯通下去,我却能想出一个适当的字给它贯通下去。他解释错误的地方,我却能替他解释出来。他知道教我不下,到祖母跟前告了我一状,说我是个刁钻古怪的鬼精灵,从来不知尊师重道,他不教我了。祖母叫我对他赔礼,好像还对他磕了头。他大骂我一场,并顿足发誓,决不再教,于是我们仅上课半年,又辍了学。①

若加以仔细梳理的话,以上文字主要对苏雪林当年上房女塾生活情况加以如下揭示。

一是,上房女塾开设时间、地点情况。需要指出的是,对于这一问题,既有的文字材料未曾确切,现只有凭借已知材料的关联性加以一定推绎。联系苏雪林在《浮生九四》中所言:"我入学时的年龄几何,今已不忆,好像在介于六、七岁之间";"我们辍学两三年"后"跟那位表叔读一个上午的书……仅上课半年,又辍了学",再结合苏雪林在《我的学生时代》中所言:"在私塾两年,读了一本《三字经》,一本《千字文》,一部《女四书》"②,"两年以后,先生以老病辞幕返里",以及前章已作有梳理的其祖父苏锦霞光绪二十九年(1903)任职兰溪知县时鼎力学务的史迹,及其二叔苏锡衡留学东洋前的相关动静来看,将1903年推定为苏雪林浙地县署上房女塾生活开始之刻,似更近于情理或史事。与此同时,因为苏雪林祖父苏锦霞在光绪二十八年至光绪三十一年(1902—1905)间,皆在兰溪知县任上,故苏雪林上房女塾生活的开启之地,当为其祖父所任职的兰溪县署中。再就是,苏雪林浙地时期两年半的上房女塾生活,因中途辍学两年多以致前后跨越了五个年头。其中,兰溪县

---

① 苏雪林:《浮生九四——雪林回忆录》,第14—16页。
② 苏雪林:《我的学生时代》,《苏雪林文集》第二卷,第46—47页。

署上房女塾，历时两年；辍学两三年后，即已为1907年前后，随其祖父苏锦霞转任金华知县，上房女塾再度开张之地当已由兰溪而金华，仅半年便关停。具体如表3-5所示。

表3-5　清末浙地县署岭下苏氏上房女塾开设情况一览（1903—1907）①

| 时间 | 女塾 | 地点 | 祖父苏锦霞 |
| --- | --- | --- | --- |
| 1903—1904（两年） | 开设 | 兰溪县署上房 | 兰溪知县 |
| 1905—1906 | 停办 | 兰溪—金华 | 由兰溪转任金华 |
| 1907（半年） | 重启 | 金华县署上房 | 金华知县 |

二是，上房女塾的塾师情况。私塾主要从事低级阶段的蒙养教育，塾师则是在私塾中从事启蒙教学的教师。私塾先生用自身所学知识谋生，又称"舌耕"，是教师中地位最低的人。"清朝私塾中的塾师主要由出身社会下层的知识分子担任，绝大多数来自农、工、商家庭，也有的来自并不十分富裕的地主家庭。"② 其中有取得科举功名而命运不济仕途无望的士绅秀才，也有经年不第的白衣秀士。尽管"在中华帝国，教学被认为是绅士荣耀的职业。然而，教学虽受人尊敬，但比起绅士从事的大多数其他事物，其收入较低"③。由于经济比较贫困，社会地位又比较低微，私塾先生多被目为"落魄书生"、"穷酸秀才"。清代任塾师多年的唐彪曾道："人仅知尊敬经师，而不知尊敬蒙师。经师束脩有加厚者，蒙师则甚薄，更有薄之又薄者。"④ 乡试屡不中而以教书、幕僚维生的蒲松龄，之所以在《塾师四苦》里叹息复叹息皆源于此。晚清以降塾师的境况越发不堪，故"许多人不愿做塾师，因而塾师质量较差"⑤。古来女子教育虽以家庭姆教为主，但自明清以降有条件的官

---

① 据相关考订而编制。
② 金祥林主编：《中国教育制度通史》第六卷，山东教育出版社2000年版，第24页。
③ 张仲礼：《中国绅士的收入》，费成康、王寅通译，上海社会科学院出版社2001年版，第88页。
④ （清）唐彪：《读书作文谱·父师善诱法》，岳麓书社1989年版，第172页。
⑤ 金林祥主编：《中国教育制度通史》第六卷，第25页。

### 她被唤作"瑞奴"时

宦、文士以及富商人家为女子延师受教的则越来越多，有关女塾师的出现，如《牡丹亭》中《训女》一幕等，便是说明，以至有清一代女子受教于私塾更不是什么稀奇事。不过，供女子蒙学的书塾有着专塾与共塾之别，前者是指女子蒙学于专为其所设的私塾中，此乃私塾中的"女塾"或"闺塾"；后者是指男女蒙学于同一私塾中的情形，即因男女最初接受的教育内容大体相同，一些较为开明的家庭，就让女孩同男孩共塾。清《重订训学良规》中就曾对男女共塾作有具体规定，如"塾中有女弟子，男子有过，概不责臀；虽幼童不得与之嬉戏。如女已十岁外，师未过五十者，不宜教之"，等等。①

由于祖母与母亲皆不识字，进过学的父辈又常年奔波在外，苏雪林姊妹的发蒙，只有交付与塾师。曾先后出现在苏雪林当年上房女塾中的两位塾师，无论是充任过两年兰溪县署上房女塾塾师的叔祖采五先生，还是后来在金华县署时充任塾师仅半年的表叔，作为封建社会的末代塾师，皆充满了悲情。首先，他们有着塾师群体所固有的卑微，投亲靠友，落魄潦倒。譬如，采五先生，本是"远房族叔"，同时还是通过科举考试取得过秀才功名的绅士，"投奔者"身份，使之"不敢与我们祖父母论辈分，称我祖父为'老爷'，祖母为'太太'"②；而另一位塾师，也是来自祖母家族的"投奔者"。其次，学问的浅陋与思维的固化，面对变迁的时代，末世塾师时不免陷入捉襟见肘之窘境。苏雪林回忆说：采五先生不过是：

> 原在署中当幕友的老年本家，教我姊妹念书习字。……虽说从前也进过学，学问却很有限，教书时遇有难字总懒得翻字典，只随便捏造一个音读，或者仅读半边，他会把虫豸的"豸"字读成"兽"字，寒风凛冽的"凛"字读成"禀"字。从这样一位明师传授衣钵，我们学业成绩之如何也可想而知了。所以我们也装了一肚皮别字，

---

① 徐梓、王雪梅编：《蒙学要义》，山西教育出版社1991年版，第125页。
② 苏雪林：《浮生九四——雪林回忆录》，第14页。

那怕我后来读书能由上下文认识某个字的意义，那怕我后来能够做出数百字的诗，数千字的文，并能写出整本著作，但不能开口，一开口便要闹笑话。直到当了国文教师才逐渐矫正。但在担任中学教师那个阶段，实犯了不少误人子弟之罪，现在我只有很恳挚地向那批曾经在我班上读过国文课程的学生们道歉，希望她们能够原谅我，因为这事我至今还是耿耿于衷的呢。①

对于"以老病辞职归里"的采五先生，若干年后苏雪林仍为"别字"的挥之不去而对当年这位发蒙塾师抱怨不止。另一位塾师，原只是位"在账房做个挂名助理"，其学问本不如之前的采五先生，故而更无法教读已发蒙两年了的苏雪林，以致被早慧的苏雪林逼迫得仅半年便愤愤辞席。如此情形，与其"叔父诸兄"所聘塾师"非孝廉即拔贡"的情势相较，表明苏雪林姊妹看似破天荒地获得了教育权利，但并不意味着浙地县署中的苏氏子女就此真正享有了教育平权，它只是表明传统保守的封建势力，在社会近代转型压力下有所松动与调整。

　　三是，上房女塾的蒙学内容。传统意义的蒙学，旨在通过基本教育，即识字教育、知识教育、阅读写作技能训练和道德教育，为科考和社会输送初等人才。其中，道德教育是蒙学的核心，识字教育、知识教育和读写能力训练是蒙学的主体。经长期经验积累，清代蒙学教育形成了包括内容、形式及其步骤在内的三个相对固定的程序，即集中识字、读写基础训练、进一步的阅读训练写作。其中，识字是阅读和写作的前提和基础，阅读训练和写作训练都是为直接阅读《四书》、《五经》和写八股而设置的，每个阶段中又有若干小阶段作为过渡。到学生能读经书和写八股，可以考府州县学，便意味着蒙学任务的完成。详示如表3-6。

---

① 苏雪林：《我的学生时代》，《苏雪林文集》第二集，第45页。

她被唤作"瑞奴"时

表 3-6　　　　　　　　清代蒙学教育程序一览①

| 年　龄 | 课　程 | 教　　材 | 训　练 |
|---|---|---|---|
| 7 岁左右 | 集中识字 | 《三字经》《百家姓》《千字文》，杂字书 | 识字<br>练习写字 |
| 9 岁左右 | 读写基础训练 | 韵语书《蒙求》《幼学琼林》等<br>散文故事《日记故事》《书言故事》等<br>音韵书《声律启蒙》《对类》等<br>《千家诗》《唐诗三百首》等<br>《四书》 | 属对<br>作诗 |
| 十四五岁 | 进一步的阅读写作 | 古文选《古文观止》等<br>时文选<br>八股教材《小题正鹄》等 | 作八股文<br>作试贴诗 |

正如此前相关章节所指出的那样，为"正位于内"社会性别制度所囿，传统社会的女子蒙学教育主要以家庭姆教的形式进行，且主要被施以"三从四德"的妇道教育，以塑造符合传统社会性别制度所期待的柔顺、服从与贞节的淑女、贤妻、良母、孝媳与贞妇等不同的家庭角色要求。不同的历史时期，相关教育内容虽会有所调整，但其以"妇道"为基本诉求的特质不曾改变。所幸的是，明清时期有关女子蒙学的态度呈现出从未有过的多元发展态势。具言之，一方面"今人养女，多不教书识字"② 并"禁女子识字"③ 的现象依然极为普遍；另一方面，主张以"女德"、"妇职"为主要女教内容的妇学观大行其道的同时，主张"德才色"并重的新型才女观，亦颇为贵族官宦、士子文人阶层所推崇并流行。换言之，明清时期对于女子受教与否有着两种截然不同的态度。其中，否定性意见作为态度的一种，普遍存在于民间；而持肯定态度者在是否对女子引入诗教的问题上又有所分歧。如清光绪间督学陈彝新编《重订训学良规》，明文规定："有女弟子从学者，识字读《弟子规》，与男子同。更读《小学》一部，《女四书》一部，吕氏《闺范》一部，勤于讲说，使明大义。只须文理略通，字迹清楚，能作书足矣。诗文均不必

---

① 马镛:《中国教育制度通史》第五卷，第 299 页。
② 沈云龙主编:《近代中国史料丛刊续集》，台北:文海出版社 1974 年版，第 41 辑，第 378 页。
③ 陈兆仑:《汤姆路太恭人传》,《紫竹山房诗文集》卷十四，清乾嘉间陈桂生刻本。

学，词赋尤不可学。"① 蓝鼎元曾直言不讳："女子读书，但欲其明道理，养德性，诗词浮华，多为吟咏无益也。必有功名教之书，乃许论著。不然，则宁习女红而已矣。"② 车鼎晋也曾唱和："苟能明事父母舅姑之义，躬井臼织作之事，即才艺无闻，亦无失焉。何者？女子以德为本，而文词原非所尚也。"③ 然而，陈兆伦亦在《才女说》中言："女教莫诗为近，才也而德即寓焉矣。"④ 袁枚则在《随园诗话》中更是不以为然道："俗称女子不宜为诗，陋哉言乎！圣人以《关雎》、《葛覃》、《卷耳》冠《三百篇》之首，皆女子之诗。第恐针黹之余，不暇弄笔墨，而又无人唱和而表章之，则淹没而不宣者多矣。"（《随园诗话·补遗》卷一）故此，明清时期的女子蒙教内容由多个部分组成：即蒙学之初主要学习《三字经》《百家姓》《千字文》《千家诗》等与男童蒙学类似内容，以供女童识字断文、增加文化知识之用；再是学习专供女教使用的伦理读物，诸如刘向《列女传》、班昭《女诫》、吕新吾《闺范》、王节妇《女范》、蓝鹿洲《女学》，以及蔡中郎《女训》，陈郑氏《女孝经》，宋若莘、宋若昭《女论语》，明文皇后《内训》，章实斋《妇学》之类。⑤ 此外，则是学习一般的经史子集典籍，如《诗》《书》《史记》《汉书》《通鉴纪事本末》之类，以及一般的文学作品如《楚辞》《文选》、唐诗、宋词之类，等等。如表3-7所示。

表3-7　　　　　　　　明清时期女子蒙学读本情况一览⑥

| 类别 | 通用教材 | 女教读本 | 其他（文学启蒙读本） |
|---|---|---|---|
| 读本 | 《三字经》《百家姓》《千字文》《千家诗》 | 《列女传》《女四书》《女孝经》《妇学》 | 《诗经》《尚书》《左传》《国语》《史记》《汉书》《通鉴纪事本末》《楚辞》《文选》《唐诗三百首》以及汉魏六朝唐宋各代的诗词选本和古文选本 |

---

① 转引自曹大为《中国古代女子教育》，北京师范大学出版社1996年版，第165页。
② 蓝鼎元：《女学》卷六，《闽漳浦鹿洲全集》，第23页。
③ 车鼎晋：《女学序》，蓝鼎元《女学》卷首，《闽漳浦鹿洲全集》，第2页。
④ 陈兆伦：《才女说》，《紫竹山房文集》卷7，第23a页。
⑤ 曹大为：《中国古代女子教育》，第255—298页。
⑥ 郭英德：《中国古代文学与教育之关系研究》，第62—67页。

### ■ 她被唤作"瑞奴"时

从苏雪林的相关回忆来看,其早年女塾蒙学活动与明清女子蒙学模式大体相似,但也不乏社会转型之色彩。譬如,其蒙学内容仍是由男女童通用教材到女教读本再到古诗文启蒙,其训练步骤亦皆由集中识字、习字到女德教育再到读写基础的练习,等等。所不同的是,毕竟适逢封建王朝崩溃之际,县署上房女塾也为恣意的欧风美雨所浸淫,在二叔的要求之下,秀才出身的塾师采五先生,不得不破例为女塾弟子讲读由男塾流传进来的洋学堂的教学读本,诸如"一些伊索寓言和一些外国古代骑士故事"。如此种种,于蒙学中的苏雪林而言意义非同寻常,其早谙文理并早慧于女塾姊妹而惹得"先生甚以为奇",就与此有着莫大的关联。更为重要的是,苏雪林的阅读兴味经此得以极大激发,随之而来的诗文意趣也日趋浓厚。在塾师采五先生告老返乡之后的岁月中,本因"不善服勤为祖母所嫌,对于女红又毫没兴趣"[①]的苏雪林,已再无法似"姊与妹由书斋回到闺阁,抹粉调脂,描鸾刺凤,过着那个时代女孩儿正经生活"[②],而是凭借采五先生课堂所学得的夹生带熟的千余字,在辍学两年多的时间里如饥似渴地阅读并尝试着写作,其曾如此道:

> 自己便来看小说,由说唐说岳看到《西游》《封神》,又看到几部文言的笔记小说和《聊斋志异》,已懂得相当的文理,后来又看了六七部清末民初风行一时的林译小说。小小心灵,陶醉于那哀感顽艳的文艺趣味里,居然发生了一股子阻遏不住的创作冲动;又居然大胆地想尝试写作起来。……模仿蒲留仙和林琴南的调调儿,颇能逼肖。写了几个月,居然积成厚厚的一册,后因嗔人偷看,自己一把撕掉,烧了,以后也就没有再写。[③]

---

① 苏雪林:《我的学生时代》,《苏雪林文集》第二卷,第47页。
② 同上。
③ 苏雪林:《三十年写作生活的回忆》,《苏雪林文集》第二卷,第113页。

## 第三章 县署上房中的蒙学经历

正因为有了此番蒙学与自行阅读的历练,当"别字虽比较少,文义则有限"的女塾新塾师表叔,仅将《唐诗三百首》教读一半便悻悻而去的时候,苏雪林已经能够做到凭借孜孜不倦的努力对诗理无师自通起来,且在诸叔父兄的指点之下遣词炼字合辙叶韵地渐入境界。雏凤清声,一首即兴古诗《种花》,便令周围注目:

    林下荒鸡喔喔啼,宵来风雨太凄其。荷锄且种海棠去,蝴蝶随人过小池。①

现将据苏雪林有关蒙学之初情况的回忆材料制表,见表3-8。

表3-8　　苏雪林浙地县署蒙学之初情况一览(1903—1907)②

| 师从塾师 | 通用读本 | 女教读本 | 其他 | 自行阅读 | | 初涉写作 | 日记 |
|---|---|---|---|---|---|---|---|
| | 《三字经》《千字文》 | 《女四书》 | 《唐诗三百首》(半部)《伊索寓言》等 | 《唐诗三百首》(所余)《说唐》《说岳》《西游》《封神》文言的笔记小说《聊斋志异》林译小说 | | | 古诗 |

显然,尽管苏雪林日后对当年浙地最初的蒙学生活有着不少的怨词,但那段蒙学生活于其而言确潜存着重要的意义,其中有关文学诗性方面的启蒙,影响尤为凸显。正源于此,才有了其后来陷身"书斋"与"那个时代女孩儿正经生活"的"闺阁"渐行渐远的可能。需要补充强调的是,由清朝初学者王相编著的《女四书》,即为《女诫》《内训》《女论语》《女范捷录》历代女教经典的合集,它因以宣扬封建社会男尊女卑的女德女职为要旨而被视为重要的女教读本而为世人所重视,因流布广泛而影响深远。作为当年上房女塾蒙学的女教读本,其对苏雪林文化心理的建构亦留有深刻烙印。《女四书》内容扼要见表3-9。

---

① 苏雪林:《我与旧诗》,《苏雪林文集》第二卷,第131页。
② 据苏雪林相关回忆内容制表。

**表 3-9　　清初学者王相编著的《女四书》基本情况一览①**

| 篇　名 | 概　　要 | 说　明 |
|---|---|---|
| 《女诫》 | 东汉女史学家班昭对其女儿进行"三从四德"等封建道德教育所作。全书分卑弱、夫妇、敬顺、妇行、专心、曲从和叔妹，共计7篇。在中国历史上作为对女子实施柔顺之道的教材，影响深远。 | 四种女子教本，自东汉至明末，先后相继问世和传播，由王相一一加以笺注，于明天启四年（1624），由多文堂合刻为《闺阁女四书集注》，成为一套对女子进行封建教育的教材。嗣后翻印此书，简称为《女四书》广泛流传。 |
| 《内训》 | 明成祖的徐皇后为教育宫中妇女，采辑"古圣先贤"关于女子封建品德的教诲，于永乐二年（1404）所编著。流传至今的版本共有德行、修身、慎言、谨行、勤励、节俭、警戒、积善、迁善、崇圣训、景贤范、事父母、事君、事舅姑、奉祭祀、母仪、睦亲、慈幼、逮下、待外戚20章。 | |
| 《女论语》 | 唐朝女学士宋若莘撰著。体例仿效《论语》，而以前秦太常韦逞之母宋氏代孔子，以曹大家（即班昭）等代颜、闵（此据《旧唐书》，而《新唐书》作颜、冉），彼此问答，阐述封建妇道。其妹若昭申释此书。今存《女论语》，托名曹大家撰，有12章：立身、学作、学礼、早起、事父母、事舅姑、事夫、训男女、营家、待客、柔和、守节。语句均为四言韵文，亦非问答体。这不像宋若莘的原著。 | |
| 《女范捷录》 | 明末儒学者王相之母刘氏所作。此书分有统论、后德、母仪、孝行、贞烈、忠义、慈爱、秉礼、智慧、勤俭、才德11篇。宣扬古代的"贞妇烈女"与"贤妻良母"等事迹，称赞《女诫》《内训》诸书，阐发封建伦理。 | |

## 2. 庭训于父

传统社会对女子施以启蒙教育的教育者，包括家庭成员与社会成员两类，家庭长辈尤其是父母亲自施教，使女子得以幼承庭训，是女子启蒙教育中最基本的形式。② 此处"庭训"，即指苏雪林早年于浙之时承训于父之情形。

苏雪林的父亲苏锡爵乃苏氏长子，进学做过秀才，清末新政废除科举后，其父苏锦霞为其捐过一个道员，并于光绪三十年（1904）签发山东候补，一别近五年，再回浙地已是光绪三十四年（1908），正值苏锦霞由金华知县转任平湖知县。盘桓家中的苏锡爵在教读苏雪林姊妹一年后，

---

① 据《女四书》内容摘要制表。
② 郭英德：《中国古代文学与教育之关系研究》，第45页。

*132*

## 第三章　县署上房中的蒙学经历

又只身赴云南谋职，未几遇辛亥革命而折返。所以苏雪林说"我和父亲虽属父女，承欢膝下时间并不算长"①。父亲苏锡爵在苏雪林浙地成长记忆中有着两种截然不同的印象：在其懵懂年幼之时，父亲教人畏惧不可亲近。苏雪林说：

> 我小时候父亲所留于我脑中的印象，并不深刻。只知道父亲是面孔圆圆，身体胖胖，颇为壮硕的一个人。他见我们小孩从不正眼相觑，见女孩更显出讨厌的神色，别提抱，连抚摸都没有一次。我们只觉得父亲威严可畏，从来不敢和他亲近，甚至一听见他的声音，便躲藏起来。②

而到其能诗会文时，父亲则变得关怀有加。苏雪林说：

> 父亲对儿女，少年时并不知道慈爱，渐入中年，慈爱日深。他见我能诌几首诗，能画几笔画，更另眼相看，常说："小梅是我家的不栉进士，她似禀有异才，前途不可限量。"于是逢人即夸，竟把我说成道蕴复出，清照第二。③

毋庸置疑，父亲态度的改变，除因"渐入中年，慈爱日深"外，"道蕴复出，清照第二"当是另一要因。

父亲苏锡爵的归来，令苏雪林再度中断的蒙学生活得以接续。对于施教中的父亲，在苏雪林看来有三个特点：其虽不是什么"博学鸿儒"，但学问"比采五先生和那位表叔强得多"，并能"写得一笔简练周密的公文文字"；其虽"不能吟诗，也不擅为文"，却"对中国文字确富于欣赏力"；此外，同样无奈的是，父亲苏锡爵"幼时所从村塾师学问太浅陋，

---

① 苏雪林：《我的父亲》，《苏雪林文集》第二卷，第264页。
② 同上。
③ 同上书，第267页。

### 她被唤作"瑞奴"时

教书每多讹音也多别字"①。对几近一年的父教生活,苏雪林曾如此回顾道:其父

> 每日拨出一二点钟的光阴,亲教大姊和我的书。古文用的是《古文观止》,诗歌用的《唐诗三百首》,后又加《古诗源》。他见我好读林译,凡有林译出版,便买了给我。记得《红礁画桨录》、《橡湖仙影》、《迦茵小传》、《撒克逊劫后英雄录》、《十字军英雄记》都是那时读的。他见我好画,又买了若干珂罗版的名家山水,后来还买了一部吴友如的画谱。他对我益处最大的是,给我买了一部附有注解的《小仓山房诗集》。以后他又替我买了《杜诗镜诠》以及唐宋各名家诗集,我之为诗乃渐有进境。②

相关追忆的篇幅虽有限,但若对其中所反映出来的以下情况加以关注与考察的话,还是颇有意味的。

一是,从此番庭训所涉读本情况来看,苏锡爵虽不擅诗文,却对苏雪林姊妹的文学启蒙教育不遗余力。有着男尊女卑传统意识的苏锡爵,在女教女才观俨然对立的社会背景下,居然如此看重女子的文学启蒙教育,当有着明清以降日益兴盛的江南才女文化风习因素的影响。苏雪林有关庭训读本情况,如表3-10所示。

表3-10　　　　　　苏雪林庭训读本情况一览③

| 类别 | 散文 | 诗歌 | 林译小说 | 画册 |
|---|---|---|---|---|
| | 《古文观止》《古文辞类纂》 | 《唐诗三百首》《古诗源》《小仓山房诗集》《杜诗镜诠》 | 《红礁画桨录》《橡湖仙影》《迦茵小传》《撒克逊劫后英雄录》《十字军英雄记》 | 珂罗版的名家山水 吴友如的画谱 |

所谓"才女",有狭义与广义之说。前者指精通书史、擅吟诗弄文的

---

① 苏雪林:《我的父亲》,《苏雪林文集》第二卷,第265页。
② 同上。
③ 据苏雪林相关回忆内容制表。

女子；后者则还包括精通绘画、弹词、工艺、刺绣等才艺。这里所言及的江南才女文化风习，指的是明清时期兴盛于江南文化世家中的女子诗文唱和等情形，其中包括女性结社、文士交往以及作品结集刊印传播等丰富空前的女性群体文化活动样态，自古"内言不出于阃"的传统也因此渐被消解于无形。"才女"自古不乏，但如此鼎盛之状确始现于明末至有清。胡文楷的《历代妇女著作考》是妇女著作目录学的集大成之作，收集汉魏迄近代的女性作家4000余人。据此可见，中国前现代女作家凡4000余人，明清两代就有3750余人，占中国古代女性作家的90%以上。清代尤盛，即所谓"清代妇人之集，超轶前代，数逾三千"①。其中，江浙人数占80%，居首位，明清时期江南才女风华绝代由此可见一斑。详情见表3-11所示。

表3-11　　　　　　明清时期女作家分布情况一览②

| 省籍 | 南方 |||||||||||| 北方 |||||||||其他 |||
|---|---|---|---|---|---|---|---|---|---|---|---|---|---|---|---|---|---|---|---|---|---|---|---|
| | 江苏 | 浙江 | 安徽 | 湖南 | 福建 | 广东 | 江西 | 湖北 | 四川 | 贵州 | 广西 | 云南 | 小计 | 河北 | 山东 | 河南 | 山西 | 陕西 | 甘肃 | 辽宁 | 旗籍 | 小计 | 朝鲜 | 不详 | 合计 |
| 明 | 97 | 53 | 16 | 1 | 9 | 12 | 9 | 7 | 2 | 0 | 0 | 1 | 207 | 2 | 8 | 1 | 2 | 6 | 0 | 0 | 0 | 19 | 1 | 14 | 241 |
| 清 | 1310 | 1001 | 246 | 176 | 165 | 89 | 77 | 50 | 53 | 32 | 32 | 12 | 3243 | 97 | 78 | 32 | 29 | 19 | 7 | 2 | 57 | 321 | 4 | 76 | 3644 |
| 合计 | 1407 | 1054 | 262 | 177 | 174 | 101 | 86 | 57 | 55 | 32 | 32 | 13 | 3450 | 99 | 86 | 33 | 31 | 25 | 7 | 2 | 57 | 340 | 5 | 90 | 3885 |

作为江南文化重镇的浙地，更是才媛辈出。袁枚在《随园诗话》中曾一再提及："吾乡多才女"，"吴中多闺秀"，"闺秀，吾浙为盛"。杭州湾地区虽不及长江三角洲地区富庶繁荣，但经济文化在全国也是相当发达的，诗词创作非常兴盛，先后出现朱彝尊、厉鹗、袁枚、龚自珍、王昙、张廷济、查揆、陈文述等以自抒性灵为特色的诗人群体。受此影响，明清时期钱塘江流域的杭州湾沿岸与长江三角洲地区一并成为当时女性

---

① 胡文楷：《历代妇女著作考·自序》（增订版），上海古籍出版社2008年版，第5页。
② 刘思谦主编：《禁锢的灵魂，挣扎的慧心——晚明至民国女性创作主体意识研究》，河南大学出版社2009年版，第45页。

创作群体的集中之地，其女诗人数量一时居于全国前列。① 《清代闺阁诗人征略》是一部关于清代女诗人考探的古籍，由民国施淑仪所辑，为其所辑录的清代顺治至光绪末年闺秀诗人有1262人，其中浙江524人，占总人数的41.58%，居首位。如表3-12所示。

表3-12　　　　　　　　清代闺阁诗人地域分布的概览②

| 地域 | 浙江 | 江苏 | 福建 | 安徽 | 山东 | 江西 | 湖北 | 直隶 | 湖南 | 广东 | 广西 | 河南 | 山西 | 云南 | 奉天 | 四川 | 贵州 | 陕西 | 新疆 | 旗籍 | 不明 |
|---|---|---|---|---|---|---|---|---|---|---|---|---|---|---|---|---|---|---|---|---|---|
| 人数 | 524 | 465 | 55 | 39 | 23 | 19 | 17 | 13 | 13 | 12 | 12 | 8 | 8 | 5 | 5 | 3 | 2 | 2 | 1 | 21 | 15 |

清代浙地闺阁诗人群体，继晚明姑苏叶氏"一门风雅"之后，亦呈现出鲜明的家族性特征，其中有以姐妹能诗著称的山阴闺秀王静淑、王端淑，并留有《清凉集》、《青藤书屋集》与《吟红集》30卷、《名媛诗纬》42卷；还有钱塘的袁机、袁杼和袁棠以及《袁家三妹合稿》等。与此同时，夫妻同能诗者亦不少，如金礼嬴与王昙、汪端与陈裴之、姚文玉与俞樾、凌祉媛与丁丙、邓瑜与诸可宝等。此外，活跃其时的女子诗社亦不乏浙地闺秀，如商祁家族女诗人群、蕉园女诗人群，以及浙籍随园女弟子群和浙籍碧城女弟子群等。③ 颇有意趣的是，在这群铭刻诗文史册的女子中，不乏与徽州有着深厚渊源之辈。如被清代闺阁诗人吴藻誉为"吹气如兰人似玉"的汪端，其祖上原是由徽州歙县迁往杭州的徽商，以经营典当业起家，到了汪端祖父一辈不仅富有，而且还是名动一方的学者。父亲汪瑜亦为博学多才之人，母亲也来自读书人家，汪端出生之际，其家族已然钱塘书香世家。而吴藻本人，虽籍贯徽州黟县，却因徽商家庭的缘故，而常年侨居浙江仁和（今杭州市）。吴藻天分极高，自幼接受了全面规范的闺中教育，琴棋书画无所不精，尤工词曲。故此，后世徽浙两地论者但凡涉论相关人物，不免竞相争属。如此现象，不仅揭示了徽州开明重教的"贾而好儒"地域文化特征，同时也进一步凸显了

---

① 王萌：《明清女性创作群体的地理分布及其成因》，《中州学刊》2005年第6期。
② 陆草：《论清代女诗人的群体特征》，《中州学刊》1993年第3期。
③ 付建舟：《两浙女性文学：由传统而现代》，中国社会科学出版社2011年版，第1页。

徽浙两地融汇渊源之深厚。①事实上，同属广义江南之域的徽州，虽妇学礼教风盛，但因徽州崇儒重教之故，有清一代徽州女子的教育也曾随着徽商势力的壮大而得以长足的发展，以至于出身徽州书香门第或贵族仕宦之家擅长诗词书画的才媛大量涌现。据胡文楷的《历代妇女著作考》与施淑仪辑的《清代闺阁诗人征略》而制成的《明清徽州才女著述出版情况一览表》，集中揭示了这一历史文化现象，见表3-13。

表3-13　　　　　　　明清徽州才女著述出版情况一览表②

| 姓名 | 字号 | 著述 | 备注 |
| --- | --- | --- | --- |
| 汪玉英 | 吟香 | 《吟香榭初稿》《瑞芝室诗钞》 | 郎中启淑女、中书洪榜妻 |
| 程璋 | 弱文 | 《程璋文集》 | 方元白妻 |
| 徐七宝 | 雅闲 | 《伤心吟》 | 庠生徐芳沅女、曹傍妻 |
| 程琼 | 字飞仙，号安定君 | 《杂流必读》《绣牡丹》 | 吴祚荣妻 |
| 何佩芬 | 吟香 | 《绿筠阁诗抄》 | 盐知事何秉堂女、范志全妻 |
| 何佩瑜 | 琬碧 | 《藕香馆诗抄》 | 盐知事何秉堂三女、扬州祝麟妻 |
| 何佩珠 | 芷香 | 《津云小草》《梨花梦》 | 盐知事何秉堂四女、张子元妻 |
| 方婉仪 | 号白莲居士 | 《白莲半格诗》《学陆集》 | 侍郎石村孙女、江都罗聘妻 |
| 王瑶芳 | 云蓝 | 《写韵楼诗抄》 | 两淮盐运使王凤生女、云南顺宁知府颜廷玉妻 |
| 王玉芬 | 华芸 | 《江声帆影阁诗稿》 | 两淮盐运使王凤生女、南河同知严逊妻 |
| 汪嫈 | 雅安 | 《雅安书屋诗集》 | 庠生汪垺之女、程禹和妻 |
| 汪是 | 贞耄 | 《梅影楼诗》《伏枕吟》 | 六安广文吴之骖妻 |
| 汪瑶 | 云上 | 《拾翠轩吟稿文稿》 | 诸生汪子绅女、朱昂妻 |
| 黄之柔 | 字静宜，号玉琴 | 《玉琴集》《词苑丛谈》《名媛绣针》 | 江都吴绮妻 |

清代徽州才媛群体，与江浙才女群体一样有着十分突出的家族化色彩，有所不同的是，徽州才媛主要来自商贾、仕宦以及亦官亦商阶层，

---

① 郭英德：《中国古代文学与教育之关系研究》，第59—61页。
② 李丹丹、张帮：《明清徽州上层妇女生活研究》，《长江师范学院学报》2011年第3期。

并与徽商共兴衰。① 因此，亦反映出徽州才媛的涌现，在很大程度上与徽商及仕宦的支持密切相关。当然，熟读经、史、子、集，兼擅琴棋诗画的徽州才媛，亦更为礼教所濡染，故以风雅节烈并瞩于世，史载："新安节烈最多，一邑当他省之半。"②

对于明清时期的江南才女文化，有着深入研究的高彦颐认为，明末清初时期的江南地区形成了一个才女文化圈，并由此构成了这一地区的文化特色之一，并指出"在帝国的其他地区，如著名的北京大都市地区和广东，本书所描绘的才女文化也曾出现，但只有在江南，它才达到了这样的高度"③。对于"这样的高度"相关促成因素，有关讨论也颇为热烈，并有充分的揭示：其一，就相关社会性因素加以了探讨，认为经济发展、文教繁荣、个性思潮和妇女观的嬗变等因素，是明清江南才女文化高度发展的重要背景。其二，就相关文化世家因素加以探讨，认为基于"爱而课之"、"传授家学"、"启蒙益智"以及"觅得佳偶"等因素，明清时期贵族官宦、文人士子等精英阶层重视女子文化诗教，并不吝大肆奖掖与唱和。④ 其三，就两性择偶心理的变化因素加以了探讨，认为擅诗能词的闺阁才女成批出现于理学盛行的明清时代，虽然有着多方面的原因，但其中最主要的缘由应为两性择偶心理的转变。首先，表现为文人士子方面，即其心目中的佳人标准，已不仅仅是闭花羞月之貌，最好还能"妙解文章，尤工词赋"。故此，传统的"女子无才便是德"的择偶标准已悄然向才貌双全方向转移。正如《牡丹亭》中杜太守所言："女工一事，想女儿精巧过人。看来古今贤淑，多晓诗书。他日嫁一书生，不枉了谈吐相称。"（《牡丹亭》第三出"训女"）其次，表现在闺秀方面，则体现为明清时期的江南女性，随着诗文活动的兴盛，其对琴瑟和鸣理想婚姻的渴求与社会担当等女性意识的觉醒。恰似清代女诗人林佩环诗

---

① 姚雪梅：《清代徽州名媛略论》，《池州学院学报》2011年第5期。
② （清）赵吉士：《寄园寄所寄》卷十一《泛叶寄》。
③ ［美］高彦颐：《闺塾师——明末清初江南的才女文化》，第23页。
④ 郭英德：《中国古代文学与教育之关系研究》，第60—61页。

所吟："爱君笔底有烟霞，自拔金钗付酒家。修到人家才子妇，不辞清瘦似梅花。"

**苏雪林与父亲合影**①

可以说，苏锡爵早已为如此风习所熏染，其曾将妻子"躲妮"之名，改为清代著名才女钱婉清字"浣青"之举——即"苏杜浣青"，以及动辄"道蕴复出，清照第二"的誉儿癖状，则不失为例证。不过，需要进一步指出的是，主张"德才色"并重的江南才女观，虽有别于"无才乃德"的传统女教思想，但其男尊女别的性别文化内核不曾改变。再就是，诚如曼素恩所指出的那样，"将闺秀作品作为了解'中国女性'生活世界的一扇窗户，其实并不尽如人意"②。或者说，明清时期江南地区才女文化的流行，并不代表其时绝大多数妇女的受教育和文化的普及程度，譬如对于苏雪林所生活的由农民过渡为地方官吏的家庭之中，女子无才便是德的传统女教观仍有着很强的控制力与影响力；即便府中出现了思想趋新的"二叔"和有"才女"心结的父亲，苏氏姊妹破天荒地享有了教育权利，终不免烙有时代过渡之印。对此，苏雪林曾不免愤懑道：

他虽非常爱我，基于当时重男轻女的观念，只是自己随便教教，或买书让我自修，从不送我入学校念念书，只把几个儿子送去京沪

---

① 方维保：《苏雪林：荆棘花冠》，第3页。
② ［美］曼素恩：《缀珍录——十八世纪及其前后的中国妇女》，第4页。

### 她被唤作"瑞奴"时

有名学校。我后来得入文风落后的安庆女子师范,也是自己拚了命得的。①

二是,苏雪林所谓"于我益处最大的是,他给我买了一部附有注解的《小仓山房诗集》"。

"明清时期女子的文学启蒙教育的主要内容是诗歌,尤其是《毛诗》与唐诗"② 是不争的史实。就其相关原因,研究者指出来自两个方面,其中施以女教首当其冲。如《牡丹亭》中的杜太守,其首选《诗经》作为女儿杜丽娘的闺塾读本时便言之凿凿道:"《易经》以道阴阳,义理深奥;《书》以道政事,与妇女没相干;《春秋》、《礼记》,又是孤经;则《诗经》开首便是后妃之德,四个字儿顺口,且是学生家传,习《诗》罢。"(《牡丹亭》第五出《延师》)类似言辞古来文献不乏记载,如《桐城续修县志》卷三《风俗》中载:"邑重女训,七八岁时以《女四书》《毛诗》授之读。"③ 等等。而以唐诗作为女子文学启蒙的基本读物,则在于唐诗的审美特性与少年儿童尤其是女性自身的心理特性之间的潜相契合有关。一来,相较于"以筋骨思理见胜"的宋诗,唐诗"以丰神情韵擅长",更富于感性色彩,与儿童心理更为贴切,故易为初学者所接受;二来,基于女性的气质偏向于感性,故其天性与吟咏性情的诗艺亦更为贴近。如此带来的结果是,女子接受女教教化的同时,亦对相关声韵知识有所掌握有所熏陶与感染,并由此步入诗歌殿堂。"熟读《唐诗三百首》,不会作诗也会吟。"借此,明清时期江南才媛辈出,有道是:"诸姑伯姊,后先娣姒,靡不屏刀尺而事篇章,弃组纴而工子墨。松陵之上,汾湖之滨,闺房之秀代兴,彤管之诒交作矣。"④

有意思的是,苏雪林早年古典文学启蒙篇什与明清世家才媛的文学

---

① 苏雪林:《我的父亲》,《苏雪林文集》第二卷,第267—268页。
② 郭英德:《明清女子文学启蒙教育述论》,《北京师范大学学报》2007年第4期。
③ 廖大闻等:《桐城续修县志》,台北:成文出版社1975年版,影印清道光七年(1827)刻本,第92页。
④ 转引郭英德《中国古代文学与教育之关系研究》,第64—66页。

启蒙读物看似大体类似，实则殊异醒目。首先，《诗经》不见其列；其次，雄踞乾嘉诗坛 50 年的性灵诗派盟主袁枚的《小仓山房诗集》却赫然其中。如果说，袁枚乃清乾嘉中人，为古典诗史上后来的诗文声隆者尚可理解的话，那么《诗经》见捐则不免存疑。需要提请注意的是，苏雪林有关《小仓山房诗集》的回忆文字有多处，并在相关时间与地点上存有些许的出入。如在《我与旧诗》一文中苏雪林说：

> 祖父在上海住了几时，经济上支持不下，惟有全家迁回太平故乡。父亲久已谋了差事，离开我们了。他常写信要我多读古人诗，托人带了一部木版的《小仓山房诗集》给我。①

而在《浮生九四》一书中，苏雪林则说：

> 父母去山东时我八岁，回来时十二岁，父亲认为我资质聪明，便亲自教我和大姐的书。……我从采五先生学作对子，已知平仄，现在也能诌一、二首七绝之类，读了《古诗源》，更能作一、二首五古，父亲惊为奇才，逢人就夸。更买了一部袁枚的《小仓山房诗集》叫我自己去读。②

也就是说，苏雪林有关《小仓山房诗集》最初的阅读记忆有着些微的时间与地点的出入。按《我与旧诗》中的说法，当是在辛亥革命发生以后，其已随祖父举家寓居上海；而在其后来的回忆录中，则清楚地表明，正值其祖父苏锦霞职任浙地平湖知县时。对于风雨世纪中前后文字可能出现的抵牾情况，苏雪林回忆录的封底勒口曾作有特别说明：

> 此书乃作者近日所写之回忆录。虽衰年所作，质朴无华，而字

---

① 苏雪林：《我与旧诗》，《苏雪林文集》第二卷，第 133 页。
② 苏雪林：《浮生九四——雪林回忆录》，第 18 页。

### 她被唤作"瑞奴"时

字真实，无一虚构之词，足称信史。作者过去虽以各报刊编辑要求，写有自传式文字多篇，检视之下，每有舛误。盖即记忆力甚强者，岂能记忆七八十年之生命史，况作者自言自己记性自幼欠佳者耶！现作者写此书，则先以大半年日力，遍览自己全部著作，检查所保存之日记，更参考当时世局之沧桑，有关人事之迁变，自己文学创作之抒写，所研究学术问题之解决，及其所有著作出版之年月，一一记录，故条理分明，事迹翔实，以后若有人思研究作者之生平，以此书为根据，庶无大失。①

据此而论，苏雪林当年阅读《小仓山房诗集》时，正值其祖父苏锦霞职任浙地平湖县署知县时，亦即其父苏锡爵山东归来尚未奔往云南之际。

被苏雪林谓为"益处最大"的《小仓山房诗集》，乃清袁枚（1716—1797）的诗集。袁枚字子才，号简斋，晚号随园老人，钱塘人。乾隆四年（1739）进士，官江宁等县知县。辞官后隐居江宁小仓山随园，过着诗酒优游的名士生涯，广交四方名人，负一时重望，有《小仓山房集》、《随园诗话》和笔记小说《子不语》等，与赵翼、蒋士铨并称"江左三大家"。作为雄踞乾嘉诗坛五十春秋的盟主，袁枚对中国诗学的主要贡献，在于他所提出并阐释了著名的"性灵"说。所谓"性"，即为"性情"，而"灵"则指"灵机"。虽然，统而言之，"其所谓性灵指诗人进行创作是那一片真情，一点灵犀"②，但作为袁枚"性灵说"的基本内涵，二者既联系紧密，又有所区别。在袁枚性灵诗说中的"性情"等同于"情"，即指个人发自内心、出乎本性的真实情感。袁枚说："诗者，心之声也，性情所流露者也。"（《答何水部》）"不可貌古人而袭之，畏古人而拘之也。"（《答沈大宗伯论诗书》）并据"情"论杜诗："人必先有芬芳悱恻之怀，而后有沉郁顿挫之作。人但知杜少陵每饭不忘君；而不知其于友朋、弟妹、夫妻、儿女间，何在不一往情深耶？观其冒不韪以救房公，

---

① 苏雪林：《浮生九四——雪林回忆录》，封底勒口。
② 袁行霈：《中国文学概论》，高等教育出版社1990年版，第137页。

感一宿而颂孙宰,要郑虔于泉路,招李白于匡山:此种风义,可以兴,可以观矣。后人无杜之性情,学杜之风格,抑末也!蒋心余读陈梅岑诗,赠云:'一代高才有情者,继袁夫子是陈君。'"(《随园诗话》卷十四)因主张"诗由情生",为理学所避忌的男女之情,在袁枚看来最为绝假存真而尤为重视:"且夫诗者由情生者也,有必不可解之情,而后有必不可朽之诗。情所最先,莫如男女。"(《答蕺园论诗书》)由是,"重情"成为袁枚性灵诗说的思想核心与重要特征。"灵机",作为袁枚"性灵"说的另一要旨,指诗人的"灵感"与"灵思",即一方面表现为诗人把握现实世界及其形象特征的资禀和敏悟,另一方面则体现为作品中所呈现出来的灵气飞动、生机盎然的美学特征。① 如果"性情"说是袁枚对诗之本质的解读话,那么"灵机"说则可理解为袁枚有关"诗才"主张的阐释。袁枚主张"诗由情生",并认为灵机与情感的表现关联密切,不仅有道"灵犀一点是吾师",还曾高唱:"笔性灵,则写忠孝节义,俱有生气;笔性笨,虽写闺房儿女,亦少风情。"(《随园诗话·补遗》卷二)故力倡"诗之为道,标举性灵,发抒怀抱"(《随园诗话》卷十二),甚至扬言"自《三百篇》至今日,凡诗之传者,都是性灵,不关堆垛"(《随园诗话》卷五)。以"性灵"论诗,早在《文心雕龙》和《诗品》中就亦有出现,后来明代公安派更以"独抒性灵,不拘格套"为宗旨。袁枚的理论显然是继承了古人的观点,而又将其发扬光大。袁枚一方面以诗论标举性灵,强调灵感,主张风格多样化而名动于世;一方面又以其所作诗清新巧丽,通俗自然,而获"诗中之词曲"称誉。如此,与其时占据诗坛正统地位,主张温柔敦厚与讲究章法体裁注重格调的以沈德潜为代表的"格调说",以及受考据风气影响注重经学讲求用典以翁方纲为代表的"肌理说",大相径庭而独树一帜。袁枚的性灵诗潜存着反传统、破偶像、求创新的思想锋芒,对当时诗坛有着解放思想的意义,在其性灵诗说的感召之下,大量挣脱"格调"束缚表现性灵的诗作脱颖而出。对此,钱

---

① 蒋凡等:《中国古代文论教程》,中华书局2005年版,第235页。

### 她被唤作"瑞奴"时

泳叹道:"沈归愚宗伯与袁简斋太史论诗判若水火,宗伯专讲格律,太史专取性灵。自宗伯三种《别裁集》出,诗人日渐日少;自太史《随园诗话》出,诗人日渐日多。"① 随着《随园诗话》的刊行,在乾嘉以后的百余年间,袁枚诗说流布之远,未有能出其右者。姚鼐在《袁随园君墓志铭》对此盛况有所记载:"随园诗文集,上自朝廷公卿,下至市井负贩,皆知贵重之。海外琉球,有来求其书者。君仕虽不显,而世谓百余年来,极山水之乐,获文章之句,盖未有及君也。"② 今人郭沫若亦曾道:"袁枚,二百年前之文学巨子。其《随园诗话》一书曾风靡一世。余少年时尝阅读之,喜其标榜性情,不峻立门户;使人易受启发,能摆脱羁绊。"③

此外,袁枚对于清代妇女诗歌创作发展贡献卓著。自称"三分周孔二分庄"的袁枚,曾不拘常格地高唱"人欲当初,即是天理"(《再答彭尺木进士书》),亦曾宣称:"平生行自然,无心学仁义。"(《不饮酒》之十一) 由是,对素为男尊女卑文化传统所困扰的女性抱有深切同情与不平。其曾为"红颜祸水"所裹挟的女子翻案,亦曾替出塞的"昭君"忧思,更为其时饱受"缠足"所苦的女子悲恸道:"女子足小有何佳处? 而举世趋之若狂? 吾以为戕贼儿女之手足以取妍媚,犹之火化父母之遗骸以求福利也,悲乎!"(《牍外余言》卷一) 作为"性灵"领袖,就"女子不宜为诗"世俗之见愤然道:"俗称女子不宜为诗,陋哉言乎! 圣人以《关雎》《葛覃》《卷耳》冠《三百篇》之首,皆女子之诗。第恐针黹之余,不暇弄笔墨,而又无人唱和而表章之,则淹没而不宣者多矣。"(《随园诗话·补遗》卷一)。其晚年则"以诗受业随园者,方外缁流,青衣红粉,无所不备"(《随园诗话·补遗》卷九)。尽管清代闺秀中不乏"扫眉之才"、"不栉进士",然为"无才乃德"、"内言不出于阃"等传统性别文化所囿,以及为其时追求所谓沉雄豪壮唐音的格调说与偏嗜经史典

---

① (清)钱泳:《履园谭诗·总论》,丁福保辑《清诗话》下册,上海古籍出版社1978年版,第871页。
② 转引自(清)袁枚著,周本淳标校《小仓山房诗文集·前言》,第3页。
③ 郭沫若:《读〈随园诗话〉札记·序》,作家出版社,1962年版。

故的肌理说所困,女子学诗作诗仍极其不易。随园女弟子骆绮兰曾在《听秋馆闺中同人集》自序中道:"女子之诗,其工也,难于男子。闺秀之名,其传也,亦难于才士。何也?身在深闺,见闻绝少,既无朋友讲习,以沦其性灵;又无山川登览,以发其才藻。非有贤父兄为之溯源流,分正伪,不能卒其业也。迄于归后,操井臼,事舅姑,米盐琐屑,又往往无暇为之。才士取青紫,登科第,角逐词场,交游日广;又有当代名公巨卿,从而揄扬之,其名益赫然照入耳目。至闺秀幸而配风雅之士,相为倡和,自必爱惜而流传之,不至泯灭。或所遇非人,且不解咿唔为何事,将以诗稿覆酰瓮矣。闺秀之传,难乎不难。"① 袁枚所标举独抒性灵,无疑与作诗才媛心思相契合而引为同调,以至"一时红粉,俱拜门墙"。正所谓:"但肯寻诗便有诗,灵犀一点是吾师。夕阳芳草寻常物,解用多为绝妙词。"(《遣兴》其二)。从诸多的限制与禁锢之中挣脱出来的随园女弟子群起唱和,声响四方,俨然清代性灵诗派偏师。为苏雪林父亲苏锡爵心心念念的钱孟钿,即钱浣青,亦被目为随园中人。对这位出身高门嫁得官员的清代大家女子,吴文溥的《南野堂笔记》有着如此记载:"幼读书,涉览不忘,尚书为授《史记》《通鉴记事本末》,遂能淹通故事;又授以《香山诗》一编,曰:此殊不难。试为之,清言霏霏,如写露珠,冥搜悬解,已足方驾元和也。"钱浣青父与袁枚乃同年,其早年承训于庭,接受过良好的文化启蒙教育,一向好学而才高,爱读随园,擅古弄今,刚柔并济。其曾经三秦巴蜀,怀古咏史,典故联袂,古风朗朗,其中尤以五古《始皇冢》和七古《汉通天台铜人歌》为最。袁枚曾赞道:"闺秀少工七古者,近为浣青、碧梧两夫人耳。"(《随园诗话》卷十)而其思夫悼亲之近体,则不失女儿家多善感之柔婉。是故,袁枚《随园诗话》中选录浣青诗作多首,并作有《题浣青夫人诗册》诗五首,赞其"绝妙金闺咏絮才,一生诗骨是花栽","天为佳人常破例,清才浓福两无妨"。钱浣青则诗赞袁枚"玉局才华世所稀",更为"春风远隔苍

---

① 胡文楷:《历代妇女著作考·附录》,上海古籍出版社1985年版,第939页。

### 她被唤作"瑞奴"时

山外，问字无因到绛帐"（《续同人集·闺秀类》）而甚是抱憾。正源于此，顾远芗《随园诗说的研究》将钱浣青忝列为随园女弟子。

乾隆盛世之时，文艺上复古与反复古、重教化与主性灵诗论观交锋十分激烈，袁枚所倡导的性灵说诗学，推动了清代诗歌的发展，得到了同时期的著名诗人如赵翼、郑燮的赞赏，同时也遭到了替理学张目为妇学开道的章学诚等的诘难。章学诚所著述《文史通义》中有多篇针对袁枚而作，其曾在《书坊刻诗话后》指斥道："《毛诗》之中，又抑《雅》《颂》而扬《国风》，《国风》之中又轻国政民俗而专重男女慕悦，于男女慕悦之诗，又斥诗人风刺之解而主男女自述淫情。……自来小人倡为邪说，不过附会古人疑似以自便其私，未闻光天化日之下敢于进退六经，非圣无法，而恣为倾邪淫荡之说至如是之极者也。"① 更在《丁巳札记》中对袁枚的广招女子学诗怒不可遏道："近有无耻妄人，以风流自命，蛊惑士女，大率以优伶杂居所演才子佳人惑人。大江以南，名门大家闺秀多为所诱，征诗刻稿，标榜声名，无复男女之嫌。殆忘其身之雌矣。此等闺娃，妇学不修，岂有真才可取？而为邪人拨弄，浸成风俗，人心世道，大可忧也。"② 当然，后人对此则抱持极大的敬意。郭沫若说："袁枚，二百年前之文学巨子。其《随园诗话》一书曾风靡一世。余少年时尝阅读之，喜其标榜性情，不峻立门户；使人易受启发，能摆脱羁绊。"③ 钱锺书道："随园说诗要指，众所共晓。百许年来，不乏责难，大都学识勿足，心气未平。窃不自揆，以《诗话》为据，取前人论衡所未及者，稍事参稽。"④ 林语堂说："自从清朝出了一位袁枚（他是反对女子缠足很尽力的一位诗人），在他的影响下，树立了女子写诗的新范型。"⑤

然而，有关袁枚的风怀诗论及其诗作，不苟之议，自古至今。除了

---

① （清）章学诚：《文史通义·内篇五》，《章氏遗书》卷五，嘉业堂本。
② （清）章学诚：《章氏遗书》外编卷三，嘉业堂本。
③ 郭沫若：《读随园诗话札记·序》。
④ 曹聚仁：《书林又话》（修订版），上海书店出版社1999年版，第297页。
⑤ 林语堂：《八十自述》，《吾国吾民》，作家出版社1996年版，第145页。

章学诚厉斥袁枚："诬枉风骚误后生"①，尚镕批评袁枚"风流放诞"，"诗崇郑、卫"，实"为风雅之罪人"②。吴应和亦批评道："惟是轻薄浮荡习气，与《三百篇》无邪之旨相悖。"③ 更有洪吉亮评道："诗如通天神狐，醉即露尾。"④ 袁枚确如"通天神狐"般机敏，其诗颇多游戏笔墨或格调不高，往往失之油滑纤佻而诗意不醇。对此，朱东润在《中国文学批评史大纲》中指出："随园之言性情，是也。其失则在特重男女狎亵之情。——非特与男女性情之得其正者无当，即赠芍采兰，亦不若是之绘画裸陈也。章学诚《文史通义·妇学篇》斥为'洪水猛兽'，言虽过当，持之盖有故。"⑤ 意即男女之情的表达方式有"赠芍采兰"与"绘画裸陈"的两种方式，前者以委婉纯粹风雅引发心理的美感，后者以刻意生活细节生理快感而现狎亵低俗。显然，袁枚据"阴阳夫妻"说，谓《关雎》为艳诗，实则是将两种不同内质的男女之情混为一谈，是世人难以接受的原因所在。

袁枚创作颇丰，如今存有七千余首，其中收入他自编的《小仓山房诗集》三十七卷与《补遗》二卷中的，有四千四百八十余首，其他的见于《随园诗话》以及他的诗友们的诗集中。

《小仓山房诗集》首先是一部类似袁枚"自传"式诗集，其诗歌编选皆是按编年体形式编排的，它们或是一年一卷，或是二年至三年一卷，其年代跨度，从乾隆元年（1736）袁枚 21 岁赴广西找他叔父那年起，直到嘉庆二年（1797）他 82 岁去世为止，前后历时 61 年，几乎囊括了诗人的一生。薛起凤在《小仓山房诗集序》中曾指出："第按其所编，始弱冠，终花甲，四十年之行藏交际，具在于斯，可当康成《年表》读矣。"其实，后世许多学者不单单据此作其"年表"，更把它视为诗人用诗歌语作成的"自传"，其生平倜傥风流运命遭际悉数辑录其中。袁枚曾作诗

---

① （清）章学诚：《题随园诗话》，《文史通义》，中华书局 1956 年版，第 311 页。
② （清）尚镕：《三家诗话》，《清诗话续编》，上海古籍出版社 1983 年版，第 1923 页。
③ （清）吴应和：《浙西六家诗钞》，道光七年（1827）紫薇山馆刻本。
④ （清）洪亮吉：《北江诗话》，人民文学出版社 1983 年版，第 4 页。
⑤ 朱东润：《中国文学批评史大纲》，上海古籍出版社 2001 年版，第 359—360 页。

### 她被唤作"瑞奴"时

云:"病中何事最相宜?惟有摊书力尚支。悦耳偶听窗外鸟,赏心只看自家诗。一生陈迹重重在,万里游踪处处追。吟罢六千三百首,恍如春梦有回时。"(《病中不能看书惟读小仓山房诗集而已》)《小仓山房诗集》还是一部袁枚性灵诗说的实践诗集。袁枚主张"诗者,人之性情也。近取诸身而足矣。其言动心,其色夺目,其味适口,其音悦耳,便是佳诗。"(《随园诗话·补遗》卷一)。其诗作题材皆源自其身边与日常,其中有对民生表关怀的,如《沭阳杂兴》《苦灾行》《征漕叹》《捕蝗歌》等,且不乏汉魏乐府及其杜甫、白居易的诗风余韵;最为清婉凄恻,动人心魄当是数量可观的吊死问疾、伤离别恨及迎送酬赠等表骨肉亲情的,如《垄上行》《哭阿良》《哭三妹五十韵》《哭心余太史》《哭黄仲则》等。此外,嗜书乐游的袁枚,足迹遍布名山胜水,所拟就的大量山水诗章,则充溢着与自然相谐的闲情逸致,且以意象的灵动、新奇、纤巧,情调的风趣、诙谐,以及白描手法富于口语化而见著。总之,袁枚的《小仓山房诗集》,无论是写自我、写亲情、写爱情还是写山水,皆以其所表达之"性灵"之真切不伪,出没翕然,而别开生面于崇唐模宋的乾隆诗坛,有道是"数卷仓山集,先生道性灵,锦心罗万象,妙手通无形"(《和希斋》)。毋庸置疑,袁枚《小仓山房诗集》的推出,在清代乾隆年间的诗坛上产生过很大的影响,对于繁荣"性灵派"的诗歌创作起了积极的促进作用。

《小仓山房诗集》乾隆间随园自刻本仅三十二卷,嘉庆初随园刻本始将三十七卷并《补遗》全部刻全。除了随园刻本外,乾隆、嘉庆间各地多有刻本,光绪间、宣统间又有排印本。今人周本淳有《小仓山房诗文集》标校本,1988年上海古籍出版社出版。此集为诗文集,其中《小仓山房诗集》三十七卷、《补遗》二卷,所据底本为乾隆间随园刻本三十二卷本,另据嘉庆间诗集单刻本校补,并校以嘉庆间诗文合集本,诗仍按年编次。① 苏雪林手中所据的是一部木版的《小仓山房诗集》,共三十七

---

① 汪涌豪、骆玉明编:《中国诗学》第3卷,东方出版中心2008年版,第296页。

*148*

卷并《补遗》。

对袁枚《小仓山房诗集》的偏好,苏雪林不同时期的文章皆有直陈。首先,其声称父亲苏锡爵所买的木版《小仓山房诗集》,"有点注解,虽不大详细,但少年人脑力灵敏,善于吸收,看完后胸中平空添了许多典故,并知道活用的方法"[①]。其次,则是对袁枚的性灵诗风及其大力扶持随园女弟子的做派钦羡不已。为此,苏雪林曾以《读小仓山房诗集有慕》为题作绝句二首,即:

由来诗品贵清真,淡写轻描自入神。此意是谁能解得?香山而后有斯人。

多少名姝绛帐前,马融曾不吝真传。何侬读罢先生集,却恨迟生二百年。[②]

前一首主要对袁枚诗品及其诗才加以了揭示与高赞,后一首则表达了对当年随园女弟子的倾慕与向往。不啻如此,其称所作"《山居杂兴》四律,属词吐气,逼肖随园",并自认倘若生当乾嘉时代,"'随园女弟子'中许有我一席呢"。其诗云:

春去堂堂暗自惊,卧听门外鸟啼声。新愁似草芟难尽,佳句如金炼未成。破壁燕归增旧垒,纸窗人去剩枯枰,篆烟不教随风散,镇日湘帘一水平。

回头往事似烟飞,一枕南窗午梦微。四面山回依郭去,半溪花落送春归。奇书有价都罗屋,野雀无机每入扉。更喜晚来明月好,最先清影到书帏。

几丛寒竹绕庐生,自觉潇潇木石清。隔水稻香风十里,满楼花影月三更。地当僻处稀冠盖,诗到真时见性情。一片天机忘物我,

---

① 苏雪林:《三十年写作生活的回忆》,《苏雪林文集》第二卷,第 121 页。
② 苏雪林:《我与旧诗》,《苏雪林文集》第二卷,第 134 页。

### 她被唤作"瑞奴"时

入山猿鹤总相迎。

闲倚柴门对暮烟,落花寂寂瘦堪怜。送将春去刚三日,小住云山又半年。世事变迁多感慨,人生闲淡即神仙。自从挈得琴书隐,回首红尘尚惘然。①

明清时期的女子文学教育,一般分为文学启蒙教育与成年文学教育两个阶段。前者,主要在塾师或父母的教导之下进行;后者,或表现为"冥心潜索",即"出于个人天性和兴趣,一生耽于文史,自学自修,主动地掌握、不断地提高文学知识和技能",或表现为"请业求教",即"家庭成员之间的切磋琢磨,吟咏唱和,互教互学,传承风雅"②,并以"兴趣"与"审美"见著,而有别于同样接受文学教育却更多地诉诸现实功利的男子。其文学创作,尤其是诗词创作,亦多偏重于咏物抒情的写作题材与审美旨趣的呈现。

自1903年至1911年间,苏雪林浙地时期接受文学教育的过程,与上述明清女子文学教育有着诸多相似之处,不仅经历了上述各阶段的诸多环节,诗文兴趣更是多端。其曾在《三十年写作生活的回忆》中说:

诗歌方面,自少时所读唐诗三百首及少许选读汉魏古诗不计外,……以后,又自己抄读了不少李太白、李长吉、白香山、韩昌黎、苏东坡、陆放翁、高青邱、王渔洋、邵青门等人的作品,不惟从此会做各体诗歌;词汇,辞藻,亦收罗了无数,让我在各种写作上应用不匮。③

并直言"爱杜诗当然更在随园之上"之缘由,不仅在于杨伦注解的《杜诗镜铨》注解详细精当,远远胜出《小仓山房诗集》的注,而且自认

---

① 苏雪林:《我与旧诗》,《苏雪林文集》第二卷,第134页。
② 郭英德:《中国古代文学与教育之关系研究》,第331页。
③ 苏雪林:《三十年写作生活的回忆》,《苏雪林文集》第二卷,第120—121页。

## 第三章　县署上房中的蒙学经历

"工部诗之沉郁顿挫，感慨苍凉，与随园老人又大异其趣。我常说我的心灵弹力强大，轻飘飘的东西压不住它，一定要具有海涵地负力量，长江大河气魄的作品，才能镇得平稳，熨得贴伏。杜工部诗风既与我的个性深相投合"①。后来更有拟杜诗《慈乌行》《姑恶行》《侍母自里至宜城视三弟病》等五古淋漓之长篇。尽管如此，对清代诗家袁枚，苏雪林还是由衷地钦赞，其曾在《我所爱读的书》中大嘉其言：

> 清代诗家，我顶欢喜袁子才。这位负佻达文人之名随园老人，生前挨过许多骂，身后也负谤无穷，但我对于他的小仓山房全集，自幼至今，爱诵不衰。他的诗固有不少油腔，但长篇五七古，融才学识于一炉，爽快磊落，极见才气。他偶一发言均带幽默意味，更见其天分之高。再在他笔下，任何话都可说明，任何意均可曲达，所谓"使笔如舌"实非虚誉。照我看来，普通人的舌头还不及他的笔尖来得那么圆转自然呢。我同意洪吉亮所加于他的"通天神狐、醉则露尾"的考语，但我们若不问神狐变化的神通，专去注意他那条偶然拖下的尾巴，态度也是有失公平的。也许我初学作旧诗时，系由随园入手，第一次得来的印象自难泯灭，故尔有此偏见吧。②

显然，苏雪林对袁枚偏爱之溢于言表，除《小仓山诗集》乃其学诗最初入门因由之外，苏雪林对袁枚的接受，与袁枚所标举的独抒性灵契合于随园女弟子之心理而被引为同调不无相通之处。较之于乾嘉女诗人，兼得清季近代转型之际的天时地利，苏雪林更深得袁枚性灵诗说的三昧，诗意盎然，诗兴沛然，其曾在《谈写作的乐趣》中说：

> 只觉得满空间的鸢飞鱼跃，云容水态都是诗，豆棚父老，共话桑麻；柳荫牧童，戏吹短笛，固然是诗；即使人家夫妇的反目，姑

---

① 苏雪林：《我与旧诗》，《苏雪林文集》第二卷，第135页。
② 苏雪林：《我所爱读的书》，《苏雪林自选集》，台北：黎明文化事业公司1976年版，第84页。

### 她被唤作"瑞奴"时

妇的勃豀，也都是诗。诗料没有雅俗之分，没有古今之异，到了诗人白热化的灵感炉里一熔铸，都可以铸出个像样的东西出来。①

当然，袁枚对传统女性的同情及其为之而大声疾呼鸣不平，亦是有着封建文化压迫体验的苏雪林，与之亲近甚至偏爱的重要心理动因及其认知基础。更重要的是，袁枚性灵诗说中所蕴藉的"主个性"、"扬性情"的内涵，无疑与五四时期"个性解放"的启蒙思想相契合，这也是五四先驱一度热衷于晚明性灵思想的重新发掘之所在，也是苏雪林得以较快进入"五四"思想场域，并以"五四"人自居的重要原因之一。

清季，随着教会学校的不断扩张、社会女学思潮的涌动，各类女子学堂开始出现，于大多普通传统家庭的女子而言，其最初所受教育虽大都因循固有传统模式，但其具体情形又有很大的不同。出生于1890年的陈衡哲，这位中国第一位官派留美女学生，新文化运动中最早的女学者、作家、诗人，其姐妹都没上过私塾，其早年教育主要由父母亲随机轮流执行。② 出生在1900年的"五四"时期女作家冯沅君，其早年受教母亲之际，兼得"跟着哥哥们读了两年私塾"，更在大哥冯友兰的提点下学问长进。③"五四"女作家庐隐，出生于1898年，早年曾拜姨母为师。④ 社会活动家毛彦文，出生于1898年，"七岁时，父亲请了一位徐老先生来家教蒙馆"⑤。相形之下，苏雪林早年浙地时期所接受的教育，虽不甚完备，但尚可称为系统，并为其后的为文与为学之生涯，奠定了一定的基础。如此而言，实属欣幸。

---

① 苏雪林：《谈写作的乐趣》，《苏雪林文集》第三卷，第44页。
② 陈衡哲：《陈衡哲早年自传》，冯进译，安徽教育出版社206年版，第32页。
③ 严蓉仙：《冯沅君传》，人民文学出版社2008年版，第3页。
④ 《庐隐自传》，林伟民编选《海滨故人——庐隐》（附录一），人民文学出版社2001年版，第171页。
⑤ 毛彦文：《往事》，商务印书馆2012年版，第10页。

# 第四章　县署上房中的"崇祀"与"古听"

## 一　"崇祀"之种种

### 1. 祭祖先

信鬼崇祀乃江南社会之风习，处于"吴头楚尾"的徽州自然流俗其中。但是，由于受山林经济的制约和对儒家推崇的"中原衣冠"源源不断地迁入与深耕，"徽州人几无例外地生活在宗族社会的网络之中"[①]。"慎终追远"，既是儒家重要思想文化传统，亦是以孝治族的有效途径。在儒风独茂势大的徽州，祖先崇拜在其民间信仰世界中独占鳌头。如此情形，同样复制于苏雪林早年浙地的上房中，故而不断为其后来的回忆文字所提及。诸如"祖宗原是我们唯一宗教信仰的对象"[②]，"中国是个宗法社会，法天敬祖好像是读书人的唯一宗教"，"祖宗的威灵有时似乎还在'天老爷'、'佛菩萨'之上"[③]，等等。

所谓祭祖，即祭祀祖先，亦谓祖先崇拜，源自原始社会的自然崇拜与图腾崇拜，为万物有灵和灵魂不死观念所派生。中国的祖先崇拜信仰，源远流长。殷墟发掘出的甲骨占卜残片绝大部分为祭祀祖先资料的情况，足以表明殷商时期祖先祭祀之发达。周代对祖宗神的崇拜更是压倒了对天神的崇拜，而成为祭祀活动的主体。随着思想学术的勃兴和人文精神的洗礼，春秋战国的祖先祭祀，则演化为"慎终追远，民德归厚"以及"报本反始"等伦理观念。由于阴阳五行思想和谶纬学说的掺杂与儒学的提倡，祭祖礼俗于秦汉之际更是融入于民间的日常生活。经魏晋玄学及

---

[①] 唐力行：《徽州宗族社会》，安徽人民出版社2005年版，第2页。
[②] 苏雪林：《故乡的新年》，《苏雪林文集》第二卷，第170页。
[③] 苏雪林：《我幼小时的宗教环境》，《苏雪林文集》第二卷，第35页。

■ 她被唤作"瑞奴"时

佛道思想的浸染，儒家伦理化的祖先崇拜平添了宗教的况味。至宋儒释道的三教合一，祭祖礼俗日趋繁复并制度化。中国的祖先崇拜及其祭祀系统，虽历经变迁，其宗法伦理思想基质一以贯之。① 究其原因，除了为人类文明初创时期的万物有灵论因素决定之外，与儒家所推重的"孝"文化的内在深刻联系分不开。孔子曾就"孝"如是说："生，事之以礼；死，葬之以礼，祭之以礼。"(《论语·为政》)《礼记》也有类似表述："是故孝子之事亲也，有三道焉。生则养，没则丧，丧毕则祭。养则观其顺也。丧则观其哀也，祭则观其敬而时也。尽此三道者，孝子之行也。"(《礼记·祭统》)《中庸》则言："事死如事生，事亡如事存，孝之至也。"可见，中国传统文化中的"孝"由生则养、丧则哀、祭则敬三个部分组成，而其中祭则敬，则表现为斋之日，必思其居处，忆其音容；祭之日，必有见乎其位，闻乎其声，即如孔子所说："祭如在。"是故，祭祖也是行孝的一种，且为极其重要的一种。《左传》有言："国之大事，在祀与戎"，说明了古代君主把上天与祖先护佑的意义与战争之作用等量齐观。《史记·礼书》有云："上事天，下事地，尊先祖而隆君师，是礼之三本也。"祭祖活动的社会功能，不仅仅在于歌颂与报答神祇的功德与孝道的实行，同时还具有借此以三纲五常教化臣民之效用。② 不可否认，敬畏、感恩、禳祸与祈福是祭祀行为的一方面；通过礼仪形式熏陶人的心灵，使人能知礼驯顺，是祭祀行为较为隐匿的另一方面。

由宗族主导的徽州，经朱子新安理学的催化和地方官绅及宗族的践行，自宋以降孝文化日盛日炽，以致乡里"水木本源"与"慎终追远"意识浓厚，崇祀祖先蔚然风气。从明代嘉靖十五年（1536）礼部尚书夏言奏言《请定功臣配享及臣民得祭始祖立家庙》，朝廷颁诏天下臣民可建祠堂祀始祖之后，祭祖成为徽州宗族的一项重要礼仪活动。尽管清代朝廷的祭祖法规，着力于礼仪秩序建构而强调"品官家祭之礼"与"庶人家祭"之设的区分。然而，素来敬祖崇祀的徽州，自持朱子《家礼》，祭

---

① 余和祥：《论祖宗祭祀礼的伦理思想根源》，《中南民族大学学报》2002年第9期。
② 张永梅：《浅谈孝与祭祀的关系》，《兰州教育学院学报》2012年第6期。

祖活动尤为兴盛。《歙事闲谭》载："徽俗，士夫巨室，多处于乡，每一村落，聚族而居，不杂他姓。其间社则有屋，宗则有祠。支派有谱，源流难以混淆。"① 从某种意义而言，徽州的祖先祭祀亦可称得上是徽州祖先崇拜中最为鲜明的民俗标志。据明清流传于徽州的《祈神奏格》"书卷"部分所述祭祖先篇目有：元旦拜祖先，新正送祖先，新正拜坟，四仲月祀祖先、清明扫墓、清明祀祖先，中元祀祖先，做年祀祖先，高、曾、祖妣忌日祀祖先，考妣忌日祀祖先，每常祀祖先，生日祀祖先，生子祀祖先，冠礼拜祖先，婚礼拜祖先，嫁女辞祖先，腊月二十四接祖先，除夕祀祖先，离家赴任、经商祀祖先，抵任、抵商安家先，官署、客旅祀家先，新娶拜坟等。② 尽管曾几番兵燹，几经重挫，但在有清一代徽州祭祖活动经久不息并呈起伏状发展。③ 祭祀祖先在徽州盛久不衰，不仅在于它所具有的追恩报本、倡导孝悌、兴旺家族之功效，还在于它的主导者既可借此手段博得"重孝"的美名，更可借此实现治族治人的目的，由此稳定宗族、笼络人心，从而得到地方政府乃至国家的支持。④ 正所谓："新安尤沐仁孝之化，故一本就族之谊隆，更际皇上御极，加意天潢，推恩无已。"⑤

苏雪林在《我幼小时的宗教环境》和《故乡的新年》中，便有着祭祖的相关叙事。有所不同的是，前者事关其寓居浙地时期的"家祭"记忆，后者则是其对故乡太平岭下年关时节"祠祭"的回顾。所谓家祭，即寝祭，是指个体小家庭的家中祭祀。钟敬文在《中国民俗史》（明清卷）中，曾对"家祭"作有如下说明：

> 家祭是在家庭内设立祖先牌位的祭祀活动，古代称为寝祭。明

---

① 《歙事闲谭》第8册录程且硕《春帆记程》。
② 转引自王振忠《明清徽州的祭礼礼俗与社会生活——以〈祈神格〉展示的民众信仰世界为例》，《历史人类学学刊》第1卷第2期，2003年10月。
③ 何巧云：《清代徽州祭祖概述》，《合肥学院学报》2010年第3期。
④ 陶明选：《明清以来的徽州民间信仰研究》，复旦大学博士学位论文，2007年。
⑤ 《新安徐氏宗谱》卷首一《宗谱新成序》，上海图书馆谱牒中心藏。

### 她被唤作"瑞奴"时

清时期富户在堂屋左边单设享室，岁时、伏腊、忌日，必启室祭祀。乡村民众一般在家中的正房或厅堂的北面正中处设神龛以供奉祖先神主牌位。所谓神主牌位，是一种带座可以树立的长方形小木牌，上面写着祖先的名讳及同家长的关系，如："显考讳某妣某氏孺人之神位"等。寝中的神主只包括高、曾、祖、考四世。有的家庭只在厅堂墙上贴上红纸书写的本门宗亲神位，或者在神龛上供块大木牌，正中写"天地君亲师之神位"，左右两旁分别用小字写上"本门宗祖"、"东厨司命"。日常家祭是初一、十五，重要节日及祖先诞辰忌日，都必须祭祀。春夏秋冬的四时之祭是祖先祭祀的主要仪式活动，元旦、清明、端午、中元、十月初一、冬至、除夕等都是民间社会的主要祭祖日。以朔望日家祭来说，在夏历每月的初一、十五，是人们例行祭祀祖先的日子。主人及家人早早起床盥洗，点燃香烛，齐聚香案前，依照长幼辈分次序站立，主人上香完毕，子弟奉茶，归位，率家人一跪三叩，礼毕告退。①

通常情况下，徽州本地区的宗族祭祖皆以祠祀为中心，若因远迁或谋事行商在外不及返乡参加祠祭者，则另有章法。明清江南素有"无徽不成镇"之说，但凡徽商所到之处，必在当地建立祠堂供奉祖先神；与此同时，各地徽商会馆均崇奉朱熹，岁岁祷拜。如此，既体现了徽商期以血缘纽带来规范群体内部关系，也反映徽商期以理学精神规范商业行为的儒商文化心理。② 至于身负官差辞别乡里的徽籍仕人，也有其一定的致祭行孝之定规。苏雪林在《我幼小时的宗教环境》中，对此就有较为具体的记述，如下所示：

> 我的祖父在外做官，不能每年回乡祭祖，只好把一部祖宗系牒，装在一具楠木柜里，连柜供于后堂，每天上一炷香致敬。到了腊月

---

① 钟敬文主编：《中国民俗史》（明清卷），人民出版社2008年版，第403页。
② 唐力行、王健：《多元与差异：苏州与徽州民间信仰比较》，《社会科学》2005年第3期。

底,正厅悬灯结彩,铺设香案地毯,焕然一新,四壁挂的都是祖父头顶上十几代的祖宗遗像。大多数是满清衣冠,但有几幅则竟是明朝的服饰。腊月廿四、除夕、上七、元宵,各办盛筵一席供奉,平时则香茶清酒及素果而已。孩子们在红毡毯上打滚玩耍,看着那满壁琳琅的画像,觉得非常有趣。再由大人们指着画像解说:那位祖宗小时候读书如何勤奋,得过什么功名;那位祖宗做官如何清廉,受过皇上的褒奖;那位祖宗饿死于长毛之乱;那位祖宗于灰烬之余,一顶斗笠,一条扁担,重兴创立家业……孩子们既知自己身体从何而来,半明半昧的脑筋,不觉产生"源远流长"的自负之感,并且也能由此获得许多"做人之道"的宝贵启示。①

苏雪林相关叙事篇幅虽十分有限,但其在浙地县署上房所经历的"家祭"情况以及由此所折射出的孝文化这一徽州核心思想文化元素,则得以集中展现与揭示。相较于通常意义的"家祭"模式,清末浙地县署苏氏上房中的家祭活动有着诸多的不同:一是,为县衙格局所限,享室设于后堂而非通常意义的"堂屋左边"。二是,因仕途所囿,"只好把一部祖宗系牒,装在一具楠木柜里"充任通常神龛所"供奉的祖先神主牌位"。三是,日常虔敬至极,即"每天上一炷香致敬"并置"香茶清酒及素果"。四是,虽然寓居他乡,腊月祭仪隆重如祠。除了"正厅悬灯结彩,铺设香案地毯"之外,"四壁挂的都是祖父头顶上十几代的祖宗遗像",而有别于通常,"寝中的神主只包括高、曾、祖、考四世"的做法,如此状况多为故里宗族祠祭之景象。此外,"腊月廿四、除夕、上七、元宵"之盛筵,应有尽有,并借此对子孙慎终追远地教化有加。"祖先信仰是家族社会的精神核心,它是中国传统社会民众最主要的信仰之一。"②祭则敬及其"事死如事生,事亡如事存,孝之至也"乃儒家祭祖传统之要旨,亦凸显于苏雪林早年浙地县署上房中的家祭中。对于苏雪林早年

---

① 苏雪林:《我幼小时的宗教环境》,《苏雪林文集》第二卷,第36页。
② 钟敬文主编:《中国民俗史》(明清卷),第403页。

■ 她被唤作"瑞奴"时

"家祭"经历加以具体地考察的意义也正在于此。

苏雪林的《故乡的新年》,有着对太平岭下苏氏宗族的新年祠祭的详尽叙事。需加说明的是,时值1913年,乃豆蔻年华的苏雪林首次故里之祭。也就是说,苏雪林有关祠祭活动的见闻,亲历于其离开浙地之后。因祠祭是徽州祭祖的重要事象,从相关考察计,故将该文一并纳入解读。

"祠祭",又称"族祭",即在宗族祠堂祭祀祖先。祠祭在徽州的宗族社会中生活占有重要地位,用于祭祖的祠堂亦为徽州宗族社会的重要象征。徽州宗族祠堂最早出现于宋代,明代徽州建祠祭祖活动则大兴,以至有清一代徽州地区宗祠林立,祠祭遍处,甚为壮观。徽州宗族祠祭的种类很多,从祭祀时令来看,主要有春祭、秋祭和冬祭,其中立春祭先祖,季秋祭祢,冬至祭始祖。从祠堂等级来看,徽州祠堂主要有统宗祠、支祠和家祠等。从所供奉祭祀的神主来看,徽州宗族祠堂所供奉祭祀的神主有始祖、先祖、高、曾、祖、祢,并普遍遵循"大宗百世不迁,小宗五世则迁"的规制。徽州宗族祭祀礼仪深受朱子《家礼》影响,各个宗族祠祭的时间、规格、程序、仪式等不尽相同,但"祭之仪,文公《家礼》俱在,遵而行之是实"[①]。总之,祠堂祭祖是宗族隆重的大典,祠祭礼节繁缛、操作复杂,为了避免在正式祠祭活动中出现问题,祠祭举行之前需要做诸多准备工作,如通知各支会同并分配任务,准备祭物、祭器等。祠祭时,主要流程有读祭文、摆祭品、祭拜仪节、祭后颁胙等程序;祠祭结束后则有清理祭器与祭祀场所以及宣读族规,教化族众等事宜。尽管徽州祠祭的场所、祭品的形式在其传承的历史过程中会有所流变,但其以所固有的"尊祖,敬宗,睦族"的深潜功效,则始终如一作为徽州宗族生活的一个重要内容和徽州人的精神支撑。[②]

现将苏雪林《故乡的新年》中有关太平岭下"祠祭"的内容摘录如下:

---

[①] (同治)歙县《金山洪氏族谱》卷一《家训》,清同治十二年刊本。
[②] 何巧云:《清代徽州祭祖研究》,安徽大学博士学位论文,2010年。

## 第四章　县署上房中的"崇祀"与"古听"

　　祖宗原是我们唯一宗教信仰的对象。到了冬至那一天，从猪栏里牵出一只又大又肥的猪，雇屠夫来杀。杀剥架后上木架，连同预先备下的十几色祭品，抬到祠堂祭祀祖宗——祖祭是由拈阄决定，并非每家每年都要当值。

　　祭祖毕，将猪抬回家分割。至亲之家要送新鲜猪肉一二斤不等，余者则腌成腊肉，或切碎成肉丁和五香灌制香肠。一头猪的肠不够，要预先到肉铺添购几副，才能做出许多串肠子供大家庭食用。腌鸡、腌鸭、腌各色鱼也于此时动手。猪头必须保持完整，头部只留毛一撮，以备将来应用时编成小辫，上插红纸花。同时腌下首尾留毛羽的大公鸡，长二尺以上的大鲤鱼各一，称为"三牲"，留作除夕"谢年"之用。

　　……

　　送灶，各地皆在腊月廿四，我乡为了廿四接祖，故改在廿三，香烟纸马外供品里必不可少的是麦芽糖和糯米圆子二色。因为灶君上天，将在玉皇大帝前报告我们一家这一年里所行各事。人们行事总是恶多善少，老头儿据实上陈，我们尚感吃不住，倘若他一时高兴，加些油盐酱醋，那岂不更糟，麦芽糖和糯米团最富黏性，黏住灶公牙齿，他上天奏事的时候，说话含糊不清，玉帝心烦，挥手令退，他老人家自己也内愧于心，及时住口了。愚弄鬼神一事，我们中国人可算聪明第一：宋代便有所谓"醉司命"，用酒糟敷满神龛，使得灶公醉醺醺地上天无法播弄是非。独怪灶公年年上当永不觉悟，这种颟顸老子，真只配一辈子坐在厨房里，火烈烟熏！

　　前面说过祖宗崇拜是我们家乡唯一宗教。祖宗不唯在全村第一宏丽的家祠里接受阖族祭祀，还要回到各个家庭，和子孙一起过年。腊月廿四日，乃祖宗"下驾"之日，各家先数日收拾正厅，洒扫至洁，从全家最高处的阁楼，将祖宗遗容请出，一幅幅挂起。祖宗服装，从明朝的纱帽玉带直到清代的翎顶朝珠，将来当然还要加上民国的燕尾服，大礼帽，不过在我这一代还没有看见，想必将来祖宗

### 她被唤作"瑞奴"时

喜神仅用照片，不必绘画了。那个正厅，上挂红纱宫灯，下铺红毯，供桌和坐椅一律系上红呢帷幕，案上红烛高烧，朱盘高供，满眼只觉红光浣漾，喜气洋洋！

"接祖"的一桌供品，丰盛自不必说。礼毕，只留干果素馔，荤菜则由家人享受。

到了除夕，又须大祭祖宗一次。又向天摆出猪头等三牲，名曰"谢年"，并将灶公接回凡间。而后合家老幼，团聚吃"年饭"，饭毕，长辈互相用喜庆话道贺，晚辈则向长辈磕头辞岁，大人则每人赏以红包，名曰"压岁钱"。以前每人不过青蚨一百，渐变为银洋一元，恐小孩无知，说出不吉利的话，预先用粗草纸将各孩子嘴巴一擦，并贴出一张字条，大书"童言无忌"，则可逢凶化吉。

……

元旦一早，凡家中男子都衣冠整肃，到宗祠向祖宗贺年，女子则没有这项权利，这是旧时代"重男轻女"习惯所酿成的现象。距宗祠过远者，只好在家里拜拜了事。

拜祖后，大家开始互相登门贺岁，到处是恭喜声，断续鞭炮声，孩子掷"落地金钱"的劈拍声，家庭里则纸牌声、麻将声，连续七日。到了"上七"，又要办供品祭祖，自己也享受一顿。①

苏雪林上述文字作于20世纪60年代初的台湾，文章是如此开篇的：

我的故乡是在安徽省太平县一个僻处万山之中的乡村，风俗与江南各省大同小异。自离大陆，忽忽十年，初则漂泊海外，继则执教台湾，由于年龄老大，且客中心绪欠佳，每逢年节，不过敷衍一下聊以应景而已，从前那股蓬勃的兴趣再也没有了。现特从记忆里将我乡过年情节搜索一点出来，就算回乡一次呢。②

---

① 苏雪林：《故乡的新年》，《苏雪林文集》第二卷，第170—173页。
② 同上书，第170页。

显然，此作是苏雪林挥别故乡十余年，经历诸多流离与仓皇之后的思亲念乡之作。若从苏雪林对所亲历印象角度来看的话，以下几个方面值得关注：一是，徽州祭祖文化中的性别禁忌现象。拜男尊女卑徽州宗法文化所赐，作为家族女性晚辈的苏雪林属于被禁止入祠参祭的一群。因此，对整个祠祭活动流程的交代，只有正式祭仪前后的相关叙事，而对祠堂所进行的祭仪则无任何涉笔。二是，徽州祭祖民俗的乡土化现象。祖先崇拜与同时活跃于徽州民间的乡土神灵等，以某种神秘的力量影响着徽州民众的信仰世界，并渗透民俗节日与徽州民众的日常生活，如文章所提到的"新年"与"祠祭"的相关联系，"先祖"与"灶王爷"迎来送往，以及"拜祖"与"贺岁"欢声交叠，处处宣示着孔子倡导的"祭如在"般的欢愉和亲切。由此增强人们的集体记忆，形成特定的社会意识。① 正所谓："孝莫大于敬祖。敬祖莫大于修祀，祀莫先于祠祭，有事于祠，所以尊祖敬宗，而致其如在之诚也。"② 三是，苏雪林的相关认识与态度。祖先崇拜之于徽州民间信仰生活的重要意义，苏雪林有着充分的认识：提出"敬祖之俗，未可厚非"。认为"敬祖虽是中国宗法社会的特产，对于中国民族绳绳继继永久延续的力量，也有莫大的维护之功"。此外就是认为"中国儒家的孝道与天主教道理最为接近"，并推论道："其之所以能接受天主教也许与幼年时代敬礼祖宗之事，有相资助相启发之功吧"。固然，苏雪林在文章结束之际有过"各宗族祭祖的风俗不久将被时代淘汰，我们今日实无提倡的必要"③ 的放言，事实上其本人也确实早早皈依了天主，问题是其对依附于祖先崇拜的"孝道"思想，不加任何针砭地照单接受，及其由此所遭致的困厄，也实实在在地令人扼腕。

2. 奉外神

祖先神之外，徽州民间信仰活动十分活跃，信俗亦纷繁芜杂。现有

---

① 何巧云：《清代徽州祭祖研究》，安徽大学博士学位论文，2010年。
② 转引自王振忠《明清以来徽州的礼生与仪式》，中国地方社会仪式比较研究国际学术研讨会论文，香港中文大学，2008年。
③ 苏雪林：《我幼小时的宗教环境》，《苏雪林文集》第二卷，35—44页。

■ 她被唤作"瑞奴"时

研究揭示，徽州民间信仰的主要神祇达百种之多，其中所奉祀的自然神灵有先农坛、社稷、乡厉、雷、雨、风、云、山、川、龙王、元[玄]天上帝、月神、土地神、城隍神、水火神、灶神、魁星等；所奉祀的英雄（历史人物）类神灵有汪华、程洗灵、关帝、张巡、许远、朱熹、华佗、岳飞、雷万春、周宣灵王、南齐云、昭明太子、水府尊神、张祠山、毛甘、蔺将军、谢绪、晏公等；其他神灵有刘猛将军、五猖、地藏王、观音、瘟神、财神、禄神、寿神、玉皇上帝、钟馗、东岳帝、如来、天花娘娘、神母元君、大小青龙神、五圣世、准提斗母，等等。[1] 清末曹梦鹤的《太平县志》中所辑录的有关太平境内的"秩祀"情况对此也有所反映，如表4-1所示。

表4-1　　　　《太平县志》"秩祀"所涉"外神"信仰情况一览

| 自然神 | 社稷坛、先农坛、风云雨雷雨山川坛、城隍庙神、文昌帝君、火神庙、土地祠 |
| --- | --- |
| 英雄（历史人物） | 关帝庙、忠烈庙、周公祠、文庙、武庙、忠烈张公 |
| 其他神灵 | 玉帝阁、东岳庙、刘猛将军、腊八神、吕祖师庙、邑厉坛、马王庙、旗纛神 |

对如此庞大复杂的诸神信仰体系，徽州宗族以内神、外神加以区分和规范。内神，即祖神，指有血缘关系的神灵，即祖先；外神，则为无血缘关系的神灵。对于关乎孝道与家道、治族与治人的内神，徽州宗族一向是顶礼膜拜有加，不仅表现为兴祠堂，续族谱，严祭祀等方面，同时还表现在其对外神信仰动辄抑制的一面，《茗洲吴氏家典》曾就外神祀严词道：灶神、社稷、乡厉三者之外，其他外神信仰"于典无据"，"僭莫甚焉"，"譸张为幻，莫可征信"，"皆不当祭"，"非所祭而祭之，名曰淫祀，淫祀无福。今详考于左以屏之"[2]。但在实际的社会生活中，徽州的外神信仰仍大行其道，其中佛道宗教广泛流播于包括下层妇孺在内的

---

[1] 陶明选：《明清以来徽州民间信仰研究》，复旦大学博士学位论文，2007年。
[2] （清）吴翟辑撰，刘梦芙点校：《茗洲吴氏家典》卷之七《外神祀考证》，徽学研究资料辑刊，黄山书社2006年版，第288—294页。

徽州人家。清代歙人凌廷堪的《望齐云岩真武殿作歌》曰："沿途男妇杂童子，亦有少女褰青裙。长桥跨涧石齿齿，飞瀑赴壑波沄沄。盘空高磴历匪易，伛偻拾级何殷勤。市香奉币口默祷，愿降福祉除灾氛。"① 清代吴县人施源在《黟山竹枝词》对拜佛妇女趋之若鹜的盛况描述道："广安南若北城隅，佛诞斋筵妇女趋。罩耙懿筐排满路，分明农具绘豳图。"②

弥布于徽州大地外神信仰同样也充斥于苏雪林早年浙地县署的上房，并首先表现为祖母苏杜氏对观音的崇信。苏雪林曾说：

> 除了祖宗之外，我们家庭所奉的正式宗教，当然是佛教了。记得我祖母供着一尊江西景德镇烧制的观音大士像，每日早晚，上香三支。祖母事忙，便打发我姊妹代上。祖母不识字，想学念心经，叫我到家塾老师处学了来，一句一句转授给她。什么"三藐三菩提"，什么"色即是空，空即是色"，祖母还未学得上口，我却念得滚瓜烂熟了。③

观音信仰，是明清社会主要信仰之一。观音，本为佛门四大菩萨之一，始乃神通之男性形象，自流播中土后，因"大士变相无常，而妆塑图绘多作女人相"④。故此，为广大信众所膜拜的女性化了的慈悲观世音，是佛教中国化的结果；或者说，观音是佛教传入中国后形成的新偶像崇拜。因观音显灵解人困苦的事例屡有记载，并广为传播，故在信众心目中，"慈悲众生，百方度世"的只有观音，进而甚是膜拜顶礼。对观音的供奉，有寺庙与家供两种形式。寺庙供奉又有单一寺院供奉，或陪祀佛祖或与诸神混杂供奉等不同情形。观音神通广大幻化多般，有三十三观音、三十七观音之说。明代女性多崇拜白衣观音与鱼篮观音。前者身着

---

① （清）凌廷堪：《校礼堂诗集》卷九，续修四库全书，上海古籍出版社2002年版，第1480册，第70页。
② 《安徽竹枝词》，黄山书社1993年版，第69页。
③ 苏雪林：《我幼小时的宗教环境》，《苏雪林文集》第二卷，第36页。
④ （明）谢肇淛：《五杂组》卷十五，上海书店出版社2001年版，第303页。

### ■ 她被唤作"瑞奴"时

白衣，手执白莲花，民间称之为白衣大士，既掌管"祈嗣生育之事"①；也担当救苦救难之责，且有求必应。后者则为明清民间普遍所崇拜，其常化身为手提装有一条鲤鱼竹篮的渔妇，为人解除病痛或磨难而奔走四方。"朝念观世音，暮念观世音，念念从心起，念念不离心"，这段流传于清代的《观音救生经》，足以说明鱼篮观音实乃明清佛教神灵世俗化的缩影。民间的观音信仰，除了日常的焚香礼拜、念诵祷告外，人们还在观音的诞辰日（农历二月十九日）、成道日（农历六月十九日）、出家日（农历九月十九日）举行集体祭祀仪式。各地寺庙都有进香活动，其中以农历二月十九日观音诞辰日最隆重。②"观音大士著慈悲，诞日烧香远不辞。逐队岑山潜口去，相随女伴比丘尼。"③ 这首《竹枝词》唱的就是旧时徽州观音信众成群结队赶往潜口观音会的情景。明清时期徽州的观音庙会，以潜口观音庙会最负盛名，具体情况如下所示：

> 潜口原属徽州歙县，乃千年古镇。潜口村观音山旧有观音庙。主要建筑有灵官殿、龙王亭、阮公泉井、八角亭、地藏王室、法镜台、观音岩洞、玉皇阁等。旧时，每年农历二月十九、六月十九、九月十九三日，潜口村均要于此举办庙会，祭祀观音菩萨。以六月十九日庙会最为隆重，其盛况居徽州庙会之首。庙会期间，观音庙内香火旺盛，香客云集。除延僧侣做法事外，还要请名戏班子日夜演戏。传说潜口的观音菩萨最灵验，诸如求子、祈福、消灾、保稻等有求必应。每年观音会，绩溪、歙县南乡等地都要派迎神队伍来潜口"接观音"回村办"观音醮"，即从庙内买一张观音菩萨画像，拜祭后，到阮公泉井里装一葫芦"圣水"，再将观音菩萨画像放在神轿内接回村，沿途旗幡、锣鼓、爆竹、硝铳的好不热闹。观音接回村中时，全村人至村口列队恭迎，然后送至早已搭建好的观音祭棚

---

① （明）谢肇淛：《五杂组》卷十五，第 304 页。
② 钟敬文主编：《中国民俗史》（明清卷），第 372—374 页。
③ 许承尧：《歙事闲谭》卷七《新安竹枝词》，黄山书社 2001 年版，第 207 页。

## 第四章 县署上房中的"崇祀"与"古听"

或祭坛,供纸像于香案,僧道诵经打醮后,即举行盛大的抬观音游村活动。游行时,有各式旗幡伞帐,伴以喇叭唢呐、锣鼓钟磬、硝铳爆竹等。参加游神的有僧道尼诵经队伍、长者行香队伍、金童摆对队伍等,并有舞狮、地戏、秋千、抬阁等游艺表演,队伍浩浩汤汤,场面隆重热烈。游神活动要持续一周左右。期间,家家户户到祭棚或祭坛焚香烧纸、点香灯,供奉祭品。也有一些善男信女自行结队去潜口观音庙中"接观音"的,将观音画像挂在张开的雨伞内带回家,常年供奉祭拜,如果所求有所应,来年还要送匾至潜口观音庙中还愿。至今,潜口村还流传有:"吃大王,卖观音"的民谣。①

在理学与宗族的强力控制之下,徽州妇女具有崇尚廉贞清白逆来顺受的保守一面,同时作为徽商之妇也有男人般独支内外的坚韧与干练。当徽州宗族对佛道排斥之时,身心负重累累的徽州妇女则为宗教教义所吸引。不单《清稗类钞》有"妇女之笃信左道者为尤多"②之言辞;就在清刘汝骥《陶甓公牍》中亦有类似之感慨:"士大夫类能受孔子戒,卫道严而信道笃,卓然不惑于异端","谈佛法者惟妇女居多,间有茹素诵经者"③。不可否认,徽州"宗族对佛、道欲禁还迎的态度,也为妇女信奉宗教营造了一个似紧还松的氛围"④。作为外神信仰的观音信仰,其不仅在祈福禳祸方面与徽州宗族的祖先崇拜有着异曲同工之妙,更兼具慈悲情怀慈母之状和助人生育与祛病求福的神通法力,故而拥有众多徽州女子尤其是底层妇女的崇信。浙地县署上房中的观音崇拜,便是如此情况的写照。

就观音信众而言,祖母苏杜氏是虔敬的,这不仅仅在于其"供着一

---

① 吴晓春:《民风淳厚的徽州地区——徽州民俗》,安徽人民出版社2010年版,第119—120页。
② (清)徐珂:《清稗类钞》第十册《迷信类·男女之种种迷信》,中华书局1984年版,第4657页。
③ (清)刘汝骥:《陶甓公牍》卷十二《法制科·歙县民情之习惯·宗教》,黄山书社1997年版,第583页。
④ 刘平平:《明清徽州妇女的日常生活空间》,安徽大学硕士学位论文,2013年。

165

### 她被唤作"瑞奴"时

尊江西景德镇烧制的观音大士像,每日早晚,上香三支",还在于恪守无才是德女教传统的她,为了观音信仰学习念经,竟在苏氏姐妹蒙学问题上有所妥协。其实,崇信观音的祖母苏杜氏也不乏良善,其不仅"重宗亲,讲世好",对孤寡弱小也能有所关切。无奈的是因封建妇德观念积习深重,其不仅自身的健康沦陷于"子嗣传承"的事业之中,而且还凭借"婆母"的位高权重恣意淫威,故给年幼的苏雪林创伤颇深,以致但凡涉及祖母的文字,总被苏雪林标注为"西太后"、"慈禧太后",态度决绝得似从未考虑与之和解。

与此同时,上房眷属还对形形色色的神明崇拜有加。苏雪林曾就此回忆道:

> 我们中国人的宗教观念究竟不如欧美人的严肃,我家信仰的除了"祖宗教"是出于至诚,此外则为多神教。我的父亲和二叔少年时代从事举业,曾在文昌帝君和魁星前热心叩拜,祈求功名的顺利。但尽管他们这样虔诚祀奉,他们的功名也只限于"进学"为止。在我很小的时候,父亲和二叔已把那些什么闱墨一类的书籍抛得远远,花钱捐了官了。所以他们拜文昌魁星的事,仅由母亲口中偶然提起,我并没有亲眼看见。三叔父无意科名,只想发财,房里供着一尊小小玄坛像,也不知道他是哪里弄来的,只有六七寸高,金盔金甲,跨猛虎,执钢鞭,我觉得它像玩具,很是欢喜。婶娘们有的奉送子娘娘,有的祀斗母,甚至什么花神什么狐仙,也都是我们女眷们崇奉的对象。记得祖父××县署里有一株紫藤,树干粗如人腰,盘旋袅绕,宛如游龙。树荫遮蔽得几间屋子,花时一片紫色霞光,把整个院子映得像落过一场大雪,亮得人眼睛发花。据说此树已有数百年的生命,从前曾显过灵应,已成神了。树下有一小庙,即为奉祀花神之所。我幼时顽皮好弄,有如男孩,一日,爬上这株紫藤,抓着树枝悬空摇晃打秋千,归来即头痛发热。家人说触犯花神,备香纸叩拜谢罪。以后便有位婶娘,选择此花为崇祀的对象,每逢初一、

## 第四章 县署上房中的"崇祀"与"古听"

十五，总要买些香纸，叫女仆去代她敬神。县署的屋宇总有相当的广阔，空下的房间颇多。旧式建筑，颇多大屋高楼，深邃幽暗，鬼气森然，夜深人静，常听见各种声响，便以为是借居的狐仙在那里活动了。所以县署的后堂深处，常供着一只香案，陈设些香烛之类，中间是一个纸做的牌位，上写"某某大仙之位"字样，朔望供烧酒一杯，煮熟鸡蛋一个，我姊妹少时都经常在狐仙牌位前叩过头。①

苏雪林上述文字，将徽州民间外神信仰的功利性、多元性与包容性加以了具体呈现外，更引人关注的是，浙地县署上房日常信俗活动中所凸显的性别文化色彩。

作为苏氏青壮子弟，其信俗活动折射出浓郁的或仕或商的气息，徽州崇儒重商的文化传统诉求尽显其中。前者表现为其父与二叔对文昌帝君与魁星的崇拜；后者则体现在其三叔对财神赵公明的祭祀。

文昌帝君，又称梓潼帝君，俗称文曲星，是中国民间信仰中影响最为广泛的一位神灵，前后经由了从早期的星辰之神、地方之神，到"掌管人间桂籍、嗣胤、名爵、福禄、寿夭、贵贱、地府、水曹诸事"的道教尊神，以及从主宰人间的功名利禄、文运科名的文曲星，到劝善弘仁的神界帝君的嬗变，而成为中国历史上民间各阶层人士共同崇拜的对象。所谓"桂籍"，即考中科举状元、探花之籍，亦所谓"上帝以予累世为儒，刻意坟典，命予掌天曹桂籍。凡士之乡举里选，大比制科，服色禄秩，封赠奏予，乃至二府进退，皆隶掌焉"②。随着清代崇文风盛，文昌崇拜作为中华民族文化神正式进入清王朝国家祀典。咸丰六年（1856），文昌帝君再由"群祀"升为"中祀"，朝廷颁发文昌乐章、祝文，形成与孔子等同的局面。文昌神格一时登峰造极，以至"文昌之祠遍天下"③，

---

① 苏雪林：《我幼小时的宗教环境》，《苏雪林文集》第二卷，第36—37页。
② 《文昌帝君阴骘文广义节录》（卷上），（清）周安士《安士全书》，团结出版社2013年版，第16页。
③ （清）朱鹤龄：《愚庵小集》卷九《新修文昌阁记》，文渊阁《四库全书》本，第1319册，第110页。

■ 她被唤作"瑞奴"时

文昌帝君　　　　　　魁星图

秩比关帝。文昌崇拜的风俗也因之光被社会，文昌亦被一些传统行业奉为祖师神，如纸业、书坊业、刻字业、镌碑业、锦匣业等。文昌崇拜的信仰不仅在中国大陆和台、港、澳地区有广泛影响，并且漂洋过海，远播朝鲜、日本以及东南亚等地。① 科举是隋唐时代取士的方法，至宋朝大备，成为读书人入仕的主要渠道。除却元初一度中止外，明、清政权皆接受此一制度，科举可以说是近世中国最重要的选取官员活动。传统帝制社会一般民众普遍认为"文昌帝"是专主科举的神明，向他祈求，可以考取功名或加官进禄。② 随着科举制度的规模化和制度化，元明以后对于文昌帝君的奉祀也逐渐普遍。各地都建有文昌宫、文昌阁或文昌祠，其中以四川梓潼县七曲山的文昌宫规模最大。一些乡间书院和私塾也都供奉文昌神像或神位，其间虽时有兴废，但因文章司命，贵贱所系，所以一直奉祀不衰。旧时每年二月初三为文昌帝君神诞之日，官府和当地文人学士都要到供奉文昌帝君的庙宇奉祀，或吟诗作文，举行文昌会。魁星原为古代天文学中二十八宿之一"奎星"的俗称，指北斗七星的前四星，即天枢、天璇、天玑、天权。此四星除合称"魁星"外，亦被并称为"斗魁"。"魁"即有"首"、"第一"之意。在乡试中，每科的前五名必须分别是其

---

① 李远国等：《道教与民间信仰》，上海人民出版社2011年版，第358—389页。
② 王见明、皮庆生：《中国近世民间信仰》，上海人民出版社2010年版，第232页。

中一经的"经魁",故又称"五经魁"或"五经魁首"。此外,科举考试中,进士第一名称状元,也称作"魁甲";乡试中,举人第一名称解元,也称作"魁解",均有"第一"之含义。有意思的是,魁星作为主管功名科举的神明,非但没有读书人的白净斯文,形容反而十分地狰狞,金身青面,赤发环眼,头上两角,右手朱笔,左手则持一只墨斗,金鸡独立右脚踩着一条大鳌鱼的头部,意即"独占鳌头",左脚则摆出扬起后踢的样子,似在求造型上与"魁"字呼应,脚上是北斗七星。由于魁星掌主文运,所以与文昌神一样,深受读书人的崇拜。中国很多地方都建有祭祀魁星的魁星楼,每逢七月七日他的生日,读书人都郑重地"拜魁星",香火极其鼎盛。

需要进一步说明的是,苏氏上房叩拜文昌与魁星的场景,苏雪林声称并未亲见,因为在其"很小的时候,父亲和二叔已把那些什么闱墨一类的书籍抛得远远,花钱捐了官了。所以他们拜文昌魁星的事,仅由母亲口中偶然提起"。而所谓"很小的时候",究竟是什么时候?对于这一时间节点厘清,有三方面的因素可以纳入考量:一是,1905年科举制的废除。自1901年清末新政提出,科举制便不断被加以改革,直至1905年宣告废除,实行1300多年的科举制度才彻底寿终正寝。二是,1904年其父苏锡爵赴山东候补;是年底或来年初,其二叔苏锡衡赴日本留学。三是,1905年的苏雪林已七八岁,记事晓情,绝非懵懂无知的"很小的时候"。由此而论,浙地县署上房苏氏子弟捐弃"文昌"与"魁星"当在包括科举改革在内的晚清新政颁布之际,亦是苏雪林四五岁之时。如此匆匆作别"文昌"与"魁星",既反映了民间信仰的功利与实用一面,也反映了置身于时代震荡之中浙地苏氏士子们的敏锐与顺变,由此曾造成了什么样的心灵撞击与精神的撕裂大可想象。

所谓玄坛,即道教之斋坛。赵公明因被天帝封为"正一玄坛赵元帅",故又称其为赵玄坛。因其身跨黑虎,故又称"黑虎玄坛"。赵公明的传说,由来已久。一方面,因其能"驱雷役电,唤雨呼风,除瘟剪疟,

### 她被唤作"瑞奴"时

保病禳灾"而与灵官马元帅、关羽、温琼合为四大天将；另一方面，则因其"买卖求财，公能使之宜利和合。但有公平之事，可以对神祷，无不如意"，从而其使人致富的功能深入人心，而备受欢迎。民间所供赵公明财神像皆顶盔披甲，着战袍，执鞭，黑面浓须，形象威猛；更以其周围常画有聚宝盆、大元宝、宝珠、珊瑚之类，而显财源辐辏之相，故自明代始民间就普遍祭祀赵公明，或立庙祭祀，或在家中塑像祀之。据清人顾禄《清嘉录》卷三记载：吴地以阴历的三月十五日为赵公明的生日，每到此日，人们都要谨加祭祀。此外，财神祭祀赵公明，不仅有农历大年初一争烧头炷香的习俗，而且

财神赵公明

每月初一、十五亦有村民前往敬奉财神。现如今，财神赵公明的信仰不仅广泛分布于中国大陆和台港澳，而且影响到了东南亚以及世界各地的华人聚集地。对于"无意科名，只想发财，房里供着一尊小小玄坛像"三叔，苏雪林着墨不多，但提到其后来同四叔、大哥一并追随二叔苏锡衡求学于中国公学。

为苏氏女眷所热衷的则是"求子"、"祈福"等信俗活动，并分别体现在"婶娘们"对"送子娘娘"、"斗母元君"，以及"花神"、"狐仙"、"冥界"等神灵的膜拜上。

"送子娘娘"，佛道两教有不同传说。在道教的众神当中，人们把掌管人间生育的神仙称为"注生娘娘"、"授儿娘娘"、"碧霞元君"。旧时城隍庙、东岳庙都有祭祀。其神像安详端坐，怀抱娃娃。求子的女子摆上香果供品，拈香跪拜祷告，请求"注生娘娘"赐子于她。然后"搏签"，求得"吉签"，表示"注生娘娘"已愿赐子于她，即起身将事先准备好的小衣裳给"注生娘娘"怀中的娃娃穿上，然后再拜。据说无不灵验。因此，香火十分旺盛。那些婚后久不生育的妇女多向送子娘娘烧香求子。而在民间习俗中，人们习惯上把观音菩萨（道教

## 第四章 县署上房中的"崇祀"与"古听"

送子娘娘

斗母像

称之为慈航真人)奉为送子娘娘,并称为送子观音。作为道教中专司人间子嗣的女神碧霞元君,在北方地区具有较为广泛的信仰基础,尤其是山东一带,而南方江浙一带,多以慈航真人为送子娘娘。斗母,是斗母元君的简称,也称斗姥、斗姆、斗姆元君,是北斗七星之母。传说其主治中天宝阁,普垂医治之功,所以全称"中天大梵斗母元君"或"中天北斗七星元君"。斗母元君虽是古代道教徒在星宿信仰中所幻化出来的神祇,但又为佛教与印度文化中的"摩利支天菩萨"所演变,其形容为三目、四首、八臂,手中分别拿着太阳、月亮、宝铃、金印、弯弓、矛、戟等作战兵器或法器,神通非凡,作为道教泽被三界,泽润众生的大神,斗母信众遍布,许多道教宫观都建有"斗母殿"、"斗母阁",专门供奉斗母。道教的一些主要宫观,也有设有斗母殿的。斗母神诞之日,民间俗传农历九月初九日(一说初五),道教徒多于道观内斗母殿举行祈嗣或延生道场,祈祷健康长寿,子孙平安。全国著名的斗母殿,除云南巍宝山上的斗姥阁以外,还有北京白云观中元辰殿、成都青羊宫中的斗姥殿、泰山上的斗母宫,以及辽宁千山上的斗姥宫等。

花神为司花之神。早期当为一花一神,以后渐有总司百花的花神,对花神的信仰以花神生日这天的祭拜活动最为隆重。一般以农历二月十

### 她被唤作"瑞奴"时

**剪彩护花（《点石斋画报》）**

五为百花花神生日，也有二月初二和二月十二另外的两种说法。花神的信仰与节俗唐宋始盛，它是植物自然崇拜拟人化的反映，不过花朝节风俗更多体现的是娱乐功能，受士人和女子的重视。浙江杭州的花神信仰历史悠久，自南宋以来一直盛行不衰。杭州民间以每年农历二月十五为百花生日，民间俗称"花朝节"、"花神生日"。这一天，杭州民间要为庭院中的一切已开、未开的花木挂红着绿，以示庆贺百花诞辰，祈求百花繁荣、人间团圆。农历九月十二、十三两日为花神庙庙会，远近的花农扶老携幼前来庙会。

狐仙信仰，由来已久，从夏代开始，民间就有大禹治水时曾娶九尾白狐涂山氏的女儿为妻而生下夏朝第一代君主启的传说故事，说明了早在5000年前中国人就已经视狐狸为吉祥动物加以崇拜了。民间普遍认为狐狸精有灵性通道术，能作祟作妖，也能成仙；能报德，也能复仇。能与人祸福的狐仙，无固定职司，神通能及人们生活的各个方面，人们但凡"求安、驱病、求子、问卜、种地甚至耍钱，都要供上三炷香，以求狐仙庇佑"[①]。甚至清代官署、府库中都供奉狐仙牌位，尊之为"守印大仙"、"守库大仙"，以防官印、资财被盗。民间供奉狐仙的处所主要有三。（1）庙祀。过去很多地方都有狐仙庙、狐仙堂或称大仙堂，内奉狐仙塑像或牌位，并举行祭祀活动。（2）家祭。信众一般都在家中设狐仙

---

[①] 江帆：《民间文化的忠实传人——民间故事家谭振山简论》，《民间文学论坛》1989年第2期。

牌位与图像，奉以香火，或祀以饮食。（3）野祀，即在狐狸出没的地方加以祭祀。九月九日，为谢狐日。有所禁忌也是狐仙崇拜的一种表现形式，即信奉者都讳狐音、避狐字，称为胡仙、大仙、三爷、三太爷、仙姑、老太等。稍有不敬，即可能使狐仙动怒，加灾于人。狐狸两面性十分显著，一方面是显灵佑人的狐仙，另一方面是作祟害人的狐精。信众对能祸福与人的狐仙既奉又惧。狐仙崇拜虽然在历史上一向被视为淫祀、迷信，不入正典，甚至屡遭禁绝，但千百年来始终流传于民间。

较之于家族青壮，苏氏女眷的外神信仰尤显驳杂，作为女性所固有的精神负荷尽显无疑。在崇儒重商的徽州社会，徽州妇女素以谨奉礼教、坚韧担当著称，秉承如此传统，拈香合十的苏氏女眷，其最大的诉求依然不过是"延续香火"、"多子多福"之类。对自身后代繁衍一向重视的传统社会，在清政府的"滋生人丁，永不加赋"的赋役政策导向下，民间生育观念不仅趋向于早生早育，而且还因"多子多福"而盛行"密密而生"（间隔紧密），正所谓"早生儿子早享福"、"早生儿子早得济"，以致一边是溺婴增多，一边是求子风盛。沦为生育机器的妇女，健康受损的加剧也随之而来。[①] 更加不幸的是，苏雪林的"婶娘们"，其所遭逢的婆母，恰为"密生"九子（其中三殇）而一样百病缠身但又傲娇自矜的"祖母苏杜氏"。如此，也就无怪"婶娘们"既拜祭送子的娘娘，又乞灵祛病的狐仙。事实上，当初携苏雪林一同祭神祀仙的"婶娘们"，正是因为体弱多病而先后早早地离开了人世。[②]

当前有关鬼灵信仰的界定，不尽然一致。钟敬文在《中国民俗史》中指出：鬼灵信仰是民间存在的关于鬼怪精灵的信仰。鬼怪精灵包括两大内容，一是人死为鬼，二是泛指万物精灵。或言之，一是人鬼信仰，所涉冥界、鬼魂、僵尸等；二是物怪精灵信仰，所涉山精木怪、水怪河妖、狐仙

---

[①] 林永匡、袁立泽：《中国风俗通史》（清代卷），上海文艺出版社2001年版，第171—177页。

[②] 苏雪林：《浮生九四——苏雪林回忆录》，第8页。

### 她被唤作"瑞奴"时

蛇精等。① 乌丙安则在《中国民间信仰》中认为：中国民间的鬼观念主要有两个方面，一是人死后灵魂为鬼，二是泛指万物精灵，即鬼怪山妖等。此外，在个别少数民族中，鬼的概念几乎包括所有的神灵。对此，他将鬼灵信仰锁定为包括鬼灵世界中的三类冥想崇拜对象，即：鬼帝阎王崇拜、鬼吏崇拜及鬼魂崇拜；而将万物精灵别类为"精灵信仰"。② 如此而言，祖灵信仰与鬼灵信仰之间，彼此就有了一定的勾连。对此，钟敬文指出："在明清时期的汉族为主体的社会中，鬼名多有贬义，鬼与邪魅常相联通，因此人们一般将祖先称为神，将他们与一般鬼魂区别，所以本节只讨论祖先之外的人鬼信仰。"③ 有鉴于此，结合前文所讨论的情况，本环节所涉"鬼灵信仰"内容，即为钟敬文所言及的"祖先之外的人鬼信仰"，或乌丙安所说的"鬼帝阎王崇拜、鬼吏崇拜及鬼魂崇拜"。

"鬼"，泛指人死后与躯体相脱离而存在的各种"魂灵"，是原始社会灵魂不灭观念的产物。所谓"灵魂不灭"，一方面表现为"人死为鬼"说，如《礼记·祭法》称："大凡生于天地之间者皆曰命。其万物死皆曰折，人死曰鬼。"《说文解字》也有"人归为鬼"之说。另一方面，还表现为对"魂"与"魄"的辨识。古人认为"魄"附着人的肉体，对人的肉体起作用，并随肉体的湮灭而湮灭；"魂"附着人的精神，对人精神活动起作用，人死了之后，离开了肉体的"魂"也就变为了"鬼"。如《礼记·郊特牲》中说"魂气归于天，形魄归于地"④。围绕"魂灵"的问题，在中国历代社会各阶层都存在着大量的传闻和描述，并衍有诸多的典章、礼仪和风俗，鬼灵信仰也因之成为中国民间信仰最早的也是最为基本的信仰之一。需要指出的是，萌生于原始社会的鬼灵信仰随着中国的历史发展也经历了一个不断丰富、嬗变的过程。它一方面与原始宗教信仰有着密切的联系；另一方面又因两汉以降道佛思想的渗入，而呈

---

① 钟敬文：《中国民俗史》（明清卷），第355—365页。
② 乌丙安：《中国民间信仰》，长春出版社2014年版，第143—150页。
③ 钟敬文：《中国民俗史》（明清卷），第356页。
④ 转引自《鬼文化——人类精神文化的先河》，http://www.huaxia.com/wh/whsd/2006/00443601.html。

## 第四章 县署上房中的"崇祀"与"古听"

现出道巫合一及鬼、神、仙相通的特点，固有的冥界观念与佛教地狱观互为补充、互为依靠，共同构成了中古以后我国庞大复杂的幽冥世界体系。明清时期民间流传的鬼灵信仰受佛道二教影响尤甚，除了地狱观念鲜明，善恶因果报应色彩也极其浓重。①

徽州的鬼灵信仰呈两极态势：一方面，"徽州民间虽有各种信仰，但都是受到压制的，惟有理学处于独尊的地位"②；另一方面，佛老之教在下层社会较为流行。作为民间信仰活动参与主体的徽州妇女，在每年的二月十九日观音生日结伴赴本都古塘烧香之外，每逢七月三十日的地藏王生日，也多结伴赴五都金山烧香。胡适曾在《四十自述》中，对其早年在徽州绩溪的鬼灵信仰生活有过颇为翔实的记叙：

> 我记得我家新屋大门上的"僧道无缘"条子，从大红色褪到粉红色，又渐渐变成了淡白色，后来竟完全剥落了。我家中的女眷都是深信神佛的。我父亲死后，四叔又上任做学官去了，家中的女眷就自由拜神佛了。女眷的宗教领袖是星五伯娘，她到晚年，吃了长斋，拜佛念经，四叔和三哥（是她过继的孙子）都不能劝阻她，后来又添上了二哥的丈母，也是吃长斋念佛的，她常来我家中住。这两位老太婆做了好朋友，常劝诱家中的几房女眷信佛。家中有人病痛，往往请她们念经许愿还愿。
>
> 二哥的丈母娘颇认得字，带来了《玉历钞传》、《妙庄王经》一类的善书，常给我们讲说目连救母游地府，妙庄王的公主（观音）出家修行等等故事。我把她带来的书都看了，又在戏台上看了《观音娘娘出家》全本连台戏，所以脑子里装满了地狱的残酷景象。
>
> 后来三哥得了肺病，生了几个孩子都不曾养大。星五伯娘常为三哥拜神佛，许愿，甚至于召集和尚在家中放焰口超度冤魂。三哥

---

① 钟敬文：《中国民俗史》（明清卷）第355页。
② 唐力行：《明清以来徽州区域社会经济研究》，安徽大学出版社1999年版，第265页。

### ■ 她被唤作"瑞奴"时

自己不肯参加行礼,伯娘常叫我去代替三哥跪拜行礼。①

上述文字中尤应加以关注的现象:一是,所谓"'僧道无缘'条子",其意在表明该户人家信仰别的宗教,不对僧人和道士布施财物,示意求布施的僧人、道士不要上前请求施舍。南怀瑾说:"这是中国文化几千年来的一种特殊现象。平常读书人讲的是孔夫子、孟夫子的伦常之道,反对佛教、道教出世间法的做法,因此便有人在自家门口贴一张'僧道无缘'的纸条,表明是儒家立场,和尚道士到了门口一看,自然晓得这一家免谈,自动走开。"② 徽州以理学传家的士大夫,多以"僧道无缘"相标榜。胡适父亲胡传曾受业于扬州著名经师刘熙载门下,自然是"僧道无缘"的秉持者。二是,胡氏女眷对鬼灵的崇信。其中,既不乏敬神禳灾念经许愿还愿的日常礼敬仪式,更有以地府文化为核心内容的宣扬善恶果报的善书与剧目的传播及其相关法事的举行。文中所提到的《玉历钞传》,乃惩恶性道教善书,又名《玉历至宝钞》,全名《玉帝慈恩纂载通行男妇改悔前非准赎罪玉历》,简称《玉历》。成书于清雍正时期,是一本传抄已久的"阴律"善书,作者似无可考。该书描写的是地狱十殿的种种刑罚、十殿条款、神圣诞期、发源日期等,有地狱十殿判官、小鬼图像,以及信奉、传播该书的灵验故事。该书着意于说明阴间受难之苦外,更着力于对个人生前善恶决定其死之后的境遇及其果报刑罚的宣扬,其旨在"欲使世人忏其前非,悔不再犯"③。《玉历钞传》以冥府十王作为纠察人心的单位,以死后处罚作为生前为恶的报偿,具有相当的教化威慑作用,在清代普受重视,进而使"死后受十王逐殿审判"的概念,从丧葬仪式、寺观图像、戏剧表演,扩大到通俗读物的阅读,成为近代有关鬼灵信仰的主要传播途径。总之,因汇集通俗文化以及佛经地狱说

---

① 胡适:《四十自述》,安徽教育出版社2006年版,第44—45页。
② 南怀瑾:《佛教的孝道思想》,1983年8月于台北十方丛林书院,叶柏梁记录。http://www.360doc.com/content/15/1007/14/1731085_503823583.shtml。
③ 《玉历至宝钞》,《藏外道书》第12册,巴蜀书社1992年版,第788页。

第四章 县署上房中的"崇祀"与"古听"

法的《玉历钞传》的盛行于世，鬼灵信仰获得了更为广泛与深入的普及，并极大地影响了后世中国人的地狱冥府观念，流行于民间的有关望乡台、奈何桥、迷魂汤、孽镜、寒冰、烈火、刀山、血池、十八层地狱、黑白无常等等传说，都与此书的描写有关。目连救母游地府和妙庄王公主（观音）出家修行的故事，皆为宣扬行善行孝得福报之类流行极广的教化说辞。而所谓的"放焰口"，则为根据佛教《救拔焰口饿鬼陀罗尼经》而举行的施食饿鬼之法事。焰口是地狱里的饿鬼，其体形枯瘦，咽细如针，口吐火焰。此状皆因生前悭吝，而遭果报。放焰口是对饿鬼施水施食、救其饥渴之苦的一种敬鬼禳灾的佛教仪式。施放焰口，常与丧事中追荐亡魂结合在一起，称为"阴焰口"；也有为活人消灾、延寿施放焰口的，则称为"阳焰口"。此外，寺院在重大法会圆满之日，有的也放焰口。过去放焰口可在寺院、俗家或公共场地举行，现在一般在寺院的殿堂中举行，并成为寺院中度化亡灵的一种最常见的佛事活动。① 由此可见，徽州民间尤其是徽州妇人对于鬼灵崇拜之热衷。

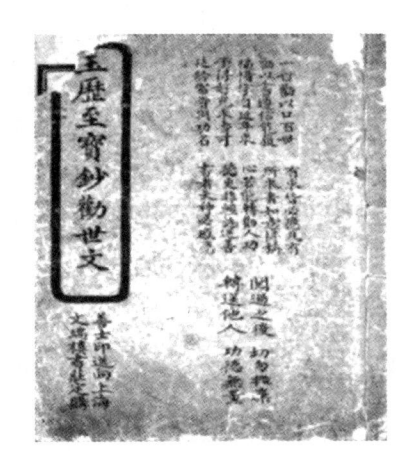

《玉历至宝钞》图选

浙地县署来自安徽太平岭下的苏氏人家，其对鬼灵崇拜的热度丝毫不逊色于故里乡人。给苏雪林留下深刻记忆的，分别来自县衙上房中的

---

① http://www.baike.com/wiki/%E6%94%BE%E7%84%B0%E5%8F%A3.

### 她被唤作"瑞奴"时

连篇"鬼话"与东岳庙里的"地狱变"。所谓"鬼话",即为女仆们对诸如僵尸吃人、冤魂索命等民间流传甚广的鬼灵故事乐此不疲的讲述,如苏雪林在《儿时影事》中所述:

> 记得有一晚,女仆们因下元节将到,奉祖母命用锡箔折银锭,预备烧给鬼们,我们小孩也在场帮忙。有个女仆忽说夜里折纸锭不好,她从前听人说一故事,一家几个女人折锭到夜深,忽见桌底伸出一只手向人讨乞锭子。又一女仆说这个故事是你听人说的,我却有个亲自经验的故事。我从前和我丈夫呕气,挨了他的打,深夜尚哭泣不止,想上吊。忽见窗外一张雪白雪白大脸,舌头拖得半尺长,向我窥探。我知道我一念之动,真的惹了吊死鬼来了。吓得赶紧收了哭声,爬上床睡下。到于今想起那个影子还怕得要命哩。①

同时,还表现为家族女眷们对《玉历钞传》的争相传阅。苏雪林说:

> 记得当自己七岁时,婶娘们手中忽然传玩着一部玉历传抄。这是一部有文有图的善书,图画对于孩子们总是莫大的诱惑,这书里木刻粗拙的图画,都是十殿阎罗、地狱变相之类,我一面骇怕,一面又贪看,无条件也接受那些庸俗的"福善祸淫"的思想和那些荒谬可笑的宗教信仰。②

如果说所谓的"鬼话"已令苏雪林心生惶恐的话,东岳庙的"地狱变"则教苏雪惊悸之刻更平添莫名愤懑。苏雪林在《儿时影事》中回忆道:

> 我们幼小时,国内庙宇林立,崇祀的都是东岳大帝,城隍爷,关圣帝,赵玄坛,文昌帝君与魁星。此外便是佛教的三尊大佛和十

---
① 苏雪林:《儿时影事》,《苏雪林文集》第二卷,第7页。
② 苏雪林:《我幼小时的宗教环境》,《苏雪林文集》第二卷,第37页。

## 第四章 县署上房中的"崇祀"与"古听"

八罗汉,道教的三清和许多天官。我五六岁时便跟着同伴进出这类庙宇。那赤发獠牙的神脸和三头六臂的身躯,狰狞凶恶,实在教人不敢正视,而东岳庙的十殿阎罗和地狱变相更足骇人。记得有一回一个远亲里的长辈带我和几个童伴游岳庙,他从第一殿起巡礼到第十殿,每一殿都有罪人受刑的形象,刀山、剑树、油鼎、炮烙以及剥皮、凌迟、抽肠、拔舌色色俱全,虽属泥塑,却栩栩如生。那长辈先告诉我们以十殿阎君的名字,什么秦广王,长城王,宋江王,转轮王……再解说罪人生前犯了某罪,身死后,魂魄在阴间应受某刑。所可怪的是,我看受刑者皆以妇女为多。更可怪的,妇女生产也算是罪,说是生产时的污血触犯各界神灵,若未念经酿解,则死后灵魂便该落在血湖里浮拍,永远莫想超升。一说是难产亡者,家人未为延僧道念"血盆经"超渡,亦落血湖。究竟是哪一说对,我于今也记不清了。想不到妇女冒九死一生的危险,为家庭绵血统,为人类延嗣续,却认为是大罪一条,要受那么可怕的刑罚?这当然由于中国社会轻视女性的观念而来。中国民间谓女人生来便是罪孽,女人不但生来便是卑贱的,而且也便是污秽的。[①]

东岳庙,即奉祭东岳大帝泰山神之所在,其正庙在泰山,其他各地祭祀之处则为"行宫"、"行祠"、"别庙"。缘阴阳五行之说,泰山位居东方,是太阳升起的地方,也是万物发祥之地,具主生死之职能。晋张华《博物志》卷一称:"泰山天帝孙也。主召人魂魄,东方万物之始成,知人生命之长短。"[②] 泰山神作为泰山化身,但凡新旧相代、固国安民、延年益寿长命成仙、福禄贵贱高下分等,以及生死之期、鬼魂之统,皆为其所关顾。随着佛教的传播,地藏王、阎王主冥间信仰的逐渐兴起,泰山神亦被封为东岳大帝"掌人世居民贵贱高低之分,禄科长短之事,

---

① 苏雪林:《儿时影事》,《苏雪林文集》第二卷,第6页。
② (晋)张华等撰,王根林等点校:《博物志(外七种)》,上海古籍出版社2012年版,第10页。

### 她被唤作"瑞奴"时

十八地狱、六案簿籍、七十五司、生死之期"①。后渐与地藏、阎王信仰合流,常并置于东岳庙内。每逢农历三月二十八日东岳泰山神的生日,善男信女必焚香祭拜以示庆贺,"东岳庙会"因此颇为兴盛。自唐代东岳行祠制度开始后,东岳庙祀便由山东渐及北方各州县。五代两宋时期,因江南开发与中原移民,泰山信仰又由北而南地流播开来,东岳庙祀亦随之兴盛于南方。宋室的南渡,更是将东岳崇祀推广至江南。

徽浙之地虽去"岱宗道阻且长,里且千计,而有岳帝行祠"②。安徽宣城东岳庙中的明成化《东岳庙钟款》镌辞云:"是庙为宣之胜概也,自唐及元,屡兴屡废",以及康熙《歙县志》卷四有关歙县乌聊山东岳庙为"唐武德间建"之文,说明东岳庙兴建于包括徽州在内的安徽境内可溯至于唐代。南宋陆游《入蜀记》中的"岳庙栋宇颇盛",便是其对当涂黄山东岳庙的赞叹。明清两朝,东岳庙则遍布皖地州县。雍正《江南通志》卷四十一至卷四十二著录的著名岳庙有安庆府、宁国府、池州府等处,其中不少遗址至今可觅。浙江境内的东岳庙亦创于唐代,据《延祐四明志》卷十五《祠祀考》载:明州(今宁波市)东岳奉圣行宫,"唐朝建立"。至北宋时膜拜日盛,行祠遍布州县。南宋建都临安(今杭州),两浙成为政治文化中心,浙江东岳庙臻于极盛。其中规模最巨、影响最大者,当推杭州的东岳庙。其一在吴山之伍公山,一在西溪法华山。吴山东岳庙始建于北宋大观年间,祀东岳之神。南宋淳祐十三年(1253),宋理宗曾手书"东岳之殿"额以赐。自此,每逢农历三月二十八圣帝诞辰,士女上吴山东岳庙拈香礼拜成习俗。当年庙内设有阴曹地府、阎罗殿、血污池等道教地狱诸场景,以及由活络机关操纵的黑白无常等。岁月沧桑,几经兴废。如今,昔日东岳之殿虽然仅遗存清时雕龙石柱与所筑戏台,但庙中两庑遍列判官及牛头马面阴司地狱鬼卒之阴森可怖之事,以及农历七月"朝审"(审鬼)之旧俗,仍为老杭州们所乐道。如下图所示:

---

① 《绘图三教源流搜身大全》卷一,宣统观古堂本。
② 《至元嘉禾志》卷二十四引南宋张禄《修岳庙记》。

第四章 县署上房中的"崇祀"与"古听"

吴山东岳庙走廊被供奉的阎罗王①　　把守鬼门关的牛头马面②

吴山东岳庙戏台（作者摄）　　吴山东岳庙蟠龙石柱（作者摄）

西溪法华山坞之东岳庙，俗称老东岳。其始建于宋南渡之初，也曾几经兴废，规模及其影响最著。明人释大善《西溪百咏》卷上有《东岳庙》篇，诗序云："在法华山下，前有著衣亭，后有梳裹楼，两廊列仪卫甚肃。"诗云："七十二司威可畏，两廊隶卒色常嗔。著衣亭畔冠袍整，梳裹楼头粉黛新。三月生辰桃李献，四民死忌纸钱陈。清明祭扫男携妇，

---

① ［美］罗伊·休厄尔：《天城记忆——美国传教士费佩德清末民初拍摄的杭州西湖照片》，沈弘译，山东人民出版社2010年版，第113页。
② 同上书，第116页。

■ 她被唤作"瑞奴"时

都向空廊哭鬼神。"① 钟毓龙的《说杭州》对老东岳的规置曾介绍道：

> 老东岳香火尤盛。庙依山层建，规模之大为诸庙之冠。头山门祀四天王，二山门祀二十四天君。入正门，左列诸福神，右为海上仙山。

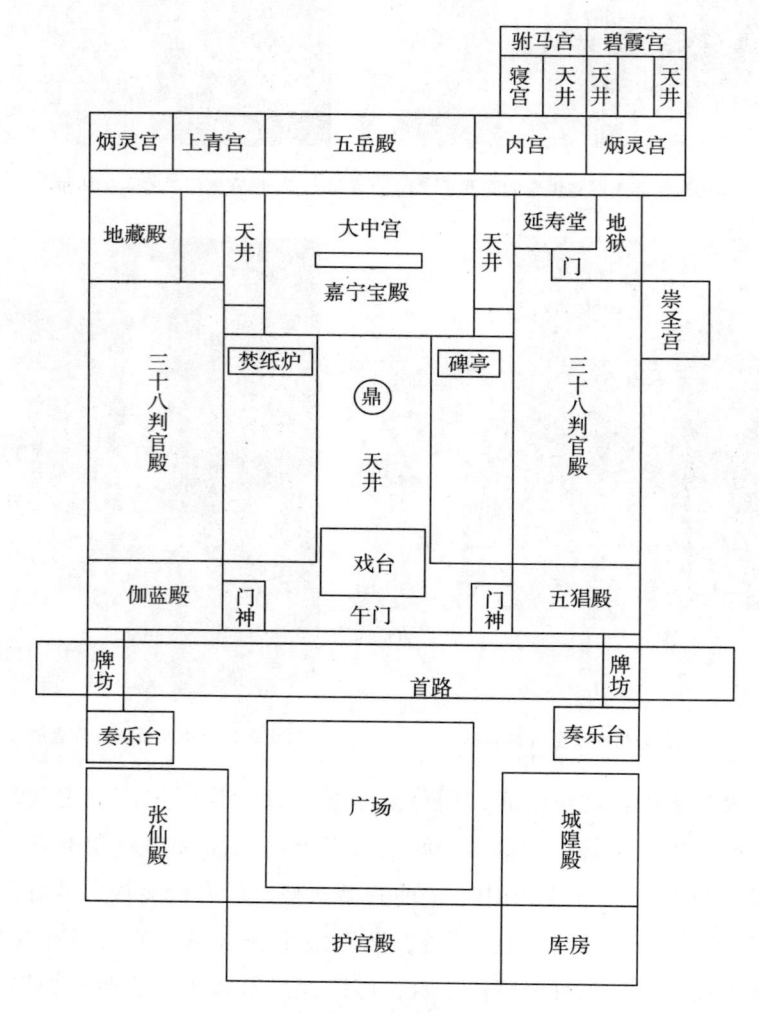

|  |  | 驸马宫 |  | 碧霞宫 |  |
|---|---|---|---|---|---|
|  |  | 寝宫 | 天井 | 天井 | 天井 |
| 炳灵宫 | 上青宫 | 五岳殿 |  | 内宫 | 炳灵宫 |
| 地藏殿 | 天井 | 大中宫 | 天井 | 延寿堂门 | 地狱 |
|  |  | 嘉宁宝殿 |  |  | 崇圣宫 |
| 三十八判官殿 | 焚纸炉 | 鼎 | 碑亭 | 三十八判官殿 |  |
|  |  | 天井 |  |  |  |
|  |  | 戏台 |  |  |  |
| 伽蓝殿 | 门神 | 午门 | 门神 | 五猖殿 |  |
| 牌坊 |  | 首路 |  | 牌坊 |  |
| 奏乐台 |  |  |  | 奏乐台 |  |
| 张仙殿 |  | 广场 |  | 城隍殿 |  |
|  |  | 护宫殿 |  | 库房 |  |

**清末民初西溪法华老东岳平面图**②

---

① 转引自周郢《东岳庙在全国的传播与分布》，《泰山学院学报》2008 年第 3 期。
② 孔令宏、韩松涛：《民国杭州道教》，杭州出版社 2013 年版，第 106 页。

## 第四章 县署上房中的"崇祀"与"古听"

两庑为七十二司，司各有神主之。俗传速报司之神为岳武穆，最著灵异。凡有冤屈者于此设誓盟心，表明心迹，其报应最速云。再拾级而上为正殿，殿之北宇为善神。其后有侧门进入地狱，有血污池及黑白无常等鬼神像，殿之南宇为十殿阎罗、地藏菩萨等等。后进为内殿，有五岳行宫，圣母宫，太子、公主、驸马诸宫。来此烧香者不仅杭州本地，亦有自皖南、苏、沪等地远道而来者。春秋两季及东岳诞辰，西溪数十里烧香者不绝于途。庙内摩肩接踵，香烟缭绕，即残烛、箔灰岁可达数千斤之多。庙前有懊来桥，谓人死后鬼至此而始知已死，懊来此也。①

老东岳不仅曾是杭州秋季香汛最盛处，亦是江浙一带重要的东岳祭祀中心。明郎瑛曰："（东岳）庙居三焉：一在邑中吴山，一在郭外八盘岭，一在法华山。去城三十里，人心趋向于此为最。祈寿者往焉，招魂者往焉，追远者往焉。雨旸不时，惑于天疫疠灾，伤尤于怪，皆赴诉而祷之。至于暮春三月，发育盛矣。干宝以神之功用，著为诞辰。民俗因之以赛会，杭民执帛进香趋庙而络绎道路者，昏夜无休焉。"② 清《钱塘县志》也曾载言，老东岳"至今为杭郡岳庙之冠，庙志甚肃。每年三月二十八日相传神诞，远近麋集焉"③。马叙伦的《东岳庙》则对民国时期自明清以来盛行于东岳庙的有关"东岳大帝朝审"活动加以了记载，"老东岳一日燃烛大小数千计"便是其实况记录。④ 老东岳1958年拆毁，遗址仅留几间房与路旁一棵寿长六百余年的樟树。如今西溪山麓的东岳庙，是2002年民间自发重建的。如下图所示：

---

① 钟毓龙编著，钟肇恒增补：《说杭州》，见《西湖文献集成》第11册，杭州出版社2004年版，第663—664页。
② （清）吴本泰：《西溪梵隐志》卷四，台北：新文丰出版公司1985年版，第9页。
③ 康熙《钱塘县志》，转引雍正《西湖志》卷十五，《西湖文献集成》第5册，杭州出版社2004年版，第1242—1243页。
④ 转引自《西溪专辑》，《西湖文献集成》第18册，杭州出版社2004年版，第836页。

■ 她被唤作"瑞奴"时

西溪法华山麓东岳庙（重建） 　　老东岳原址古樟（作者摄）

　　由于苏雪林的回忆文字，并未对有着梦魇般经历的东岳庙址以确切说明，故对其跟随"远亲里的长辈"所游之处，究竟是位于城中人烟稠密的吴山东岳庙，还是去城三十里的西溪法华山下的老东岳，而无从定论。前者香会颇盛，士女结伴前往拈香礼拜早已为习俗；后者"基址崇宏，规模壮丽"，有清更极为鼎盛，影响远远超出杭州。尽管具体庙址难以确言，但苏雪林为东岳庙中的"地狱变"所震慑则是不争。"地狱变"，佛教这一专有名词，指的是把佛教典籍中的有关地狱各种苦状的文字描述以图画或塑像加以呈现，也称作地狱图、地狱绘、地狱变相，等等。狱，梵语曰"那落迦"、"泥犁"等，汉译为"不乐"、"可厌"、"苦具"、"苦器"等，因其处于地下故称作地狱。虽说中国古代的魂魄思想与鬼神崇拜由来已久，但地狱观念的形成及其传播确是佛教传入以后。相关研究者指出，魂归泰山的思想不仅曾长期主导着古人对死后世界的看法，而且还为佛教传入之初借助来宣传其地狱观念，以至泰山和地狱之间的关系变得密不可分。泰山王（泰山府君）不仅因此一度成为地狱的主宰，而且最终还演化为融佛教地狱思想和中国民间信仰为一体的十王信仰的十殿阎罗之一。换言之，正是佛教当初借用了"泰山治鬼"的传说加以宣传，从而使其佛教的地狱思想很快渗入民间；而民间有关泰山执掌十八重地狱观念的流播，也有着佛教地狱宣

示的影响。① 同佛教起源于印度一样，"变相"也源自古印度，并自唐代开始以不同的形制流行中土，即除了以大量寺院壁画形式外，也见绘于纸帛（吴道子的《地狱变相》），以及见刻于洞窟与摩崖（大足石刻《地狱变相》）。

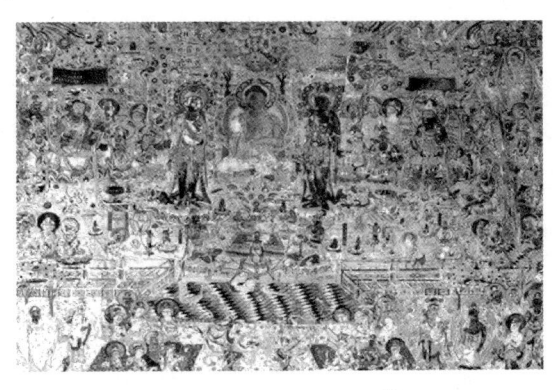

**吴道子的《地狱变相图》**②

明清以降"地狱变"的壁画和塑像更是遍布于各地相关寺庙，山西蒲县东岳庙"地狱变"泥塑，便以至今保存完好而著称于世。尤须指出的是："佛教典籍，虽浩如烟海，包罗万象，但其所宣扬的归根结底是'两条道路'，一是让人们设法解脱轮回之苦，一是入地狱受诸酷刑。正因为这样，历代佛教信徒对此方面佛经的翻译和编撰是很用力的"；也正因为"'地狱类'佛经的翻译和佛教的流行，使得有关地狱的冥报小说、讲唱剧本、图赞作品大量出现，特别是在佛教绘画艺术及石窟雕刻中，这类题材出现的更多"③。佛教考古研究者杜斗城在对"地狱变相"的流行进行探究的同时，还就"地狱变相"的三要素加以揭示：一是地藏菩萨。地藏菩萨是中国佛教信奉的四大菩萨之一，佛教谓其受释迦牟尼嘱咐，在释迦既灭，弥勒未生之前，自誓必度尽众生，拯救诸苦，乃成佛。正所谓"地狱不空，誓不成佛"，乃其愿。故凡"地狱"题材必有地藏菩

---

① 范文美：《蒲县东岳庙"地狱变"之调查与研究》，兰州大学硕士学位论文，2010 年。
② http://www.ebaifo.com/fojiao-500155.html.
③ 杜斗城：《〈地狱变相〉初探》，《敦煌学辑刊》1989 年第 1 期。

萨。二是"十殿冥王",亦称十殿阎王、十殿阎君等,即分别负有审判亡者于阳世间所犯罪业而施以刑罚之责的秦广王、初江王、宋帝王、五官王、阎罗王、变成王、泰山王、平等王、都市王、五道转轮王,其麾下有判官崔府君、钟馗、黑白无常、牛头马面、孟婆神等,整个阴曹地府皆为其所控制。"十王"之说,是佛教与道教及其中国民间信仰杂糅合流的产物,是佛教本土化的表现,也是《地狱变相》的重要内容。三是"地狱诸苦"。地狱诸苦指的是《地狱变相》中所呈现的种种酷刑,诸如刀山地狱、镬汤地狱、寒冰地狱、剑树地狱、拔舌地狱、毒蛇地狱、剉碓地狱、锯解地狱、铁床地狱、黑暗地狱,等等。① 如大足石刻《地狱变相》所示②:

| 佛 | 佛 | 佛 | 佛 | 佛 | 比丘 | 地藏菩萨 | 比丘 | 佛 | 佛 | 佛 | 佛 | 佛 |
|---|---|---|---|---|---|---|---|---|---|---|---|---|
| 冥官 | 转轮 | 都市 | 平正 | 泰山 | 变成 | | | 阎罗 | 五官 | 宋帝 | 初江 | 秦广 | 冥官 |
| 10.黑绳地狱 | 9.锯解地狱 | 8.锯解地狱 | 7.坐碓地狱 | 6.毒蛇地狱 | 5.拔舌地狱 | | 4.剑树地狱 | 3.寒冰地狱 | 2.镬汤地狱 | 1.刀山地狱 |
| 18.粪秽地狱 | 17.舒载地狱 | 16.镬汤地狱 15.铁轮地狱 | | 赵智凤塔 | 14.饿鬼地狱 | 13.饿鬼地狱 | 12.铁围山地狱 | 11.截膝地狱 |

**大足石刻《地狱变相》示意图**

唐《法苑珠林》曾对"地狱诸苦"的景象有过具体的描述:"夫论地狱幽酸,特为痛切。刀林耸日,剑岭参天,沸锅腾波,炎炉起焰;铁城昼掩,铜柱夜燃。如此之中,罪人遍满。周慞困苦,悲号叫唤。牛头恶眼,狱卒凶牙。长叉挂肋,肝心碓捣,猛火逼身,肌肤净尽。或复舂头捣脚,煮魄烹魂,裂胆抽肠,屠身脍肉。如斯之苦,何可言念。于是沉浮镬汤之里,偃仰炉炭之中;肉尽戈剑之端,骨碎枯形之侧。铁床之上,讵可安眠;铜柱之间,何宜久附。眼中带火,啼泪不垂;口中含烟,

---

① 杜斗城:《〈地狱变相〉初探》,《敦煌学辑刊》1989年第1期。
② 同上。

叫声难出。如此之处，犹为轻者。"① 佛教"制造"的"地狱"目的是用来彰显"劝善惩恶"之职能，从而警示世人谨奉"诸恶莫作，众善奉行"的佛教伦理，因此"地狱诸苦"亦为"地狱变相"不可或缺的重要组成。

浙地县署上房苏氏一族，礼佛求仙风习不可谓不甚，年幼的苏雪林亦因此深受濡染，更对佛寺道观中的"赤发獠牙的神脸和三头六臂的身躯"塑像，深感狰狞而"不敢正视"；然而，东岳庙"地狱变相"中的"受刑者皆以妇女为多"，"妇女生产也算是罪，说是生产时的污血触犯各界神灵，若未念经酿解，则死后灵魂便该落在血湖里浮拍，永远莫想超升"的情形，犹令其惊悚地发出"更足骇人"的惊叹。其实，若结合宗教的本质和性别禁忌文化来看，当年苏雪林的"东岳庙"之叹，也是有理可循的。首先，有关"受刑者皆以妇女为多"的现象。恩格斯在《反杜林论》中指出："一切宗教都不过是支配着人们日常生活的外部力量在人们头脑中的幻想的反映，在这种反映中，人间的力量采取了超人间的力量的形式。"② 宗教就其内容和对象来说，与其他社会意识形态一样，都是社会存在的反映；其不同则在于反映形式上，即是那些支配人们日常生活的外部力量在人们头脑中的"幻想的反映"，为人们幻想的产物。也就是说，宗教的内容不管多么神秘玄虚，都可以在世俗社会找到他的"原型"。宗教学家任继愈道："宗教是社会的产物，它不能悬空地存在，它有具体的表现形式。宗教也必须生存（传播）在一定的民族和地区。宗教的发展变迁与社会历史的发展变迁息息相关，社会历史变化了，宗教也发生变化。宗教生活要受社会生活的制约，尤其要受政治生活的制约。"③ 对中国古代社会影响最大的两大宗教是道教和佛教，道教的创立和佛教的传入及其流行，在中国古代社会产生极为广泛和深远的影响。尽管它们有着各自的女性观，但因与儒家伦理迎合，贱女、厌女倾向十

---

① （唐）释道世撰，周叔迦、苏晋仁校注：《法苑珠林校注》，中华书局2006年版，第227—228页。
② 《马克思恩格斯选集》第3卷，人民出版社1972年版，第354页。
③ 杜继文主编：《佛教史·序》，江苏人民出版社2006年版，第1页。

### 她被唤作"瑞奴"时

分突出,这也是东岳庙"地狱变相"中"受刑者皆以妇人为多"根本原因所在。其次,有关"妇女生产也算罪"的问题。"妇女生产也算罪",实则隐含着"罪"与"罚"的两个命题,并皆与深藏于其背后的"女人祸水"的性别禁忌密切相关。对此,民俗学者指出:"在原始的万物之灵中,血被视为灵中之灵,受到特殊的信仰。《淮南子·精神训》曰:'血气者,人之华也。'古人不知血的制造过程和作用,只是由种种实在的事例体味到血之重要:他们亲自看到动物和人受伤就会血流如注,若是血流不止就会死亡。而当他们发现妇女的经血排出后对人体无任何影响,闭经却对身体有害时,便认为经血与一般的血不同,为毒物、污物,经期妇女便为不祥之人。"[①] 此不仅衍生出对妇女的裤裙楼居等日常起居中的诸多禁忌,而且对经、孕期妇女乃至产妇有着更为繁琐的禁忌,有如《弥勒佛说地藏十王宝卷》中所唱:"只为生育不做忌,触犯神祇罪非轻,血水漫流人不见,取水煎茶供神佛,空中天将名字记,死堕血湖受辛苦。"[②] 对难产妇女最为忌讳的原因,则在于所谓"妇女生育伴随而下的羊水、血水等物,都是污秽不祥的,处理不好,不仅这种血光之灾会给产妇和胎儿带来不利,还可能亵渎祖宗和各路神灵,使家人遭受神灵们的惩处,故对其更为忌讳"[③]。女性为命定的罪孽所遭致的罚则是,在有生之年被视作禁忌对象:"凡有圣洁性质的举动不得参加,对于神圣的物什不得接触,这种心理对于妇女在社会上的地位自然不能无影响。她们被排于某种活动之外以及由此而减少其自由。"[④] 而一旦因难产致死,"若未念经酿解,则死后灵魂便该落在血湖里浮拍,永远莫想超升"。为此,佛经中特别造出了一部强调报娘恩的《血盆经》来为其祈禳消灾。尽管此经不载于《大藏经》目,被视作伪经,但自隋唐出现之后,便借着各类讲经文、佛教歌曲,以及民间宝卷、戏剧、小说等,广为流播江南。

---

① 万建中:《中国民间禁忌风俗》,中国电影出版社2005年版,第124页。
② 王见川、林万传主编:《明清民间宗教经卷文献》第7册,台北:新文丰出版公司1999年版,第80页。
③ 万建中:《女性与禁忌》,《民俗博彩》2011年第5期(上)。
④ 林惠祥:《文化人类学》,商务印书馆1992年版,第191—192页。

第四章　县署上房中的"崇祀"与"古听"

显然，东岳庙地狱变相中有关"受刑者皆以妇女为多"，"妇女生产也算是罪"之现象，深刻着贱视与仇视女性的禁忌文化之印痕。这种把妇女等同于"不洁"、"秽疫"、"危险"而加以避讳的禁忌，源于原始时代对血的敬畏以及对女性生理特征的不理解，加之父权社会对女性生育能力的嫉妒，而形成的强烈的厌女情结，乃人类社会之共有现象，英国文化人类学家弗雷泽曾如是道："没有任何人像来月经期间的妇女那样为人们所畏惧。"① 所不同的是，中国的女性禁忌文化与长期占统治地位儒家思想联系紧密，即：其一方面以讲乾坤阴阳变化的易学这一儒家哲学理论基础为依据，另一方面则集中体现在其服务于强调尊卑秩序的儒家伦理思想体系。故而，在封建宗法意识浓厚的中国，男尊女卑观念根深蒂固，由来已久，并渗透于民间世俗日常生活的方方面面，动辄"诱之以天堂、净土的福乐，惧之以地狱恐怖的刑罚"而为斯宾诺莎斥为不道德的宗教与地狱信仰文化，自然含括其中，并对苏雪林以深刻影响，其后来忆及此事曾愤激难抑道：

  想不到妇女冒九死一生的危险，为家庭绵血统，为人类延嗣续，却认为是大罪一条，要受那么可怕的刑罚？这当然由于中国社会轻视女性的观念而来。中国民间谓女人生来便是罪孽，女人不但生来便是卑贱的，而且也便是污秽的。

毋庸置疑，如此言说，既充分表达了苏雪林对为性别禁忌所禁锢的女性的悲哀与不平；同时，对其脱颖而出成为"五四"一代知识女性不乏揭示意义。

## 二　讲"古听"

### 1. "古听"材料二则

"讲古听"，即"讲故事"。苏雪林在相关回忆的文章中曾就此论道：

---

① ［英］詹·乔·弗雷泽：《金枝：巫术与宗教之研究》，徐育新等译，中国民间文艺出版社1987年版，第312页。

## 她被唤作"瑞奴"时

> "讲故事"怎么说"讲古听"呢？果然这话有点叫人莫名其妙。我们太平乡间说话讹音甚多……"古听"二字不知是否由"古典"讹来？"典"和"听"双声，是可能的。也许这个词儿要用新式标点写成"讲古，听"才得明白，"讲古"指读者而言，"听"则指听者而言。可是那时根本没有新式标点；照老百姓说话惯例也没有这种文法。因此我对这句话的意义，至今尚未得确解。①

其实，皖南一带有宾语前置的语言结构方式，如村落中修伞补锅人叫喊"伞修、锅补"之类。以此类推，"古听"意即"听古"、"听故事"，而"讲古听"则可理解为"听讲古"、"听讲故事"。这种为民俗学者谓之民间口承的叙事的范围极其宽泛，但凡有史以来为社会民众创造和传承的反映人类社会生活以及民众理想愿望的富有幻想色彩或现实性较强的所有口头创作文学样式，诸如神话、史诗、传说、歌谣、叙事诗、谚语、谜语、俗语、说唱、小戏等皆囊括其中，但最为流行并有着广泛影响的则是神话、传说、故事等。然而，由于"在我国历代民间社会，人们对神话、传说、故事这些体裁并无细分，人们从来都是笼统地称为'讲故事'，或者根据各地的习惯叫法，称之为'讲瞎话'、'讲经'、'摆龙门阵'等等"②，故而，民间口承叙事也被称为"讲故事"。

从古至今，作为蕴含着十分丰富的文化传统元素的民俗文化事象，讲故事对民众知识、民间思想产生过并一直发挥着无法抵挡的深刻影响。正如钟敬文所说："在今天我们的眼里看来，不过是一种艺术作品。但是，在人类的初期或现在的野蛮人和文化国里的下层民众（后者例如我国的大部分的农民），它差不多是他们立身处世一切行为所则的经典！"③汉学家浦安迪在《中国叙事学》中所言"不讲故事则不成为其人"④，更

---

① 苏雪林：《童年琐忆》，《苏雪林文集》第二卷，第18页。
② 江帆：《民间口承叙事》，黑龙江人民出版社2003年版，第4页。
③ 钟敬文：《钟敬文文集·民俗卷》，安徽教育出版社2002年版，第269页。
④ ［美］浦安迪：《中国叙事学》，北京大学出版社1996年版，第5页。

第四章　县署上房中的"崇祀"与"古听"

是将讲故事作为人类生活中一项不可少的文化活动的意义揭示得淋漓尽致。"在传统农业社会，在学校教育全面取代家庭教育之前，对最年幼孩子的思想和情感的灌输主要由最年老的一代承担。……老人们拥有非常丰富的民间口头文学知识，他们传输的主要内容之一便是这方面的。"[1]地方文化传统，正是通过民间口承叙事即"讲故事"的形式，得以在家庭范围内传承并发生影响。对苏雪林清末浙地上房"古听"活动事象加以专章考察，也正基于此。

目下，与苏雪林当年古听活动相关的材料主要有两种。第一种，见录于苏雪林《童年琐忆》一文，如下所示（节录）：

> 哑子伯伯会讲故事，当时我们只叫做"讲古听"，母亲当孩子太吵闹时，便叫哑子伯伯快领我们去，讲个"古听"给我们听。有时便把我们一齐赶到哑子伯伯那间小屋里去听她的"古听"，果然颇能收绥静之效。我们众星拱月般围绕着哑子伯伯坐下，仰着小脸，全神贯注地听她说话，不乖也变乖了。不过男孩子前面书房功课紧，不能常到上房，于是"听古听"的乐趣，往往由我们几个女孩独享。
>
> 哑子伯伯装了一肚皮的"古听"，讲起来层出不穷，而以取宝者和野人故事为最多。取宝者的故事有七八个，大同小异。无非某处有宝，众人都不识，一日有取宝者告诉以取宝之法，主人不肯出卖权利，要照取宝者所传方法，自己来取，却总因一着之差失败了。那一着之差便是取宝者故意不卖的"关子"。所说野人好像是一种半人半怪的生物，说是人，却长着一身长毛，与猩猩相似，又爱吃人；说是怪，却又不能变化，并且相当愚蠢，容易被人欺骗，甚至送掉性命。"野人外婆"是旧时代传遍全国，深印儿童脑海的故事，情节极像外国的"红风帽"。

---

[1] 万建中：《中国民间文化引论》，北京大学出版社2006年版，第81页。

## 她被唤作"瑞奴"时

哑子伯伯也说洪水故事，我们第二代人类的祖父母是一双兄妹结婚而成夫妇。与今日流传于苗瑶倮倮各族间的传说也一丝不爽。兄妹二人自高山顶滚一对磨盘下来，磨盘相合则兄妹结婚，为人类传种，否则仍为兄妹。也亏得向天问卦得准，不然地球人类便及他们之身而绝了。世界都有洪水故事，都说第二代人类的祖宗是兄妹为婚的。伏羲与女娲是一个例，此外则印度、波斯亦有其说。

她说的"冬瓜郎"、"螺妻"，我于七八年前曾记录下来投台湾出版的某儿童读物。"螺妻"与搜神记所载谢端遇螺仙事，虽有文野之殊，故事性质却是一样。此事现在经我考证和希腊爱神阿弗洛蒂德诞生于螺壳，有同一渊源的可能。

目前邵氏公司与国联大打对台的"七仙女"，原出"二十四孝"董永卖身葬父。哑子伯伯说下凡与董为妻者乃是织女娘娘。后来我读干宝搜神记也说下凡助织者是织女。刘向孝子图则说是天女，天女即织女。她为天孙，见史记天官书与汉书天文志。又为天女，则见晋书天文志。东坡诗"扶桑大茧如瓮盎，天女织绡云汉上，往来不遣凤衔梭，谁能鼓臂投三丈"，是根据晋书天文志"织女星在天纪东，天女也"。不知在电影里何以变为七仙女，说是玉皇大帝的第七个女儿。

"马头娘"故事也是哑子伯伯说过的。黄帝妃嫘祖为蚕丝始祖，未闻她有马头之说，但三才图会所画嫘祖像背后隐约有一马形。三国时代张俨有太古蚕马记，干宝搜神记叙此故事更为详备。总之，我们所养之蚕说是由一女郎变成的。

哑子伯伯在兰溪县署住了几年，祖父写信与故里族长们相商，分了她几亩薄田，并替她承继一子，她便回到乡间去了。以后我们不再谈起她，大概她所过生活仍然免不了替人搓麻索，讲古听哄小孩，如是而已。①

第二种，则据之以苏雪林著述的《趣味民间故事》一书。

这部由台湾广东出版社1978年出版的专著，"十五万字，分为中国民间故事（18则）、埃及与非洲民间故事（8则）、希伯来民间故事（7则）。中国民间故事大部分是20世纪60年代后期应香港《良友之声》杂志邀请而写的，少数几篇是出书前补写。至于国外民间故事部分，是1950年任职香港真理学会做编辑期间，仅购了七八种，即印度、非洲、希伯来等国民间故事。那时精力旺盛，利用做编辑之余，尝试翻译了一二十篇，在香港《公教报》及真理学会办的学生读物上发表，未料到集腋成裘，现在居然印成了一本书，也算是意外收获"②。苏雪林在该书的"自序"中，曾就其中有关中国民间故事部分的撰述情况，加以了一定的说明：

> 民间故事是一种不著于竹帛，不见于经传，仅仅流行于民众之口的传说；是一种在笔记、长短篇小说之外，另创一格的非文艺品。它和童话是差不多同型的东西，简短、单纯、质朴，多重复的语句和段落，内容则鬼神妖异，荒诞不经，也多福善祸淫的教训，因果报应的传统思想，不过有趣味，有幽默，每能引人入胜，听之忘倦。
>
> 每当一天工作已罢，纺织机旁，昏灯影里，三五孩童围绕着一个老婆婆；或斜阳衰柳，牧笛声残，一个白须盈颠的老翁，口衔烟管，坐于石凳，引来一群村童，这类故事便开场了。像本书里《蔡家蛇郎》、《螺女》、《蚕与马》、《宝猪》、《野人外婆》等，是我幼时从一个老伯妈口中听来的；《冬瓜郎》、《梁王戬》、《杨和尚》则是我外祖母所口述；那比较复杂的《蜈蚣与金鸡》、《仙掌与明珠》，则得之于我启蒙塾师。以中国之大，郡邑之多，当然各地都有它的民

---

① 苏雪林：《童年琐忆》，《苏雪林文集》第二卷，第17—20页。
② 沈晖：《苏雪林年谱长编》，安徽文艺出版社2017年版，第239页。

### 她被唤作"瑞奴"时

间故事,不过主要的却不多,大都由一个母题,分化为许多个,大同小异。像目前流行的虽号称为中国民间故事,大都剽袭西洋,加以改造;或将唐人传奇,由文译白,再则随意捏制,毫无根据,这样来谈民间故事,实在没有什么意义。

  记得五四以后不久,北平有一刊物,名曰"语丝"。主持者知堂老人趣味极其广泛,他对人类学、民俗学有甚深的爱好,所以他提倡神话、童话,并曾登过征求民间故事的启事。我曾将孩时所闻的写了一篇寄他,是"冬瓜郎"还是"蔡家蛇郎",今已记不清楚。只记得我曾附了一封短信给他,请教他民间故事是否应该这样写?竟蒙知堂老人亲笔答复,说我的写法很对;顺便他还提供了几条选择这类故事的原则,大意说悃朴无华乃是民间故事的本色,一加藻饰,便失其真。可惜因年日过久,屡经丧乱,这封信早不知失落何处了,不然,倒是一宗很可宝贵的纪念品。

  本书中国民间故事十余篇,大概是民国五十七八年间,应香港良友之声杂志社的邀请而写,台湾大都尚未见过。现在又补充了几篇。我腹中中国民间故事,仅有此数,再也变不出多余的来。虽也常向朋友打听,她们都说幼时听得很多长大后都付之遗忘了,勉强她们说了几个,则无非是伊索寓言等书的翻版。这才知道坊间流行的中国民间故事书多抄袭外国童话与寓言,也有其不得已。[①]

  以上二则材料,对苏雪林幼时浙地县署上房中"古听"情况,有如下几方面的补正与揭示。

  其一,所涉"古听"讲述人共有三位,即帮佣为生的宗亲"哑子伯伯"、上房女塾启蒙塾师和外祖母。讲述者,即故事讲述人或唤作故事讲述能手,此类角色的人物一般皆具有见多识广谈吐风生的特点,诚如鲁迅所言:"这讲手,大抵是特定的人,他比较的见识多,说话巧,能够使

---

① 苏雪林:《趣味民间故事》,台北:广东出版社1978年版,第5—6页。

## 第四章 县署上房中的"崇祀"与"古听"

人听下去，懂明白，并且觉得有趣。"① 被苏雪林称作有着"满肚皮古听"的"哑子伯伯"，虽然地位卑微、孤苦伶仃、饱经风霜，却不失勤勉纯朴与爽朗，在以努力勤事赢得苏雪林祖母苏杜氏的欢心的同时，更以一肚皮的"古听"，令儿时活泼灵动的苏雪林折服与着迷。多少年后，苏雪林还对此不胜唏嘘道：

> 倘问我儿童时代有什么值得怀念的人物，哑子伯伯会最先涌现于我的心版。这个人曾在我那名曰"黄金"其实"黑铁"的儿童时代镀上了一层浅浅的金光，曾带给我们很大的欢乐，曾启发了我个人很多的幻想，也培植了我爱好民间传说的兴趣。而且想不到她的话有些地方竟和我后来的学术研究有关。②

显然，就"古听"讲述人的影响力而言，莫之能比。与此同时，启蒙塾师的相关讲述不仅十分有限，而且皆与"哑子伯伯"的所述类型相重叠。至于外祖母的相关讲述，从苏雪林当时活动轨迹来看，当发生在其离浙返乡之后，故此可不作考量。

其二，有关"古听"的时间与地点。从"哑子伯伯在兰溪县署住了几年"便回乡间去了的情况来看，哑子伯伯的"古听"讲述应发生在苏雪林祖父苏锦霞二度出任兰溪知县之际，即光绪二十八年至光绪三十二年（1902—1906），即苏雪林6—9岁之际。因其启蒙塾师先后分别由叔祖采五先生与账房表叔充任，即光绪二十九年至光绪三十年（1903—1904），苏锦霞二度兰溪知县时首辟上房女塾，塾师为叔祖采五先生，正值苏雪林7—8岁光景；之后，即光绪三十三年（1907），亦即苏雪林10岁的那年，苏锦霞转任金华知县并重启女塾，塾师则由账房表叔充任，仅历时半载。也就是说，上述材料集中表明，苏雪林浙地县署上房中的"古听"活动，主要发生于1902—1907年其祖父苏锦

---

① 鲁迅：《门外文谈》，《且介亭杂文》，人民文学出版社1981年版，第99页。
② 苏雪林：《童年琐忆》，《苏雪林文集》第二卷，第15页。

■ 她被唤作"瑞奴"时

霞先后充任兰溪与金华知县时期,"古听"的讲述人则为上房帮佣的"哑子伯伯"和先后充任上房女塾塾师的叔祖采五先生或账房表叔。是时,苏雪林年正6—10岁间。

其三,"古听"的相关内容。历代社会民众对口承叙事中流行与影响甚广的神话、传说和故事等皆笼统地以"故事"相称。当年上房对此也概莫能外。需加注意的是,前则"故事"材料,属于回忆性文字,更为直观与情境化。后则属于口承叙事的文本化,虽然其中不少篇目据以当年之"古听";但是其中有也不乏异文性倾向。也就是说,二则材料归集一处,对曾经的"古听"现场具有一定程度的印证与还原意义。

2. 恢宏的"古听"世界

首先,"取宝者和野人故事为最多"。苏雪林这里所说的"取宝者"的故事,据其《童年琐忆》中的相关追述和录入《趣味民间故事》中的《宝猪》(哑子伯伯所述)、《蜈蚣与金鸡》和《明珠与仙人掌》(塾师所述)来看,其所述故事类型皆指向"识宝传说"类故事,亦即德国艾伯华《中国民间故事类型》中的"169 回回采宝"型故事,亦为顾希佳《中国古代民间故事类型》中的"567 识宝失宝"型故事。

识宝传说类故事流传甚为广远并不乏流变,最早可溯至南朝宋刘敬叔《异苑》卷二《洗石》,并大盛于唐,完备于唐。此类识宝传说的情节主干是:某人有特殊的识宝才能(这种人多数为西域胡人),识出某物是宝,最后以重价从原持宝者手中购得,并将该宝物的特点和用途(这种特点和用途常常带浓郁传奇色彩)说出。[①] 识宝传说唐以后的流变皆见辑于宋元明清诸多文献中。[②] 近现代以来,有关识宝传说的讲述依然十分活跃,1931—1932年,浙江绍兴《民间》月刊第1卷各集就连续发表"回回采宝"型故事21则。[③] 需要指出的是,之后识宝传说的故事模式,虽

---

[①] 程蔷:《识宝传说与文化冲突》,苑利编《二十世纪民俗学经典·传说故事卷》,社会科学文献出版社2002年版,第259页。
[②] 顾希佳:《中国古代民间故事类型》,浙江大学出版社2014年版,第72页。
[③] 顾希佳:《浙江民间故事史》,杭州出版社2008年版,第448页。

## 第四章 县署上房中的"崇祀"与"古听"

然一脉相承于唐西域胡人识宝传说,但在后续流布之中的发展与演变则有诸多明显不同:(1)"识宝人"与"持宝人"的变化。取宝传说中的识宝人,"回回(西域胡人)"之外,还陆续出现了"江西人"、"南蛮子"、"徽州朝奉"以及"小贩"等;与之相对应的"持宝人"则由城镇居民转为了乡间"农人"。(2)有关"宝物"的演化。"唐以前及唐代的识宝传说中被识出的宝物,往往是本身就具有巨大的价值;而近现代识宝传说中的宝物,却常常是'取宝之宝',取得它还不等于发财,至多只是获得了发财的条件。这是前后其识宝传说的一个重要的区别。"①(3)故事结局以"持宝人"中止交易"自行取宝"以至"失宝"而告终。个中原因除了"无知"或"怯阵"之外,最为主要的便是源自"持宝人"意识到巨大的利益即将失之交臂而滋生的焦虑与迷乱,以致举措失当不得要领而无以规避痛失"宝物"的命运。在这一具体的口承叙事环节中,"持宝人"往往表现得极度躁动和贪婪,以致在尚未掌握取宝的关键之前急于动手而终不得逞。随着上述取宝传说要素的演化,取宝传说的情节主干也因之演化为:某地有一宝物,某人识出它是宝物,拟高价收买。持宝人询问此宝的用处,他没有全部说出。由于持宝人的无知(或某个不当举措),遂使宝物失灵(或是宝物再也找不到了)。②在这一类口头叙事作品中,民间识宝传说不仅是一定社会经济生活的产物,而且能够曲折而深刻地反映出一个民族在某一个特定历史时期的普遍心理状态。这一叙事模式被反复套用到各种异文的讲述之中,固然表达出底层民众对于贪婪、不讲信用等行为的批判③;同时这一结局曲折含蓄地对那些不安于"日出而作,日落而息"的辛劳农耕生活者的委婉劝诫与对总企盼着"一本万利"的商人的间接否定,农耕文化和商业文化的冲突蕴含毕现。④

---

① 程蔷:《识宝传说与文化冲突》,苑利编《二十世纪民俗学经典·传说故事卷》,第263页。
② 顾希佳:《中国古代民间故事类型》,第72页。
③ 顾希佳:《浙江民间故事史》,第448页。
④ 程蔷:《识宝传说与文化冲突》,苑利编《二十世纪民俗学经典·传说故事卷》,第263页。

### 她被唤作"瑞奴"时

此类取宝传说高频次地出现在来自徽州的"哑子伯伯"古听讲述中,亦折射出徽州儒商文化的浓重气息。同时值得深味的是,苏雪林对哑子伯伯众多取宝故事中的《宝猪》篇的情有独钟,这里面除了伦理价值的认同外,有关《宝猪》口承叙事中的审美性因素也当是应有之义。

所谓"以取宝者和野人故事为最多"中的"野人故事",就相关叙事内容来看,深刻苏雪林记忆中的"野人故事",实际上就是当今家喻户晓的"狼外婆"型故事。此类故事主要围绕着孩子与"狼外婆"的善恶冲突、强弱对比展开,充满了惊险和刺激,具有不可多得的现实意义和教育价值,深受人们的喜爱,在我国汉族和各少数民族地区皆流传甚广,就已经记录发表的作品来看,至少亦有100多种异文。根据故事发生地点的不同,"狼外婆"型故大体可以分为两种亚型。一是误入狼穴亚型。该亚型的情节与欧洲的"小红帽"童话非常相似,即:孩子去探望外婆,途中被变为人形的狼精诱骗,误入狼窝,结果是弟弟被吃掉,姐姐机智脱逃躲藏在屋外树上,并设法除掉了狼精。《广虞初新志》中黄之隽的《虎媪传》,乃此类亚型叙事范例。二是纵狼入室亚型,也是有关"狼外婆"的最为"通常"的口承叙事。丁乃通《中国民间故事类型索引》一书所收录的一百多个文本也属于这一亚型,其主干情节有:(1)母亲出门时,设置安全禁令,嘱咐孩子们不要给陌生人开门。(2)动物扮作孩子们的亲人来叫门,最小的孩子违背禁令给动物开门。(3)违背禁令的小孩在睡觉时为动物所吃,被大孩子察觉。(4)大孩子谎称要解手逃出房间。(5)动物追来,孩子们利用自己的智慧和外界力量斗败动物,脱离险境。(6)关于动物以及植物精的幻形死后的变化有6个变体。民间口承叙事流传中的变异实属必然,但万变不开其宗——教育孩子对坏人提高警惕,并同它们进行勇敢机智的斗争,是狼外婆型故事的主题,显然也毋庸置疑。但是,相关叙事母题的变异势必作用于相关叙事内容的解读。十分显见,误入狼穴亚型与纵狼入室亚型的主要区别在于,故事中出门人是年幼的孩子,还是孩子们的长辈?孩子们历劫恶狼的原因,是天真触犯"门禁"使然,还是日暮迷途所致?纵狼入室亚型叙事的主题，既有强调提高警惕看家守宅与伪装的入侵者斗智斗勇的一面；同时作为大分布的故事类型，其相关"禁忌"与"死亡"叙事的背后，还透射着"男权话语的传统家庭教养模式下，出于维系社会结构正常稳定的需要，这一带有启蒙性质的家庭故事存在着明显的性别认知导向以及世俗伦理训诫的指向"①。相形之下，误入狼穴亚型的故事，除了褒扬孩子临危不惧敢于斗争敢于胜利之外，更着意于突出孩子们的警惕与智慧。纵狼入室亚型中的所谓"禁"与"忌"，在这里就不那么直接与显豁。苏雪林依据早年古听记忆所撰写的并被收入《趣味民间故事》一书中的《野人外婆》，可谓为前文所提及的误入狼穴亚型《虎媪传》的翻版，其中也有所不同。一是表现为故事中变身外婆的动物不同，即一个是由野人变身的，一个则是由老虎变身的。相关研究者指出，"野人"很早就出现在古人的记载中，"它有人面、长毛、能言、吃人等特点，与故事中的动物角色最为接近，因此，野人当是'狼外婆'型故事的最早形象"②。而"老虎外婆"说法的流布，以至盛嚣至 20 世纪前半，则与清康熙时《虎媪传》的问世与流传有关。然而，童话故事的幻想性特征也有赖于事实，狼外婆型故事，旨在于教育儿童善于识破伪装的恶人并与之作机智的斗争，所以"善于伪装"才是故事中恶兽的首要特征，而与之相符者非"狼"莫属，加之"狼"天南地北地广布，故 20 世纪后半叶此类故事中"狼外婆"的人望渐隆于"老虎外婆"。由此看来，似乎"野人外婆"的故事版本更为古旧与原始，这也是后来作为学人的苏雪林尤为看重哑子伯伯"古听"的重要原因之一。苏雪林曾为此感慨道：

  哑子伯伯所说的故事大都朴素单纯，完全民间风味。所以我们还可拿来和世界神话传说相印证。若她是文人，她说的故事便不会有什么价值了。③

---

① 王琨：《浅论"狼外婆"型故事中的伦理规范》，《文化学刊》2013 年第 3 期。
② 韦世柏：《"狼外婆"故事的起源》，《广西师范大学学报》（研究生专辑）1989 年增刊。
③ 苏雪林：《童年琐忆》，《苏雪林文集》第二卷，第 20 页。

### 她被唤作"瑞奴"时

二是故事开篇的情节主干有所不同。《虎媪传》开篇的主干情节：（1）孩子们出门是受了母亲的指派，送一筐枣给六里路外的外婆。（2）日暮迷路遭遇虎精。苏雪林《野人外婆》开篇主干情节：（1）年幼的姐弟俩出门是为孤苦无告生死挣扎所迫，投奔陌生而遥远的外婆。（2）日暮时分饥困交加误入野人住所。这里所谓的开篇主干情节，实际上就是有关故事缘起的叙事，其中的同与不同十分醒目，即：同在日暮迷途涉险；不同则在于一个因日常探亲而出门，另一个则为饥寒交迫而出走。相较于《虎媪传》，苏雪林的《野人外婆》，显然有着民间底层穷苦人生的现实反映。因此，尽管《虎媪传》与《野人外婆》后续主干情节基本一致，但对于有关故事主题等方面解读实难一言以蔽之。或者说，苏雪林《野人外婆》的主题意蕴，除涵括狼外婆型故事的通常意义之外，底层社会的苦难挣扎及其不满与抗争也应包含其中。当然，由此濡染，苏雪林同情底层关怀民间情愫亦毕现其中。

其次，以奇异婚恋为主题的类型故事亦不少。这里既有人与异类婚恋型的童话故事，如"菜瓜蛇"、"螺女"等；也有人神婚配型的民间传说，如"董永遇仙"、"冬瓜郎"等。其中尤让苏雪林侧目与萦怀的便是"蛇郎"的故事。对"古听"而来的"蛇郎"故事，苏雪林曾先后两次加以整理发表，即：《菜瓜蛇的故事》发表于1925年8月31日的《语丝》（第42期），不啻于此，其还致函启明先生（周作人），就有关"菜瓜蛇"的民间口承叙事加以探讨。[①] 此后的《蔡家蛇郎》，则被1978年出版的《趣味民间故事》列为首篇。人与异类婚恋型故事，在德国艾伯华的《中国民间故事类型》中，被命名为"动物或精灵跟男人或女人结婚"。此类型故事中，一般以动植物精灵所扮演的女性角色与人间普通男子婚恋的故事居多，而故事中的精灵多以蛇女、狐女、螺女、虎妻、天

---

① 1925年8月31日《语丝》第42期刊苏雪林撰写的徽州地区民间故事《菜瓜蛇的故事》，9月14日《语丝》第44期刊登苏雪林《关于菜瓜蛇的通信》，致函启明先生（周作人），就民间故事"菜瓜蛇"的来龙去脉与之探讨。启明先生于8月20日致函苏雪林，作了详尽的回复。《语丝》全文刊布了苏、周的两封信函（沈晖：《苏雪林年谱长编》，第27页）。

第四章　县署上房中的"崇祀"与"古听"

鹅处女等形象出现；而在由异类充当男性角色与人间普通女子的婚恋故事中，则以"青蛙少年"和"蛇郎"这两个类型最为流行与普遍。苏雪林有关"菜瓜蛇"或"蔡家蛇郎"的故事便是"蛇郎"型故事中的一种。婚姻是人类永恒的话题，也是民众日常叙事的重要主题。人与异类婚恋故事，"似属不经，实乃根于古代习俗"①，闪耀着浪漫主义的奇光异彩，为民间喜闻乐见的幻想故事之一。尽管中国的蛇郎故事极为丰富，古今异文达百余篇之多，但作为口承叙事，其主干情节的稳定性不容置疑。对此，周作人曾以一句"兽婚，变形，季女胜利"②加以了最为扼要的概括。钟敬文则在《中国民间故事型式》中，对"蛇郎型"的主干情节加以了更为具体的归纳：（1）一父亲，有几个女儿。（2）一天，他出门去，为蛇精所困，许以一女嫁之。（3）父问遍诸女，惟幼女肯答应嫁蛇。（4）幼女嫁蛇得幸福，姐姐杀之，而代以己身。（5）妹妹魂化为鸟，以詈咒其姐，复被杀之。（6）她变为树或竹，姐姐又恨而伐之。（7）姐姐遭妹妹之变形物的报复，受伤或致死。③比照之下，无论早先《菜瓜蛇的故事》，还是后来的《蔡家蛇郎》，苏雪林有关"蛇郎"故事的叙事主干皆未出离其中。当然，在枝节末梢方面其前后文本也不尽然一致，如：对于故事缘起的叙事存有不同。先前《菜瓜蛇的故事》中"妹妹"与"蛇郎"姻缘的缔结，是因为"爹爹"无意冒犯了蛇郎而遭致逼迫的无奈。后来《蔡家蛇郎》中蛇郎与"妹妹"的谈婚论嫁，则是幻化为少年的"蛇郎"，主动上门逼亲的结果。又如：对"妹妹"遇害地点安排有所不同。前者发生在妹妹出嫁半年后思亲归宁的娘家，后者则发生在姊妹造访的富丽堂皇的夫家。之所以这般变化，或多多少少受到周作人相关研究的影响。依据有二：其一，在关于《菜花蛇故事》的通信中，周作人称："菜瓜蛇的故事与我所知道的蛇郎正是一样，菜瓜蛇在绍兴亦有，称为菜花蛇，音如 TseehuoaZoa. 但在童话里已经把他'人身化'，蛇郎是

---

① 周作人：《关于〈菜瓜蛇〉的通信》，《语丝》第44期。
② 同上。
③ 钟敬文：《钟敬文民间文艺学文选》，安徽教育出版社2010年版，第310页。

一个少年，无复一点爬行虫的痕迹——除了还要吃人这一件事。"其二，周作人曾在1914年所刊发的《〈蛇郎〉释义》一文中，录入了"越中止此一种"的"蛇郎传说"，中有云："他日长姊造访，妒其富美，诱使窥井，推而溺之，自以身代。"① 如此种种，由于主干情节所保持的一致性，"蛇郎型"故事文化内涵及其审美基质积淀深厚。总之，这是一个极富幻想色彩、充满浪漫主义气息而又不失深层文化意蕴的异类婚姻故事。当代学者刘守华指出："'蛇郎'是一个覆盖欧亚大陆，以它的奇光异彩与丰富内涵为世界所注目的幻想故事。中国'蛇郎'围绕两姐妹之间的冲突来编织故事，象征着男人命运在发生戏剧性转变过程中所引起的婚姻纠葛，具有鲜明中华文化特色。"② 这里所谓"中华文化特色"，包含着极其丰富的思想内容。尤为突出的则不失为两个大方面：一是由"蛇郎"故事丰富的婚姻习俗中所透射出来的传统孝道伦理观与三从四德的女教观；二是以美丑、善恶二元对立的审美方式表达了民众的道德评判。以现代文化观念来看，该故事无疑包含着一些封建思想，具有一定的时代局限性。

如果说"蛇郎"的故事隶属人与异类婚恋型故事中的"动物或精灵跟女人结婚"之类的话，那么"螺女"的故事则与之不同，即为"动物或精灵与男人结婚"的故事，同时也是人与异类婚恋型故事流播最为久远与广布的经典之一。钟敬文20世纪30年代撰写的《中国民间故事型式》中的45个常见中国民间故事类型，就有"螺女型"。在德国艾伯华编撰的《中国民间故事类型》中，则列为"四、动物或精灵跟男人或女人结婚35. 田螺娘"。丁乃通编撰的《中国民间故事类型索引》，也将"田螺姑娘"列为400C型，并收录古今异文30余例。

该故事最早记载于西晋束皙的《发蒙记》，东晋陶潜《搜神后记》中

---

① 周作人：《〈蛇郎〉释义》，钟叔河编《周作人文类编5·上下身》，湖南文艺出版社1998年版，第753页。
② 刘守华：《两姐妹与蛇丈夫——"蛇郎"故事的中华文化特色》，《湖北民族学院学报》2001年第1期。

## 第四章 县署上房中的"崇祀"与"古听"

的《白水素女》则被视作该类型故事的成熟定型之作。此后历代的书籍中有关"螺女型"故事的记载层出不穷,如梁朝任昉《述异记》、唐代皇甫氏《原化记·吴堪》、宋代洪迈《夷坚志》、明代冯梦龙《情史》。直至 20 世纪仍有大量流传于民间的"螺女型"故事,记载于各地的民间故事集成之中。① 其中陶潜的《白水素女》和皇甫氏的《吴堪》,被认为是这个类型故事流变过程中十分重要的两个本子。《白水素女》(或题为《谢端》)主要讲述一少孤清贫男子,因恭慎自守,获天帝垂怜,遣白水素女(螺女)暗助其富荣,无奈行迹窥破而不得不离去。其情节主干有:(1)主人公(青年农人)拾螺归养;(2)螺(仙)幻化为女子暗助其家务;(3)螺女因主人公窥其化身现形触犯禁忌而离去。东晋陶潜《白衣素女》的故事,一方面有着善恶报应的教化宣示,另一方面又喻示着禁忌之神圣不可冒犯,否则悲剧将无可逆转地降临。由此,人们的美丽幻想为无情现实所破之无奈凸显无疑。唐末皇甫氏《原化记》中的"螺女故事",不论在思想上或是艺术形式上都有了明显的发展。除了男主由先前的"农人谢端"易为后来的"小吏吴堪",篇名也随之易名为《吴堪》之外,情节主干也较之更为丰满与传奇。其中的男主吴堪之所以得到大螺,不仅仅因为天帝哀其"鳏独",还源于其"护泉有功";更为突出的是故事后半情节主干的演化甚是离奇,即留作吴堪妇的螺女,不仅"自此弥将敬洽"②,而且凭借仙家神奇的力量与抢男霸女的奸佞县宰针锋相对斗智斗勇,不屈不挠,几经回合,终致作恶者玩火自焚。该故事情节主干为:(1)主人公(小吏)得螺;(2)螺(仙)幻化为女;(3)螺女与主人公结为夫妻;(4)对手(县宰)向主人公不断地提出难题,主人公在得到螺女的充分帮助下,将难题一一化解直至战胜对手。相较于《白衣素女》,《吴堪》中的螺女形象焕然一新,人们不仅赋予幻想中的女主人公以善良仁爱的品格和改变贫困处境的创造力,更将其塑造成通过

---

① 郑土有:《中国螺女型故事与仙妻情节研究》,《民俗研究》2004 年第 4 期。
② (宋)李昉等编:《太平广记》卷八十三。

■ 她被唤作"瑞奴"时

巧智和神通战胜邪恶势力的迫害而成为主宰自己命运的强者。① 善良贫弱者得到应有幸福的诉求与渴望，也因此得以淋漓尽致地表达。《吴堪》中的螺女形象，因现实主义与浪漫主义的完美融合而被演绎得如此光彩夺目，从而对后来"螺女"的口承叙事产生了深远影响。对此，刘守华曾撰文指出："以《吴堪》为代表的这类螺女故事在口头文学中得到长足发展，有着深厚的现实生活基础。中国封建社会中，农民对压迫者的抗争十分普遍，而且一浪高过一浪。女性虽处于社会最底层，为自尊自强的进步思潮所激荡，在社会生活中的地位却不断提高。沿着世俗化这一主导方向发展的口头叙事文学，不能不在角色配置、情节构造上发生种种变异。中国口头文学中的'女强人'形象格外引人注目，虽染有浓厚浪漫主义色彩，其基础却是社会历史进程的折射。"② 晚清以降以《白水素女》和《吴堪》为代表的螺女型故事，在保持其古代原型的情况下，相关异文演化得更为繁多。相较于古代典籍中的文本，此后相关记述除单身男子得螺、螺化为女子为之料理家务以及被偷窥的故事母题不曾改动之外，其他相关母题的元素皆有演变，其中最为至关重要的差异是：（1）螺女的原形的性质有了天壤之别，即原本的"螺仙"渐为"螺精"、"螺妖"所取代。"老而成精"、"修炼为妖"而幻化人形之物，为人类与仙界所不齿，螺女也因此沦为出身卑微女子之象征。（2）螺女为报蓄养之恩或遭强抱或螺壳被匿藏而必与主人公结为夫妇。（3）婚后育有儿女，一个两个不等，以男孩居多。（4）螺女愤然索要螺壳而消失之结局，往往起因于主人公教孩子（或邻家的孩子）传唱带有揭螺女老底意味的歌谣："博博博，侬娘田螺壳，叮叮叮，侬娘田螺精！"③ 此类充满戏谑与奚落的荒腔走板，致使出身卑微，性格温顺，勤恳善良，渴望得到丈夫与世人尊重的螺女，伤心欲绝，怒不可遏，绝尘而去。同是"分离式"结局，前后口传叙事文本中的因由却全然不同，古籍《白水素女》的"分离式"

---

① 刘守华：《中国民间故事史》，商务印书馆 2012 年版，第 130—131 页。
② 刘守华：《中国螺女故事形态的演变》，《华中师范大学学报》1999 年第 3 期。
③ 刘魁立：《论中国螺女型故事的历史发展进程》，《民族文学研究》2003 年第 2 期。

## 第四章 县署上房中的"崇祀"与"古听"

结局,实为古老而原始的"禁忌"思维所致。它以某种秘不可测的危险的存在为前提,释放着无形的震慑力;出于对潜在的不可控力量的恐惧,人们恪守禁忌以规避风险。某种意义而言,如此"分离式"结局应天而定。对此,人类抑或螺仙,只能被动地顺应而无力于任何的改变。然而,此后螺女故事的"分离式"结局,则源自内部关系即夫妻矛盾;确切地说,为故事主人公的任意轻慢所致,而与外部环境无涉,由此集中反映了"螺女"作为"仙气"不再的普通人家妻子的象征,其所作所为实乃对于男权社会所遭遇不公和歧视的抗拒。如果说《吴堪》文本中"团圆式"结局中的螺女,为捍卫俗世的家庭幸福而以超人的胆识和外部恶势力作殊死较量的话,那么近现代"分离式"结局中的螺女,则为捍卫女性主体之尊严,以"出走"的方式,毅然与为男权文化所浸淫的俗世生活相弃绝。螺女的主动离去,是对家庭中男女不平等的一种反抗,表达的是希望获得尊重的愿望。螺女如此动辄休夫弃家之行径,不啻是与千百年来"七出"、"三不去"封建传统婚姻伦理文化相悖论,更有着近代主体自觉的萌发在其中。诚如相关研究者所指出的那样:"扮演'女佣'角色的螺女在口头叙事领域退隐到一个不显眼的角落,作为'女强人'的螺女变得更加光彩焕发,显示出新的时代特征。"[①]

尤为值得注意的是,因丈夫"有所诋",田螺姑娘选择了离去的情节,不仅在近现代的《螺女》文本中反复出现,而且"吴越地区流传的螺女故事有很大一部分以这样的方式收场"[②]。更有意思的是,苏雪林根据当年哑子伯伯"古听"编撰,并为其《趣味民间故事》所辑录的《螺妻》,其叙事框架即与上述所谓流行于吴越一带的"分离型"叙事模式相一致。由于特殊的地理环境与人文历史的传承,崇儒重商已然成为古老徽州文化版图上的重要精神坐标,即:一方面是理学风流所在,无不忠君敬祖、友宗孝亲、礼教节烈、男尊女卑;另一方面则是"无徽不成镇"。为活路计,徽州

---

[①] 刘守华:《从〈白水素女〉到〈田螺姑娘〉——一个著名故事类型的解析》,《古典文学知识》2001年第3期。

[②] 潘倩菲:《螺女型故事人性化过程的现实整合》,《民俗研究》2006年第2期。

## 她被唤作"瑞奴"时

男子少小离家,"业贾者什七八"①。正所谓:"前世不修,生在徽州,十三四岁,外面一丢。"如此生存文化背景之下,较之其他地域妇人,徽商妇们平添了几多辛劳与苦楚,如《新安竹枝词》所唱:"健妇持家身作客,黑头直到白发回。儿孙长大不相识,反问老翁何处来。"② 随着对行商天下背后的徽商妇关注的集中与深入,人们越来越深刻地认识到,作为当时社会中的特殊群体,谨守三纲五常的徽商妇们担当起家庭内外的所有责任,无论是在生产劳动、家务操持、子女教育,还是在家庭经济活动的事务中,都以自己柔弱之躯努力支撑着整个家庭。正如《黟县民谣》所唱:"徽州妇人实可怜,讲起苦来不堪言。幼年指望官人好,老来又望子孙贤。男人当做男子汉,供养妻儿理当然。出门奔波做生意,长年累月难归还。妇人在家勤劳作,脚小鞋尖也做田。上山斫柴供家计,日子温饱也安然。……苦做几年还清账,省吃俭用积银钱。柴米油盐般般有,金银细软置办全。孙男孙女绕膝嬉,熨熨帖帖到人前。门庭生辉亲友多,杀猪宰鸡办酒筵。妇人华贵堂前坐,人人都讲妇人贤。"③ 当然,徽商妇们广与外界发生联系的辛苦劳作,为其独支家计和徽州商业的壮大乃至徽州社会的发展作出贡献的同时,其在徽州社会生活中的地位和权力亦呈上升趋势。"单纯的强调'男尊女卑'和偏执的认为女性在家庭和社会中的地位低下,是有失偏颇的。在相当范围内,徽商妇是有着重要发言权和自主思想的女性群体。"④ 徽州妇女所谓二元化性格由此而生成,即:一方面,为封建礼教所束缚的徽州"妇女类能崇尚廉贞,保持清白"⑤,对封建伦理规范严加恪守与顺从,懦弱和保守的基质显豁;另一方面,作为明清社会转型时期的特殊群体,徽商妇在家计独支方面所表现出的坚强和独立亦分外醒目。简言之,懦弱与坚强、传统与现代这两种完全相反的特点在徽商妇的社会生活中得

---

① (明)汪道昆:《太函集》卷十六《阜城篇》。
② (清)方士庹:《新安竹枝词》,欧阳发、洪钢编《安徽竹枝词》,黄山书社1993年版,第50页。
③ 方静:《徽州民谣》,合肥工业大学出版社2007年版,第199页。
④ 胡海:《明清徽商妇女生存状态研究》,华中师范大学硕士学位论文,2008年。
⑤ 民国《歙县志·舆地志》。

以清晰呈现①，以至"妒妇比屋可封"与"新安节烈最多"的杂糅并存，比比皆是。苏雪林文字中的祖母苏杜氏，又何尝不是如此。民间故事，乃民众生活和心灵的表现。田螺姑娘"主动离去"这一情节在清末以后的故事文本中广泛存在，以及广泛流布于明清以降商品经济发达的吴越，并为广大徽州妇女所热衷实乃理所当然。

　　自古以来神奇的婚恋故事，尤为民间所喜闻乐见。在哑子伯伯形形色色的"古听"世界中，除了有关人与精怪异类婚配类型的故事之外，为坊间所津津乐道人神婚姻家庭类故事也着实不少，如上述材料中所提到的"董永遇仙"、"冬瓜郎"等，其中的"冬瓜郎"，也被苏雪林整理辑录于《趣味民间故事》。"冬瓜郎"的故事，在艾伯华《中国民间故事类型》中可归入"四、动物或精灵跟男人或女人结婚"中"39. 龙王满足愿望"之类型②；而在顾希佳《中国古代民间故事类型》中，则可归为其中"B 宗教神仙故事（750—849）"中的"750—779 神的赏罚（因果报应）"之类型③。该故事主干情节是：（1）员外世代海商年高无后恐香火不继沦为饿鬼，备香烛祭品到海神庙祈求子嗣；（2）员外恪守神谕乐善好施抚孤济贫终得一男，浑似一个冬瓜，取名"冬瓜郎"；（3）冬瓜郎资质聪明伶俐非常并觅得一极不起眼的所谓宝物；（4）冬瓜郎借助宝物神助求娶到尚书家女儿；（5）冬瓜郎因"海神案前司香童子"真身被窥破而气绝，所幸孕媳诞孙，员外家族终香火有续。"冬瓜郎"假托富商员外的人生传奇，来宣扬所谓的敬祖睦宗、神明有灵等敬畏意识，显然与徽州主流社会所极力倡导的宗法意识，以及徽州民间大行其道的宗教福报意识相得益彰，而其变幻莫测跌宕起伏惊心动魄的情节与想象扣人心弦，故在徽州民间广为流传。上述材料中有关"冬瓜郎"的口承者，前后不一情况，即出现了"哑子伯伯"与"外祖母"等，或许是苏雪林记忆错

---

　　① 赵忠仲：《明清徽州妇女的二元化性格——以社会生活为中心的考察》，《乐山师范学院学报》2010 年第 2 期。
　　② ［德］艾伯华：《中国民间故事类型》，商务印书馆 1999 年版，第 69 页。
　　③ 顾希佳：《中国古代民间故事类型》，第 108 页。

她被唤作"瑞奴"时

位,或者该故事二人先后皆有所口述。

"董永遇仙",讲述的是董永孝感天地的故事。苏雪林虽未对此加以整理辑录,但上述有关"古听"的回忆文字,无不洋溢着其对董永传说的深刻关切。像诸多流传久远的民间故事一样,"董永遇仙"故事的生成也经由了历史嬗变,直至今日有关董永传说的发源地及其人物原型等问题仍存在大量的争议,譬如,"董永故里"就有山东、山西、河北、陕西、丹阳等种种不同的说辞。所幸的是,对于董永遇仙故事生成过程中的重要环节及其相关文献记载,研究界不乏认同与解读。其中,镌刻在山东嘉祥县"武梁祠"的东汉石刻画像中的"董永事父"图,被认为是有关董永传说最早的石刻图像资料,其石刻画面是董永以鹿车载父供养的情节,并有羽衣女(仙女)凌空飞舞。如此内容石刻的存在,说明"董永事父"孝感天地的故事,早在东汉时期便闻名遐迩。汉代崇尚孝道,天人感应说盛行一时,赋民间孝子故事以"孝感天地"之神圣色彩,其思想核心即在颂扬孝亲传统。如此,不仅与当时封建统治者提倡的"孝道治国"相契合,得到了国家的教化认同和价值认同;同时也符合汉朝民间社会奉行仁孝理念的儒家传统,得到民众的情感认同和道德认同。[①]

**东汉"董永事亲"石画像**

汉末魏曹植《鼙舞歌·灵芝篇》则被视作有关"董永遇仙"的最早

---

① 纪永贵:《董永遇仙故事的产生与演变》,《民族艺术》2000 年第 4 期。

的文字记载:"董永遭家贫,父老财无遗。举假以供养,佣作致甘肥。责家填门至,不知何用归?天灵感至德,神女为秉机。"① 《灵芝篇》是曹植早期的一篇五言诗,诗篇托物言志,旨在表达曹植的用世济国之想。原诗由四个部分组成:第一部分写灵芝的"光华"与"高贵";第二部分赞古代孝子品行如灵芝般高洁闪烁;第三部分写孝感神灵,人间如得灵芝生机长驻;第四部分写天下以孝治之而太平。曹植当年"孝治天下"的宏图理想,跃然纸上。在曹植的《灵芝篇》中,董永不过是作为众多古代孝子之一出现;然而,由于诗者的浪漫与灵思,"董永遇仙"的叙事模式竟然肇始于曹植的笔下:(1)作为故事主人公的贫寒男子有德、贤、孝等品质;(2)上帝为孝子良品善行所动,遣天女下凡助之;(3)仙女能为孝子提供帮助。在这一典型的以德报德的叙事模式中,主人公之间的感情因素尚未萌现。晋干宝《搜神记》的相关改写,则使得"董永遇仙"叙事框架日臻完备,即董永"卖身葬父"、"路逢仙女",以及仙女自嫁为永妻等若干情节主干,自此添加后未再出现过异动。"董永遇仙"中的"孝行"重点,也因此由"生养"发展为"死葬"。到唐代,在说唱体的《董永变文》中,除以董永卖身葬父的孝行为基点之外,还就董永遇仙结成夫妻、仙妻巧手织锦,以及夫妻离别、孩儿上天寻母等情节加以了尽情渲染,从而构成了一个将孝行和夫妻母子悲欢离合相交织的故事,由于天上人间地飞升腾挪,故事演绎得更是惊世骇俗,动人心魄。② 或者说,"董永遇仙"故事流传至此,基于政治、道德、审美的需要,从一个平淡直白的传说变成了情深意长的爱情故事,即由纯粹"孝感"模式,演变为"孝"与"爱"的全新模式。宋元年间该故事又演变成小说《董永遇仙传》收入《清平山堂话本》,相关故事的枝枝蔓蔓也有了进一步的丰富和发展。后为元郭居敬用来宣扬儒家传统孝道的蒙养读物《二十四孝》所辑录,而受到此后历朝主政者和社会主导伦理的大力尊崇。

---

① (魏)曹植著,赵幼文校注:《曹植集校注》,人民文学出版社 1984 年版,第 327 页。
② 刘守华:《董永传说及其魅力探寻》,《长江大学学报》2015 年第 1 期。

### 她被唤作"瑞奴"时

**卖身葬父**（《二十四》孝图）

明清时期,"董永遇仙"的故事虽然更多地借助于戏曲、曲艺等艺术形式广为传布,但其基本情节仍沿袭于宋元话本。清代《曲海总目提要》卷二十五录有明嘉靖间顾觉宇《织锦记》(又名《天仙记》)的故事梗概,其相关基本要素明显同于宋元话本。[①] 明清时期的"董永遇仙"故事的面貌,由此可见一斑,如下所示:

> 董永字延年,润州丹阳县董槐村人。母早背,父官运使,引年归家,寻亦弃世。贫无以殡葬,乃自鬻于府尹傅华家为佣。华居林下,素好善,怜永孝,周给之。永持银归,太白星以永孝行,奏闻上帝。帝察织女七姑,与永有夙缘,令降凡百日,助偿佣值。及永诣傅,道遇仙女于槐荫。仙女绐以丧偶无依,愿为永室,永坚拒之。太白星化作老叟,力相怂恿,又使槐树应声,为之媒妁。永谓天遣,遂偕诣傅。仙女自克昼夜织锦十匹,傅不之信,多与丝以试之,众仙女皆助织。及明,十锦皆就,五色灿然。傅乃大异,待永以宾礼。傅女赛金与仙女最契。傅子狡黠,欲戏仙女,仙女用掌雷惊之。百日期满,仙女与永辞傅,令永持所织龙凤锦献于朝,曰"功名由此"。复示锦内之诗曰:"傅女为姻亦由此。"遂乘云而去,永以情造

---

[①] 纪永贵:《董永考》,《池州师专学报》,2005年第5期。

## 第四章 县署上房中的"崇祀"与"古听"

傅,傅知其孝心所感,即以女妻之。永持锦诣阙,诏擢"进宝状元"。及游街,仙女抱一子送永,遂不见。永取名曰"祀",字曰"仲舒",稍长,颖悟绝伦。人或诮其无母,祀叩严君平。君平教以七月七夕往太白山,俟有七女过,第七衣黄者即母也。如所教,果见其母。与葫芦三枚,云授若父二枚,一授君平。祀归,以葫芦遗君平,中忽吐焰,焚其所闶阴阳等书,怒君平泄天机也。①

需要指出的是,而今"董永遇仙"故事的家喻户晓,则应更多地归功于黄梅戏影片《天仙配》的放映。虽然"孝"与"爱"依然为该影片的关键词,但其叙事内涵却发生了深刻的变化,即由传统的"孝感—遇仙—分别"改变成了"情感(思凡)—遇仙—分别"的全新模式。②简言之,黄梅戏影片《天仙配》中的仙女下凡,是因为"思凡"而主动下凡,而不再是因董永孝感天地被天帝派遣人间;此外,在"遇仙"的环节中,对凡间温暖幸福生活的描写更是不遗余力,以致最终迫不得已"分别"的悲恸抢地,莫不哀伤动容。显然,"董永遇仙"的故事至此,已由传统孝子故事转变成为一个具有现代文化意蕴爱情悲剧。董永遇仙的故事,自汉代产生以长盛不衰魅力不减的原因,主要在于它"是一则既有教化作用又有爱情色彩的民间传说,其教化内容同中国民众的大众心理需求相适应,爱情故事又契合了民众追求婚姻幸福的内在情感,所以它的神奇幻想与人间现实巧妙融合的艺术特色深受民众喜爱。该传说在长期的口耳相传的过程中,因地、因时、因人而异,不断演变,在发展演变过程中具有了向爱情故事演变的趋势,但主题和叙事'母题'并没有大的变化"③。当然,苏雪林当年所听取的"董永遇仙"故事,应以流行于明清时期的诸如《织锦记》之类为准。

---

① 转引自赵景深《董永故事的演变》,《敦煌变文论文集》(下册),上海古籍出版社1982年版,第709页。
② 唐芳明:《〈天仙配〉原型与改编本比较》,《科教文汇》(中旬刊)2010年第11期。
③ 《国家级非物质文化遗产大观》编写组:《国家级非物质文化遗产大观》,北京工业大学出版社2006年版,第10页。

### 她被唤作"瑞奴"时

有关"兄妹成婚"和"蚕与马"的故事，实则为人类及相关物种起源的神话故事。苏雪林虽未将古听中"兄妹成婚"的故事整理成篇，但通过其上述相关回忆文字，我们对其当初所聆听的内容，还是可以加以一定的把握。苏雪林道：

> 哑子伯伯也说洪水故事，我们第二代人类的祖父母是一双兄妹结婚而成夫妇。与今日流传于苗瑶猓猓各族间的传说也一丝不爽。兄妹二人自高山顶滚一对磨盘下来，磨盘相合则兄妹结婚，为人类传种，否则仍为兄妹。也亏得向天问卦得准，不然地球人类便及他们身而绝了。

这里文中所言及的与"今日流传于苗瑶猓猓各族间的传说也一丝不爽"的"兄妹成婚"故事，主要讲述了远古洪荒，水患滔天，人类湮灭，伏羲女娲兄妹秉承天意成婚，人类由此得以繁育而生生不息的故事。在艾伯华《中国民间故事类型》中，该故事归类为其中的"48. 人类最初兄妹"故事型，其情节主干为：（1）在世界上或在他们的住地上只有兄妹两个人。（2）他们请来先知，询问他们的婚姻能否允准。（3）从两座山上向下滚动磨盘：他们互相重叠在一起。（4）结为婚姻。（5）生下肉团或葫芦；通过分割全都成了人。① 兄妹婚神话，也被誉为世界神话宝库中的瑰宝，流传相当广泛。对于神话中兄妹成亲、繁衍人类的情节，或被指是对原始时期血缘婚和血缘婚家庭的追忆，抑或被认为是对血缘婚和血缘家庭的反映，它的产生是在血缘婚尚在流行的时期。② 中国兄妹婚神话，不仅数量多而且流布甚广，所涉区域包括南方和北方的汉族与各相关少数民族地区。然而，但凡"这类故事，如果更集约些，大体也可以表现为下列两个母题（motif）：（1）洪水泛滥（或天火蔓延等）酿成了大灾难，毁灭了地上的一切生物，这可以简称为'洪水灾难'母题。（2）仅存的人间兄妹（或姊

---

① ［德］艾伯华：《中国民间故事类型》，第96页。
② 杨利慧：《伏羲女娲与兄妹婚神话的粘连与复合》，《北京师范大学学报》1997年第6期。

弟），经过某种方式（占卜、觅藏等），或听从神命，结为夫妻，传衍后代。这可以简称为'兄妹结婚再殖人类'母题"①。显然，如此母题着力于女娲始母神格的意蕴。尽管"关于伏羲女娲与兄妹婚神话的逐渐粘连关系"早已为一些敏锐的学者所推测或论述；而且，可引以为据的古代文献记录与考古发现及其民间口承相关资料也越来越多地被发掘②；但是，女娲作为我国古代神龛之上功业卓著的显赫女神，经由数千年儒家文化和民间文化的影响，伦理化与世俗化倾向日趋鲜明，即便是曾以炼石补天、斩鳌立极、捏泥人制笙簧而贵为创世神、始祖神、文化英雄而忝列为"三皇"（伏羲、女娲、神农，出自《春秋运斗枢》）中，而其为后世广大民众心之所系的，仍然只是其始母神格③。这也应该是苏雪林在哑子伯伯的"古听"世界中，与古之尊神女娲初次照面的文化记忆。

汉代"伏羲、女娲、神媒"画像石④

---

① 钟敬文：《洪水后兄妹再殖人类神话》，董晓萍选编《钟敬文文选》，中华书局2013年版，第281页。
② 杨利慧：《伏羲女娲与兄妹婚神话的粘连与复合》，《北京师范大学学报》1997年第6期。
③ 杨利慧：《始母神——女娲神格的基点和中心》，《民间文学论坛》1996年第2期。
④ 转自祁连休等主编《中国民间文学史》，河北教育出版社2008年版，第78页。伏羲、女娲皆人首蛇尾分立左右，象征二人血缘相同（同姓）；神媒用交叉双臂揽住二人，说明他们的婚姻乃天神撮合。

## 她被唤作"瑞奴"时

《蚕与马》的故事，大可称为不折不扣的古代童话故事，它通过奇特的想象和拟人化的口吻，讲述了同为天界生物的马与蚕，本是一对好友。上帝可怜人间遭牛下凡之后，又有意让马下凡，派蚕前去游说。禁不住蚕的蛊惑，马最终和牛一样沦落凡间，终身劳苦。蚕也因信口毒誓，遭到沸汤抽丝的重罚。该故事在艾伯华《中国民间故事类型》一书中，被列入"物种和人类的起源"类中的"80. 牛和蚕"型。其情节主干为：（1）蚕引诱牛到地上来。（2）牛的日子很不好过，认为上了蚕的当，就在蚕背上踩了一脚，留下印纹。以后蚕因为说谎，被用开水焯，作为惩罚。① 该故事以极其诙谐的腔调，对人伦五常中的"与朋友交，言而有信"之训条加以了形象而生动的宣示与劝世。

> 从神话、故事、童话、歌谣和谜谚中取得教训，这是宗教家、哲学家和伦理学家底事；其中不可训的材料，当然要被排斥的。从神话、故事、童话、歌谣和谜谚中取得趣味，这是文学家和鉴赏家底事；其中索然无味的材料，当然要被遗弃的。至于民俗学家对于神话、故事、童话、歌谣和谜谚，是从中取得知识的，可训和不可训，有趣味和没有趣味，都是不计及的。②

当年刘大白的这段话，虽然是针对民间故事的采录情况生发的，但民间故事丰富的文化内涵也因之得以充分精当的揭示。浙地县署苏氏上房中的"古听"世界，于童年苏雪林而言，无论是"伦理教训"的，还是"审美趣味"的，抑或是"民俗知识"的，皆留有深刻印记并影响深远，其日后集作家学者教授于一身的生平行状及其相关建树，皆不失为例证。

---

① ［德］艾伯华：《中国民间故事类型》，第134页。
② 刘大白：《〈民间文艺丛话次集〉序》，萧斌如编《刘大白研究资料》，天津人民出版社1986年版，第142页。

# 后　记

　　《她被唤作"瑞奴"时——苏雪林清末浙地县署上房生活考探（1897—1911）》一书的撰述，自此算是可打住了。对此，前前后后埋首于史料的发掘与整理，史事的考察与分析，以及所涉学理的解读与阐发，几近五个春秋。如此盘桓的原因主要来自两个方面：一是既有可资史料的单薄；二是所涉研究领域的宽泛。故而借此尤要向于本撰述惠示良多的前辈先学及同侪致以谢忱！向曾随时施以援手的文献达人罗女士、忙里抽闲帮助觅得稀见文本的彦女士和温柔励行的雪琴女士致以谢忱！向数十年鞭策不已的爱人同志致以谢忱！当然，同时还尤应向一直给予关怀与鼓励的业师吴立昌先生致以敬意与谢忱！向错爱有时的史慕鸿女士致以敬意与谢忱！

　　与苏雪林的不期而遇，不曾想竟会如此用时与用心。披沙拣金，行色匆匆，尚有许多有待时日细嚼慢味处。疏漏难免，敬谢提点。

何玲华

2017 年 9 月于翰墨香林苑